电子口岸
疑难解惑800例

"关务通·电子口岸系列"编委会 ◎ 编著

中国海关出版社

图书在版编目（CIP）数据

电子口岸疑难解惑800例／"关务通·电子口岸系列"编委会编著.
—2版.—北京：中国海关出版社，2014.10
（关务通·电子口岸系列丛书）
ISBN 978-7-5175-0039-1

Ⅰ.①电… Ⅱ.①关… Ⅲ.①电子政务-应用-海关管理-口岸管理-中国
Ⅳ.①F752.5-39

中国版本图书馆CIP数据核字（2014）第230880号

电子口岸疑难解惑800例
DIANZI KOUAN YINANJIEHUO 800 LI

作　　者：	"关务通·电子口岸系列"编委会
总 策 划：	谭　宁
策划团队：	郭　坤　马　超
责任编辑：	马　超
责任监制：	王岫岩
美术编辑：	张　帆

出版发行：中国海关出版社

社　　址：	北京市朝阳区东四环南路甲1号	邮政编码：100023
网　　址：	www.hgcbs.com.cn；www.hgbookvip.com	
编 辑 部：	0106519442-7585（电话）	01065194234（传真）
发 行 部：	01065194221/4238/4246（电话）	01065194233（传真）
社办书店：	01065195616/5127（电话/传真）	01065194262/63（邮购电话）

北京市建国门内大街6号海关总署东配楼一层

印　　刷：	北京京都六环印刷厂	经　销：新华书店
开　　本：	710mm×1000mm　1/16	
印　　张：	21.75	字　数：328千字
版　　次：	2014年11月第1版	
印　　次：	2014年11月第1次印刷	
书　　号：	ISBN 978-7-5175-0039-1	
定　　价：	48.00元	

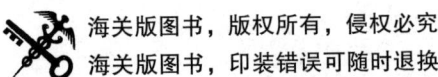

海关版图书，版权所有，侵权必究
海关版图书，印装错误可随时退换

【第二版】

"关务通·电子口岸系列"编委会

主　　任　　肖逢刚
副主任　　刘晓平　韩　坚　白建军　王　可
委　　员　　常世慧　王赞洲　胡　伟　陈志林　刘军辉
　　　　　　邢　巍　陈　晞　郑宇峰　梁　明

"关务通·电子口岸系列"统审组

成　　员　（按姓氏笔画排序）
　　　　　方晓丽　李　彬　李　静　张　勇　周金萍
　　　　　郝大兵

"关务通·电子口岸系列"编写组

成　　员　（按姓氏笔画排序）
　　　　　于春光　王永来　王玲玲　王燕娜　司丽丽
　　　　　朱　彪　朱肖辉　刘　姗　纪光辉　杨　萌
　　　　　杨方雷　李西锋　吴春林　沈　晗　沈丽平
　　　　　张　波　张云芳　胡景利　姜绍真　高　冰
　　　　　彭　雯　路震宇

【第一版】

"关务通·电子口岸系列"编委会

主　任　肖逢刚
副主任　刘晓平　韩　坚　康　川　张彦平　白建军
委　员　常世慧　王赞洲　杨文晖　沈　威　王　可
　　　　邢　巍　王明全　郑宇峰　梁　明

"关务通·电子口岸系列"统审组

成　员　（按姓氏笔画排序）
　　　　王　雷　王政远　甘黎妍　龙　玄　李新云
　　　　沈维嘉　张　波　张润秋　周金萍　郭　宏
　　　　胡景利　董　云　傅元良　熊　涛　穆传利

"关务通·电子口岸系列"编写组

成　员　（按姓氏笔画排序）
　　　　于春光　马　艳　王永来　王会君　王玲玲
　　　　毛　杰　冯　强　刘　兴　刘　姗　纪光辉
　　　　吕　斌　任珊珊　朱　彪　朱肖辉　杨　萌
　　　　苏恒通　吴春林　沈丽平　张云芳　张文杰
　　　　张留培　林丰强　欧廷如　金　毅　赵京波
　　　　姜绍真　徐　霖　翁蓓露　高　冰　高　静
　　　　彭　雯　舒盛辉　鲁　威　路震宇　腾　静
　　　　戴胜敏

第二版前言

"关务通·电子口岸系列"丛书作为面向广大电子口岸用户,为用户工作和学习提供业务指导的官方图书,自2012年首次出版发行以来,已经进行了四次加印,受到社会各界的广泛好评。

自党的十八大以来,在全面深化改革的大背景下,进出口领域的改革步伐不断加快,党的十八届三中全会明确要求口岸管理相关部门要实现"信息互换、监管互认、执法互助",海关正在加快推进上海自贸区监管服务制度创新、京津冀区域通关一体化、国际贸易"单一窗口"建设、关检合作"三个一"等一系列重大业务改革,这都为电子口岸建设创造了全新的发展机遇。在此期间,电子口岸根据中央关于口岸管理工作的新要求,紧跟海关一系列业务改革的步伐,对相关系统功能进行了调整优化,并不断深化应用,优化服务,相继开发了两岸海关原产地联网核查系统、香港海关葡萄酒通关征税便利措施网上申报系统等新项目,为加强政府监管、便捷企业通关提供了更加有力的支持。

为了便于电子口岸用户及时了解电子口岸业务及系统操作的变化,中国电子口岸数据中心邀请有丰富一线工作经验的专家,结合当前海关业务改革和电子口岸的最新发展,对"关务通·电子口岸系列"丛书进行了修订,希望能够为电子口岸用户提供具有针对性的通关指导。

《电子口岸疑难解惑400例》出版至今,受到了社会各界读者的青睐,同时也收到了诸多热心读者的咨询和建议。此次再版,编者结合当前电子口岸的最新发展成果和企业用户的宝贵意见,对本书进行了精心修订,并将其更名为《电子口岸疑难解惑800例》。

此次再版,编者主要对其中的第一章第三节计算机配置和软件安装、第二章联网核查系统、第三章通关项目、第四章加工贸易项目及第五章第一节保税监管平台等的内容进行了及时的更新,删除了目前已经取消的出口收结汇、网上支付板块,并对第三章第五节公自用物品系统和第六节新企管系统的内容进行了细化完善。编者还结合当下电子口岸业务的发展情况，新增了保税物流系统、热点问题解答（如京津冀一体化、通关无纸化等问题）和客服热线员工工作手记等章节。

作为凝结了编者大量心血的一本精品图书，本书的特点体现在：紧密跟进新系统、新项目，使企业及时掌握最新操作规程；准确追踪新政策、新热点，使企业了解电子口岸前沿动态；深入挖掘出现的高频问题，使企业自主掌握解决问题的本领；全面把握新业务、新发展，通过客服工作者手记详细解读海关多发问题；细心斟酌文字表达和段落结构，增强本书的准确性和可读性。此外，编者在改版过程中，还对原书的部分字段进行了修正。

根据海关总署令第221号《中华人民共和国海关报关单位注册登记管理规定》，自2014年3月13日起所有从事报关业务的报关员更名为报关人员。至此，2005年3月31日出台的海关总署令第127号《中华人民共和国海关对报关单位注册登记管理规定》，同时废止。报关人员是指报关单位向海关备案，专门负责办理所在单位报关业务的人员。本书在编写过程中，考虑到读者的阅读习惯和业内通俗说法，继续沿用"报关员"这一称呼，其含义等同于"报关人员"。特此说明。

本书第一版主要由中国电子口岸数据中心北京数据分中心（以下简称北京数据分中心）负责撰写，此次改版再次由北京数据分中心王玲玲、王永来、杨方雷等数位长期从事电子口岸综合业务和客户服务工作的编者共同完成撰写、统稿和多次筛改、完善工作。该书在编写出版的过程中得到了北京数据分中心邢巍主任、胡景利副主任和北京数据分中心综合财务办公室吴春林主任的大力支持和帮助，也得到了中国电子口岸数据中心客服管理处的全力配合及指导，该处的"客服之星"和业务骨干也参与了本书的问题筛选、研究讨论及最终定稿，使整书更具有权威性和借鉴性。在此，我们特向中国电子口岸数据中心客服管理处胡伟处长、周金萍副处长、路震宇、纪光辉、刘姗等同志表示由衷感谢。

为使本书内容更加符合当下电子口岸企业用户的需求，编者对第一版图书进行了合理的删增。由于时间仓促，水平有限，不妥之处在所难免，恳请读者批评指正。

编　者
2014.7

第一版前言

读者您好，欢迎走进中国电子口岸。阅读此书前，相信您早已听说或接触过电子口岸，但也许您对电子口岸的认识还带着一些模糊和疑问，我们将通过此书的答疑解惑呈现给您一个更加清晰与具体的认知。

电子口岸是经国务院批准，由海关总署会同14个部委共同建设的跨部门、跨地区、跨行业信息平台。它依托国家信息公共网络，将进出口管理流、资金流、货物流集中存放于一个数据库中，实现进出口相关管理部门间与大通关流程相关的数据共享和联网核查，并向进出口企业提供预录入、报关申报、网上支付、出口退税、信息查询等"一站式"服务的集口岸通关执法管理与相关物流商务服务于一体的大通关统一信息平台。截至"十一五"末，中国电子口岸平台已实现与13个国家主要口岸管理部门、15家商业银行，以及香港工贸署、澳门经济局和欧盟委员会税收与关税联盟总司的联网，开发联网应用项目23个，累计入网企业66.4万余家，日均处理单证130多万笔，基本实现了大通关关键环节的联网核查和网上办事。

中国电子口岸数据中心每年会接听60余万个热线咨询电话，主要集中在业务咨询、业务操作、异常问题处理等方面。由此可见，企业迫切需要一套电子口岸方面的教材，以指导其开展日常的进出口业务。为了让广大电子口岸用户更全面、更正确地了解电子口岸，中国电子口岸数据中心特组织编写了"关务通·电子口岸系列"丛书，其作为电子口岸唯一指定的正版官方图书，极具实用性和可读性，相信一定会让读者受益匪浅。

随着电子口岸上线项目和入网企业日益增多，各类用户在系统应用中的问题也逐步增加。如何更快速准确地办理电子口岸入网手续，如何更清晰地掌握各系统的操作规程，如何更好地利用电子口岸平台办理各类业务，如何自主地解决系统使用过程中遇到的一些异常情况，已成为企业急需了解的课题。

为进一步服务广大企业，减少电子口岸应用过程中可能遇到的疑难问题，帮助企业更加高效地使用电子口岸系统，我们特征集全国各地电子口岸用户在系统使用过程中累积出现过的疑难问题，并紧密结合电子口岸客服热线中咨询率较高的典型问题予以汇总、分类，精选出400例，撰成此书，以供参考。

本书具有较高的权威性和实用性，书中所举问题涵盖了电子口岸相关概念解析、电子口岸入网审批、身份认证设备使用、各类系统操作实例、系统相关业务知识等各个方面。全书在简述电子口岸的概况和产生背景的基础上，重点选取了用户办理电子口岸入网时会出现的各类问题以解决企业在应用前期的相关疑问，再切入到用户在业务办理过程中会使用到的电子口岸各类系统，以五大章二十五节的清晰脉络呈现给用户，方便各类企业对号入座，有针对性地查找相关问题及解答。

本书作为"关务通·电子口岸系列"丛书中的一本，建议与《电子口岸实用功能》、《电子口岸实务操作与技巧——通关篇》、《电子口岸实务操作与技巧——加贸篇》配套使用，不仅可以帮助企业全面了解电子口岸的情况，准确操作电子口岸相关业务系统，解决实际难题，而且可供电子口岸工作人员及高校相关专业学生参考。

相信本书能为电子口岸用户日常作业带来实际、具体的辅助作用。由于时间仓促，书中难免存在错漏之处，希望读者提出宝贵意见和建议，联系邮箱：guanwutong@mail.customs.gov.cn。

编 者

2012.9

目 录

第一章 电子口岸入网常见问题 ····· 1
第一节 用户办理入网问题 ····· 1
一、新用户办理入网问题 ····· 1
二、信息变更相关问题 ····· 6
第二节 IC 卡与读卡器问题 ····· 7
一、电子口岸企业 IC 卡 ····· 7
二、更多 IC 卡类别 ····· 10
三、报关员 IC 卡 ····· 12
四、电子口岸读卡器 ····· 13
第三节 计算机配置和软件安装 ····· 28
一、硬件配置要求 ····· 28
二、安全数据库问题 ····· 28
三、客户端安装问题 ····· 31
第四节 身份验证常见问题 ····· 33
一、输入密码时异常提示 ····· 33
二、设备识别时异常提示 ····· 36
第五节 用户登录错误提示集锦 ····· 39
一、网页错误提示 ····· 39
二、预录入系统登录错误提示 ····· 41
第六节 QP 产品激活管理 ····· 43
一、QP 系统激活问题 ····· 43
二、激活时报错情况处理 ····· 43

第二章 联网核查系统常见问题 · · · · · · 45
第一节 出口收汇 · · · · · · 45
一、系统操作常见问题 · · · · · · 46
二、系统操作异常问题 · · · · · · 46
第二节 出口退税 · · · · · · 48
一、出口退税常用知识解析 · · · · · · 49
二、系统操作基本常识 · · · · · · 50
三、系统操作异常情况处理 · · · · · · 52
第三节 进口付汇 · · · · · · 56
一、进口付汇业务常识解析 · · · · · · 56
二、系统操作基本常识 · · · · · · 58
三、系统操作异常情况处理 · · · · · · 59
第四节 进口增值税 · · · · · · 59
一、进口增值税常用知识解析 · · · · · · 60
二、系统操作常见问题 · · · · · · 61
三、异常状态及报错处理 · · · · · · 62

第三章 通关项目常见问题 · · · · · · 64
第一节 报关申报（报关单、转关单）· · · · · · 64
一、报关相关业务常用知识解析 · · · · · · 65
二、系统操作常见问题 · · · · · · 72
三、数据调用、回执异常情况处理 · · · · · · 79
四、删改单操作涉及问题 · · · · · · 80
五、退单的错误提示代码集锦 · · · · · · 80
第二节 快件管理 · · · · · · 88
一、快件业务常用知识解析 · · · · · · 88
二、系统安装及授权相关问题 · · · · · · 90
三、系统操作常见问题 · · · · · · 91
四、错误提示代码集锦 · · · · · · 94
第三节 新舱单系统及运输工具动态管理系统 · · · · · · 97

一、舱单相关业务常用知识解析 …………………………… 98
　　二、新舱单系统的使用申请及授权问题 …………………… 99
　　三、系统操作常见问题 …………………………………… 101
　　四、状态异常、错误提示集锦 …………………………… 104
　第四节　减免税管理 ………………………………………… 106
　　一、减免税业务常用知识解析 …………………………… 106
　　二、系统操作常见问题 …………………………………… 108
　　三、状态异常、错误提示集锦 …………………………… 112
　第五节　公自用物品系统 …………………………………… 115
　　一、公自用物品系统业务常用知识解析 ………………… 116
　　二、系统操作常见问题 …………………………………… 117
　第六节　新企管系统 ………………………………………… 122
　　一、新企管系统业务常用知识解析 ……………………… 122
　　二、业务办理注意事项 …………………………………… 123
　　三、系统操作常见问题 …………………………………… 124

第四章　加工贸易项目常见问题 ………………………………… 127
　第一节　电子账册 …………………………………………… 127
　　一、电子账册业务常用知识解析 ………………………… 128
　　二、系统操作常见问题 …………………………………… 132
　　三、数据变更相关问题 …………………………………… 134
　　四、状态异常、错误提示集锦 …………………………… 134
　第二节　电子手册 …………………………………………… 146
　　一、备案相关问题 ………………………………………… 146
　　二、系统操作常见问题 …………………………………… 147
　　三、状态异常、错误提示集锦 …………………………… 148
　第三节　无纸化手册 ………………………………………… 150
　　一、系统操作常见问题 …………………………………… 151
　　二、数据变更的相关问题 ………………………………… 169
　　三、状态异常、错误提示集锦 …………………………… 171

第四节　内销征税管理 ································· 179
　　一、内销征税业务常见问题 ························· 179
　　二、系统操作常见问题 ··························· 180
　　三、错误提示集锦 ····························· 184
第五节　深加工结转 ································· 187
　　一、深加工结转业务常见问题 ······················· 188
　　二、系统相关表格表体及编号规则 ···················· 190
　　三、系统录入、申报相关问题 ······················· 192
　　四、错误提示集锦 ····························· 196
第六节　保税物流管理系统 ···························· 199
　　一、业务常识解析 ····························· 200
　　二、各地区保税物流系统常见问题解析 ··················· 201

第五章　区域项目用户常见问题 ························· 207
第一节　保税监管平台 ······························· 207
　　一、保税监管业务常用知识解析 ······················ 207
　　二、仓库基本信息备案及操作员备案 ··················· 210
　　三、清单报关单填写规范及保税仓备案 ·················· 212
　　四、系统操作常见问题 ··························· 214
　　五、状态异常处理及错误提示代码 ···················· 217
第二节　公路口岸 ································· 222
　　一、公路口岸业务常用知识解析 ······················ 223
　　二、系统版本与登录问题 ·························· 224
　　三、异地企业使用系统问题 ························ 224
　　四、数据录入与申报问题 ·························· 225
　　五、承运相关问题 ····························· 229
　　六、错误提示代码集锦 ··························· 229

第六章　热点解答 ································· 235
第一节　京津冀海关区域通关一体化改革 ··················· 235

一、京津冀海关区域通关一体化相关政策解读 …………… 236
　　二、区域通关一体化业务操作相关问题 ………………… 238
　　三、异地加工贸易相关问题解析 ………………………… 239
　第二节　通关无纸化 ………………………………………… 240
　　一、业务常用知识解析 …………………………………… 240
　　二、系统操作基本常识 …………………………………… 244
　　三、系统操作常见问题 …………………………………… 244

第七章　客服工作手记 ………………………………………… 246

TOP50——咨询频率最高问题 50 例 ………………………… 262

问题索引 ………………………………………………………… 265

附　录　中国电子口岸数据中心各分中心客服热线 ………… 322

第一章　电子口岸入网常见问题

也许您是一家新企业，还不知道如何成为我们电子口岸的用户；也许您刚办理完入网，但是在使用初期遇到了一些疑难问题；也许您已是电子口岸的老用户，但是发生了需要变更、延期等后续情况……那么请您静下心来了解一下本章所介绍的入门知识。

电子口岸应用项目从大类上可分为电子口岸执法系统和预录入申报系统，每个系统下又有很多子系统。无论用户使用哪个系统，首先均须取得电子口岸入网资格，经过资质审批办理身份证明——IC 卡或 IKEY 后，方可获得享受电子口岸服务的"许可证"。那么如何办理入网手续？这张"许可证"允许享受的服务范围是什么？这张"许可证"的有效期是多久？用"许可证"却无法正常登录网页或客户端系统时该怎么办？也许您迫切地想知道如何解决诸如此类的问题，下面我们将为您一一解答。

第一节　用户办理入网问题

一、新用户办理入网问题

例 1. 我是一家新企业，想办理电子口岸入网，可以找谁咨询？

答：您可以到所在地的数据分中心制卡窗口咨询。分中心及制卡点联系电话，您可登录中国电子口岸网站 http://www.chinaport.gov.cn（如图 1-1 所示）查询，或直接拨打中国电子口岸数据中心（以下简称数据中心）客服热线 010-95198 咨询。

图1-1 中国电子口岸网站

例2. 我该如何办理中国电子口岸的入网手续？

答：（1）企业提出入网申请：请您登录中国电子口岸网站 http://www.chinaport.gov.cn 下载或到所在地的数据分中心制卡窗口领取中国电子口岸企业情况登记表和中国电子口岸企业IC卡登记表，如实填写后由企业法人签字并加盖公章。其中，中国电子口岸企业IC卡登记表须填写企业法人卡持卡人信息及企业操作员卡持卡人信息，申请企业法人卡只需要填写"法人卡持卡人基本信息"栏，申请企业操作员卡需要填写"操作员卡持卡人基本信息"栏及其下面内容。企业如果需要申请多张操作员卡，则须给每个操作员填写一份。

> 💬 **小贴士** 因各地海关要求不一致，IC卡的具体办理流程请以当地海关的通知为准。

（2）企业信息备案：请您到所在地的数据分中心制卡窗口进行企业信息备案工作。各类企业进行备案须携带的文件（正本或副本的原件及其复印件）有所不同。一般要求带齐以下证件及中国电子口岸企业情况登记表和中国电子口岸企业IC卡登记表：
①中华人民共和国组织机构代码证；
②企业法人营业执照；
③税务登记证或外商投资企业税务登记证；
④中华人民共和国海关进出口收发货人报关注册登记证书；
⑤对外贸易经营者备案登记表或中华人民共和国外商投资企业批准证书。

数据分中心制卡窗口根据您所提供的上述材料开展企业信息备案工作，并生成中国电子口岸企业入网资格审查记录表，由企业交到技术监督局、工商局、税务局审批。

（3）入网资格审批：请您持中国电子口岸企业入网资格审查记录表，并分别携带中华人民共和国组织机构代码证、企业法人营业执照或企业营业执照、税务登记证或外商投资企业税务登记证到所在地技术监督局、工商局、税务部门进行企业入网资格审批。

（4）制作电子口岸IC卡：请您持经所在地技术监督局、工商局、税务局审批的中国电子口岸企业入网资格审查记录表到所在地的数据分中心制卡窗口制作电子口岸IC卡。

（5）业务权限审批：进出口企业、外贸中介服务企业开展海关业务之前必须由海关部门进行相关应用权限审批工作。此外，如需要办理外汇、外贸等相关业务，也必须分别到上述业务部门进行审批。

小贴士 您须携带相应证件及文件，如中华人民共和国海关进出口收发货人报关注册登记证书、对外贸易经营者备案登记表或中华人民共和国外商投资企业批准证书、中国电子口岸企业入网资格审查记录表、外汇核销资格证明等，到所在地海关、外经贸、外汇部门进行审批。

（6）企业领取 IC 卡等软硬件设备：企业领卡人持单位介绍信、本人身份证明到所在地的数据分中心制卡窗口，缴纳 IC 卡、读卡器、客户端软件的成本费用后，领取上述软硬件设备。

（7）安全技术接入通道注册：企业登录中国电子口岸网站办理业务之前，还须进行安全技术接入通道注册——在中国电子口岸网站完成新系统注册。

小贴士 各地具体操作有所不同，请您提前致电当地数据分中心制卡窗口具体咨询后办理。

例 3. 不同类型企业在入网审批备案时所须携带的证件有何区别？

答：（1）进出口企业、外贸中介服务企业须携带：
①企业法人营业执照或企业营业执照；
②税务登记证或外商投资企业税务登记证；
③中华人民共和国组织机构代码证，包括电子副本 IC 卡；
④报关单位登记注册证明，如果企业有报关员，须带报关员证；
⑤企业负责人签字并加盖公章的中国电子口岸企业情况登记表和中国电子口岸企业 IC 卡登记表；
⑥企业如需要办理外经贸或外汇管理等部门业务，还须分别提供中华人民共和国进出口企业资格证书或中华人民共和国外商投资企业批准证书或对外贸易经营者备案登记表、外汇核销资格证明等文件资料。

（2）加工贸易企业、外贸货主单位须携带：
①企业法人营业执照或企业营业执照；
②税务登记证或外商投资企业税务登记证；
③中华人民共和国组织机构代码证，包括电子副本 IC 卡；

④企业负责人签字并加盖公章的中国电子口岸企业情况登记表和中国电子口岸企业 IC 卡登记表；

⑤企业如需要办理海关、外经贸或外汇管理等部门业务，还须分别提供报关单位登记注册证明（如果企业有报关员，须带报关员证）、中华人民共和国进出口企业资格证书或中华人民共和国外商投资企业批准证书或对外贸易经营者备案登记表、外汇核销资格证明等文件资料。

例4. 我是一家新入网企业，已经向审批部门申报我公司信息，但审批部门查询不到相关信息，从而无法审批，怎么办？

答：企业录完工商端信息申报后，工商局审核时看不到信息，如图 1 - 2 所示。这主要是因为企业申报的工商局并不是主管本企业的工商局。请您联系申报错误的工商局退单，然后您在修改单据后重新申报，或者致电数据中心客服热线 010 - 95198，并发送传真说明情况，由技术支持人员帮您修改为正确的工商局。

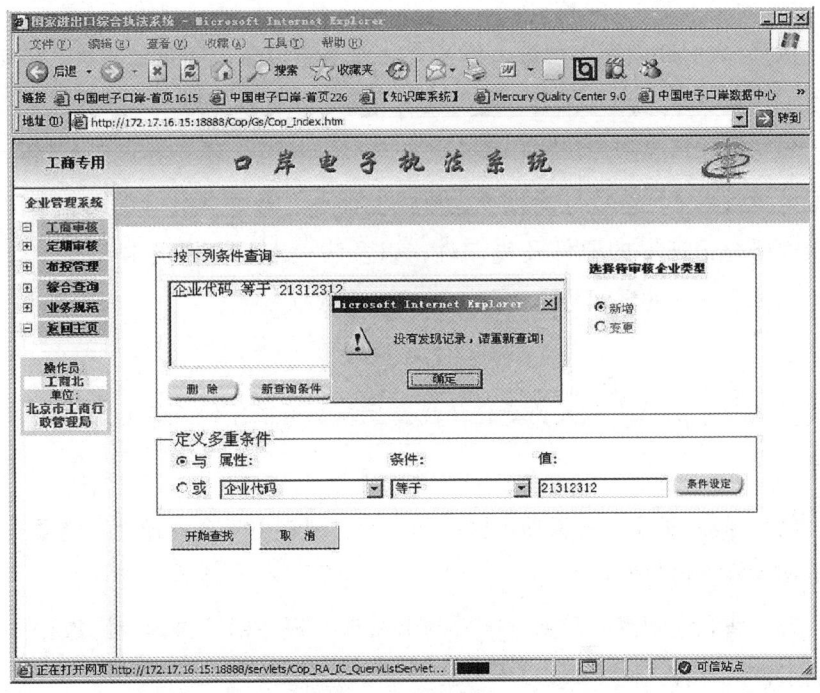

图 1 - 2　报错截图

例 5. 我公司的税务证只有地税证，没有国税证，该如何办理电子口岸卡？

答：请您直接到当地数据分中心制卡窗口让预录入人员把信息录入到国税栏目里面，不需要去国税局盖章，到制卡中心来办理制卡就可以了。

例 6. 电子口岸业务权限审批是如何进行的？

答：请您本人或委托当地数据分中心用企业法人卡登录中国电子口岸身份认证系统，使用"数据备案"功能向相关业务部门进行企业和 IC 卡等信息的备案，并分别携带报关单位登记注册证明、中华人民共和国进出口企业资格证书或中华人民共和国外商投资企业批准证书或对外贸易经营者备案登记表、外汇核销资格证明等文件到所在地海关、外经贸部门、外汇管理部门进行相关业务部门的审批工作。

二、信息变更相关问题

例 7. 我们办理完入网后，想变更企业基本信息，如企业名称、性质、地址、注册资本、法人代表、海关注册号等，该如何办理？

答：请您携带组织机构代码证、工商营业执照、税务登记证、对外贸易经营者备案登记表或外商投资企业批准证书、海关进出口货物收发货人报关注册登记证书的原件及复印件，以及法人卡、操作员卡和单位介绍信，前往所在地的数据分中心制卡窗口进行数据变更。

💬 **小贴士** 若法人代表变更还须提交法人身份证件的原件及复印件。

例 8. 我公司原来在青岛地区办理入网，现在由于企业迁址，需要在上海办理入网，该怎么办？

答：请您先到青岛数据分中心制卡窗口办理注销，再到上海数据分中心制卡窗口办理入网手续。

例9. 我公司更改了新的海关编码，但用旧的海关编码办理的业务还没有完成，同时还需要用新的海关编码办理业务，该如何处理？

答：（1）您用旧的海关编码办理业务时，可以持单位介绍信（介绍信注明新旧海关编码）和 IC 卡到所在地的数据分中心制卡窗口，将海关编码变更成原来的旧号，再去主管海关和外汇局审批企业备案。

（2）您也可到所在地的数据分中心制卡窗口申请双号并行，在备案海关编码时需要将两个海关编码以"&"号加以连接。

第二节　IC 卡与读卡器问题

一、电子口岸企业 IC 卡

电子口岸企业 IC 卡（以下简称企业 IC 卡）是指使用中国电子口岸的企业及其人员，通过备案申请取得的存储用户信息的智能卡。企业 IC 卡是企业在网上使用的身份证和印章，其内部存有企业用户的密钥和证书，可进行身份认证及数字签名，是企业办理网上业务时明确法律责任、保护企业合法权益的重要用具，企业必须妥善保存和管理。

企业 IC 卡又可分为企业法人卡和企业操作员卡（以下分别简称为法人卡和操作员卡）。

例10. 一张企业 IC 卡/IKEY（U 盘式 IC 卡）的有效期是多长时间？到期后该怎么办？

答：一张企业 IC 卡/IKEY 的有效期为 2 年。到期后企业须持企业 IC 卡到当地数据分中心制卡窗口办理延期。

> 小贴士　有些制卡窗口还须携带相关证件，请致电当地数据分中心制卡窗口具体咨询后办理。

例 11. 我公司的企业 IC 卡遗失了,该如何办理挂失手续?

答:如果您的企业 IC 卡遗失,应及时挂失。挂失企业法人卡须携带单位介绍信(介绍信上请注明本企业组织机构代码)到数据分中心制卡窗口提出申请,由制卡人员办理挂失手续。挂失企业操作员卡可由法人持法人卡登录中国电子口岸执法系统,直接进行挂失处理。办理操作员卡挂失界面如图 1-3 所示。

小贴士 挂失后补卡须到当地数据分中心制卡窗口办理。

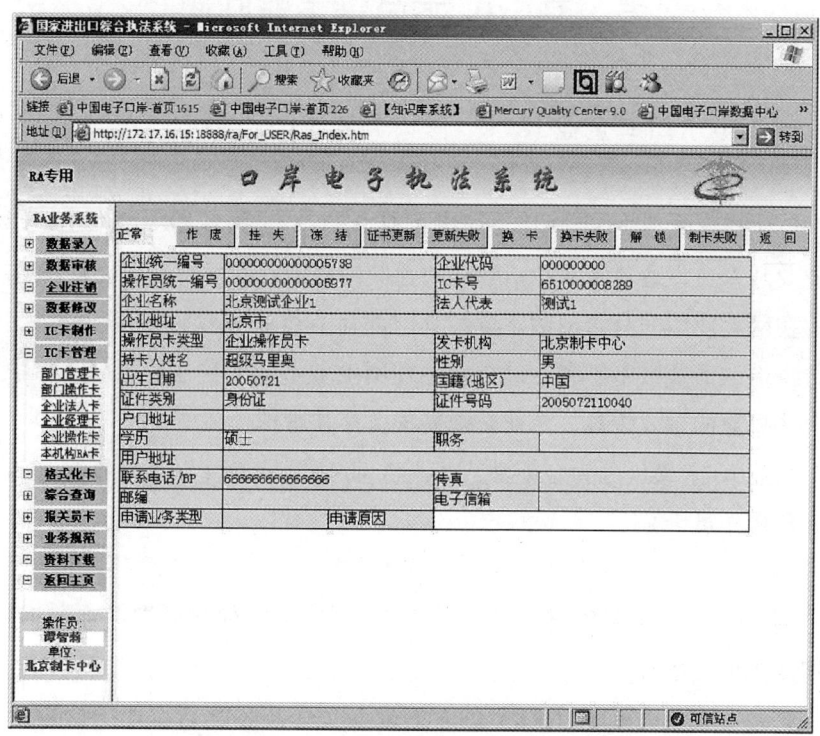

图 1-3 办理操作员卡挂失界面

例 12. 我想冻结操作员卡该如何处理?

答:若要对暂时离开工作岗位的操作员所持的操作员卡进行冻结处理,您可以持法人卡登录中国电子口岸执法系统直接操作,也可以到当地数据分中心制卡窗口办理。

例 13. 我想要注销企业 IC 卡，该如何操作？

答：（1）如果您想要注销企业信息和法人卡，请携带相关证明材料和法人卡到制卡窗口办理注销，也可以等到有效期过后自动作废。

> **小贴士** 相关证明材料一般包括组织机构代码证注销证明、工商营业执照注销证明、国税登记证注销证明、对外贸易经营者备案登记表注销证明或外商投资企业批准证书注销证明、海关进出口货物收发货人报关注册登记证书注销证明和介绍信。具体情况各地也会有所不同，请您致电当地数据分中心制卡窗口咨询后办理。

（2）对已离开工作岗位的操作员未交回的操作员卡须及时进行注销处理。您可用法人卡进入制卡发卡子系统，把操作员信息作废就可以了。具体操作如下：用法人卡进入电子口岸执法系统，依次点击"制卡发卡"→"IC 卡管理"→"操作员卡"→"作废"。办理操作员卡注销界面如图 1-4 所示。

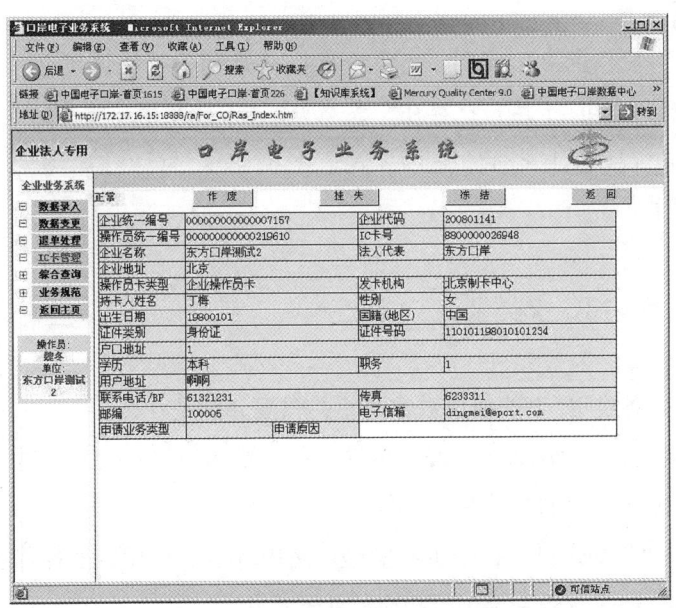

图 1-4 办理操作员卡注销界面

例 14. 我的企业 IC 卡被锁了，该怎么办？

答：请您持单位介绍信及被锁的企业 IC 卡到当地数据分中心制卡窗口办理解锁，解锁后的企业 IC 卡初始密码恢复为 8 个 8。

 小贴士 具体携带资料可能因各地规定有所不同，请您提前致电当地数据分中心制卡窗口咨询。

例 15. 我公司已在电子口岸执法系统中变更了单位名称，但是用操作员卡进入系统后，左边仍显示旧的企业名称，该怎么办？

答：系统显示的操作员姓名、企业名称是从企业 IC 卡中读取出来的，此现象是您在变更单位名称时未同步更新操作员卡内的企业名称信息造成的。您可以持单位介绍信及所有操作员卡到当地数据分中心制卡窗口更新数字证书。

例 16. 一个企业可以有几张法人卡？可以有多张操作员卡吗？

答：一个企业只能有一张法人卡，但可以有多张操作员卡。

例 17. 制作企业 IC 卡时，出现如图 1-5 所示的"错误代码：-22411"、"错误信息：此 IC 卡用户已存在"怎么办？（不涉及用户操作）

答：出现该信息提示，是因为此企业 IC 卡卡号已经被使用，请换张新卡进行制卡。

二、更多 IC 卡类别

例 18. 各类 IC 卡的使用对象及相关权限分别是什么？

答：（1）企业法人卡：是企业法人使用的卡。使用企业法人卡，可以申请并管理本企业的操作员卡。

（2）企业操作员卡：是企业操作员使用的卡。使用企业操作员卡，可以进入被授权的业务系统进行相应的业务操作。

（3）部门管理员卡：是银行、海关、税务等电子口岸联网部门管理员

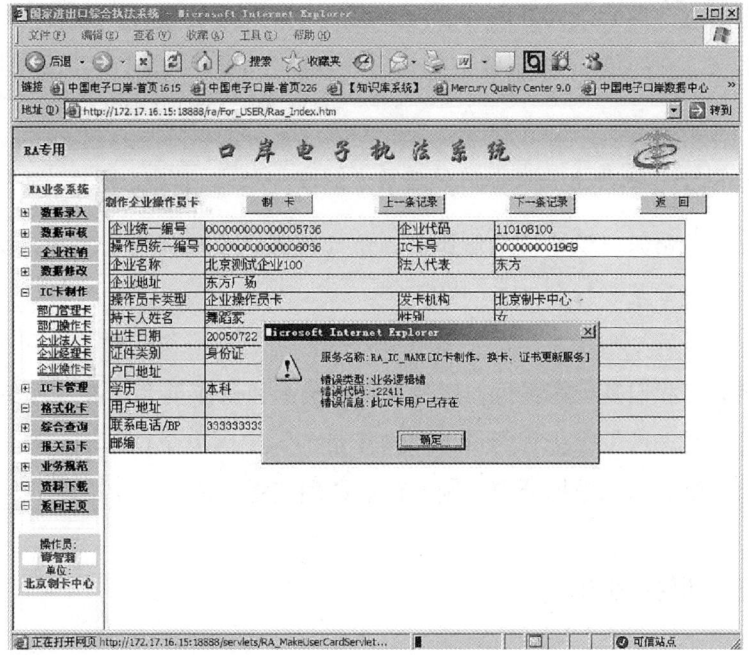

图1-5　制卡错误代码提示

使用的卡。使用部门管理员卡，可以注册并管理本部门操作员卡和下级部门管理员卡。

（4）部门操作员卡：是银行、海关、税务等电子口岸联网部门操作员使用的卡。使用部门操作员卡，可以进入被授权的业务系统进行相应的业务操作。

例19. 我们是一家银行，该如何办理管理员卡和操作员卡？

答：（1）如果您是从未注册过的银行，须先与数据中心联系，按要求在电子口岸系统中添加此银行的 12 位国际收支代码（部门内部编码），进行部门注册，再由数据中心将银行的管理员信息添加到 RA 系统中。然后，您可拨打当地数据分中心制卡窗口电话进行查询，确认系统中已存在管理员信息。最后，请持所填的 IC 卡登记表和介绍信到当地数据分中心制卡窗口办理 IC 卡。

（2）如果是分行或支行办理电子口岸 IC 卡，可用上级管理员卡进行部门注册（若没有下级行的部门编码需先与数据中心联系），并在该系统中审批通过，然后录入管理员信息，添加权限并审批通过，最后再持上级管理员卡、介绍信和 IC 卡登记表到当地数据分中心制卡窗口办理 IC 卡。

小贴士｜银行上一级部门管理员卡制下一级部门管理员卡，同一级部门管理员卡制同一级部门操作员卡。分行的上级管理员卡是总行，支行的上级管理员卡是分行。

例 20. 我们是一家银行，想变更管理员卡和操作员卡，该如何办理？

答：请您携带上级管理员卡、操作员卡、中国电子口岸 IC 卡登记表、单位介绍信去当地数据分中心制卡窗口办理变更手续。

三、报关员 IC 卡

例 21. 报关员 IC 卡的办理流程是怎样的？

答：请您按以下流程办理：

（1）携带报关员注册申请书、报关员资格证书、劳动合同、企业海关注册证书及报关员身份证和照片到注册地海关企管部门办理报关员注册申请书的初审；

（2）携带通过初审的报关员注册申请书到预录入机构办理报关员注册登记数据的录入和申报，并打印报关员制卡凭证；

（3）携带初审时的证件再次到注册地海关企管部门办理报关员注册申请书的复审；

（4）携带报关员证、报关员制卡凭证及报关员身份证和照片到当地数据分中心办理报关员 IC 卡的印卡、制卡和发卡工作。

例 22. 报关员 IC 卡损坏（换卡）或遗失（补卡）应如何处理？

答：（1）报关员 IC 卡损坏：报关员持介绍信（将组织机构代码、报关员姓名、报关员编号写在单位介绍信上）、法人卡、坏的报关员 IC 卡，到当地数据分中心制卡窗口办理换卡业务。

（2）报关员 IC 卡遗失：补办报关员 IC 卡只需提供单位介绍信（介绍信须含有组织机构代码、报关员姓名、报关员编号等信息），到当地数据分中心制卡窗口办理挂失手续。

例 23. 如何利用企业法人卡和报关员 IC 卡查询报关员信息？

答：您使用企业法人卡登录中国电子口岸执法系统的身份认证管理子系统，便可查询本企业所有报关员的基本信息（包括报关员照片、姓名、企业名称、企业注册号、注册海关、报关员号条码）和记分情况；使用报关员 IC 卡登录中国电子口岸执法系统的报关记分子系统，便可以查询此报关员的基本信息和记分情况。

四、电子口岸读卡器

例 24. 电子口岸各型号读卡器指示灯如何显示？

答：（1）EP600 读卡器：未插卡→红灯；插卡→绿灯；登录操作时→红绿灯交替闪烁。

（2）EP801 读卡器：未插卡→红灯；插卡→红灯保持不灭，内部又点亮一盏绿灯，呈琥珀色；登录操作时→闪烁。

（3）EP800 读卡器：未插卡→红灯；插卡→仍然是红灯；登录操作时→闪烁。

（4）EP900 读卡器：初次连接电脑（读卡器 USB 接口插在电脑上）→橘黄色；未插卡→红灯；插卡→绿灯；登录操作时→红绿灯交替闪烁。

例 25. EP600 读卡器驱动程序的安装方法是什么？

答：（1）如果您是使用 Windows 2000 或 Windows XP 操作系统的用户，请按照如下安装步骤处理：

①请使用具有管理员权限的用户登录系统。

②进入光盘"电子口岸读卡器驱动程序"目录下的"Win2000、XP"目录，运行"自动安装.exe"，即可完成驱动程序的安装。

③部分 Windows 2000 或 Windows XP 系统自动安装可能会失败，此时需要手动安装驱动程序，步骤如下：

A. 把读卡器插入 USB 端口，系统的即插即用管理将启动，并且会询问新硬件的驱动文件位置。

B. 将位置指向驱动文件所在的子目录，即光盘上"电子口岸读卡器驱动程序"目录下的"Win2000、XP"，打开其中的"手动安装"目录，选择"pcsc_0.inf"文件，Windows 系统将继续完成设备的安装，读卡器驱动程序安装完成。

（2）如果您是使用 Windows 98 操作系统的用户，请按照如下安装步骤处理：

①进入光盘"电子口岸读卡器驱动程序"目录下的 Win98 目录，运行 scbase.exe。

②运行 smclib.exe。

小贴士 在以上两个步骤中，安装结束后请选择"不要重新启动系统"。

③把读卡器插入 USB 端口，系统的即插即用管理程序将启动，并且会询问新硬件的驱动文件位置。

④将位置指向驱动文件所在的目录，即光盘上"电子口岸读卡器驱动程序"目录下的"Win98"目录，选择"psdcr_0.inf"文件，完成设备的安装。

⑤安装完成后，在不拔出读卡器的情况下重新启动系统。

⑥重新启动后，系统将完成剩余的安装。

⑦安装完成后，再次重新启动系统，读卡器驱动程序安装完成。

例 26. 我安装完 EP600 读卡器驱动后，如何检查安装是否成功？

答：请您用鼠标右键单击"我的电脑"图标，选择"管理"，进入"设备管理器"，然后查看"智能卡阅读器"选项下是否有"PC/SC Smart Card Reader"选项，如图 1-6 至图 1-8 所示。

如果 PC/SC Smart Card Reader 显示不正常，有黄色叹号出现，请您

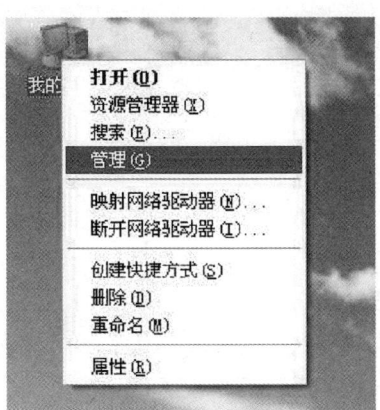

图 1-6

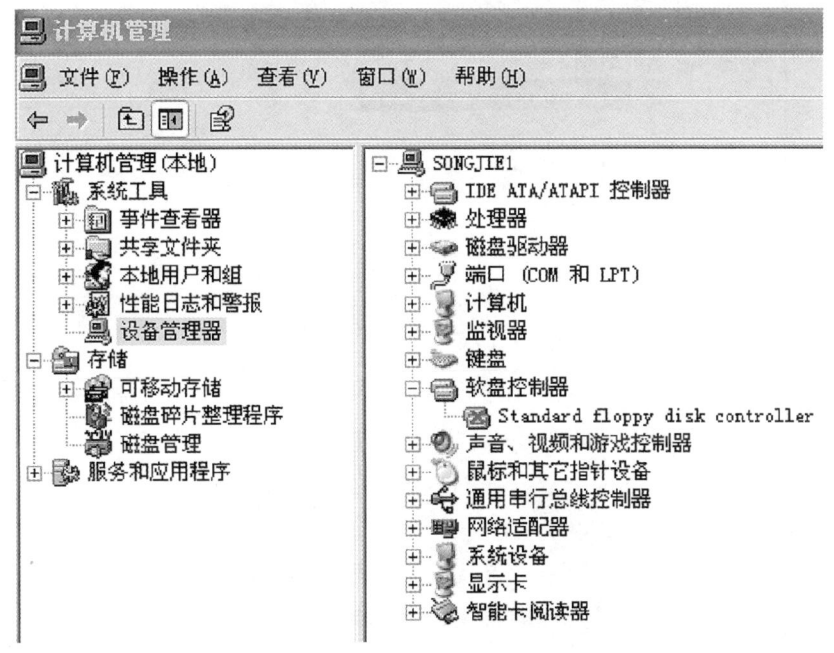

图 1-7

卸载原来安装的 EP600 读卡器驱动（卸载后一定要重启电脑），然后重新安装 EP600 读卡器驱动；如果 PC/SC Smart Card Reader 显示正常，请您检查 Smart Card 状态是否为"已启动，自动"（Smart Card 服务检查方法详见例 27）。

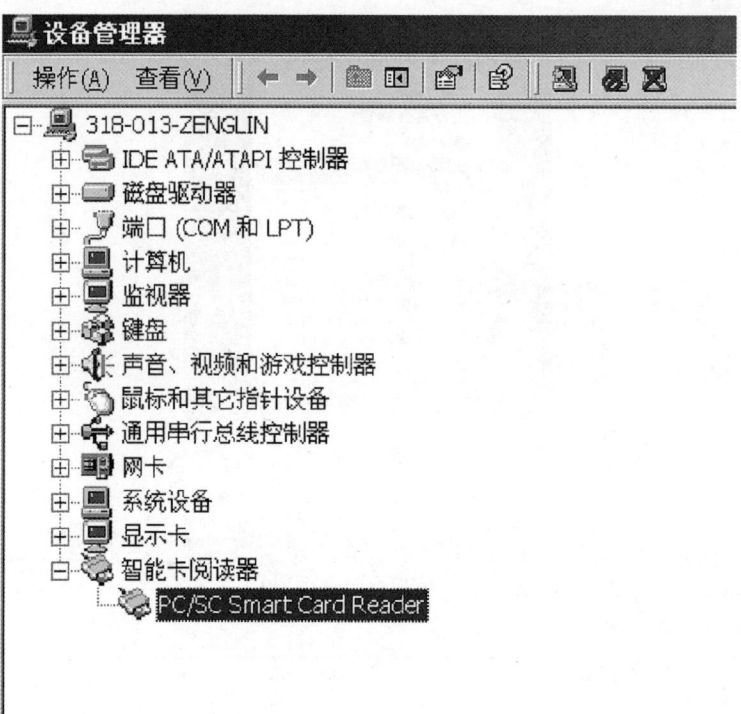

图1-8

例27. 如何检查 Smart Card 服务？

答：请您用鼠标右键点击桌面上"我的电脑"图标，点击"管理"，打开"计算机管理"，如图1-9、图1-10所示。

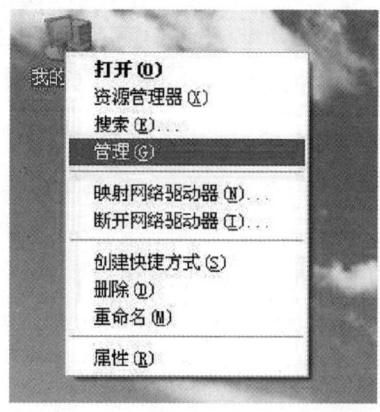

图1-9

图 1−10

然后在"服务和应用程序"里点击"服务",可以看到当前系统所有的服务及其状态,找到"Smart Card"("智能卡"),如图 1−11 所示:

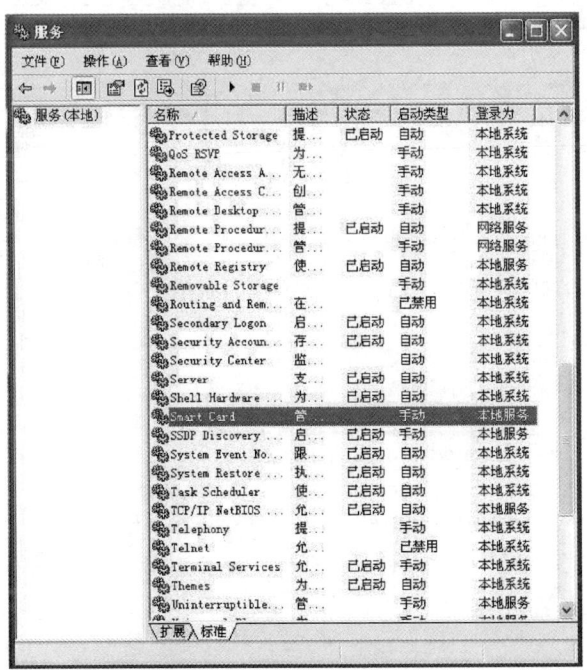

图 1−11

双击打开"服务"的属性，点击"启动"，并将启动类型设为"自动"即可。如图 1-12 所示：

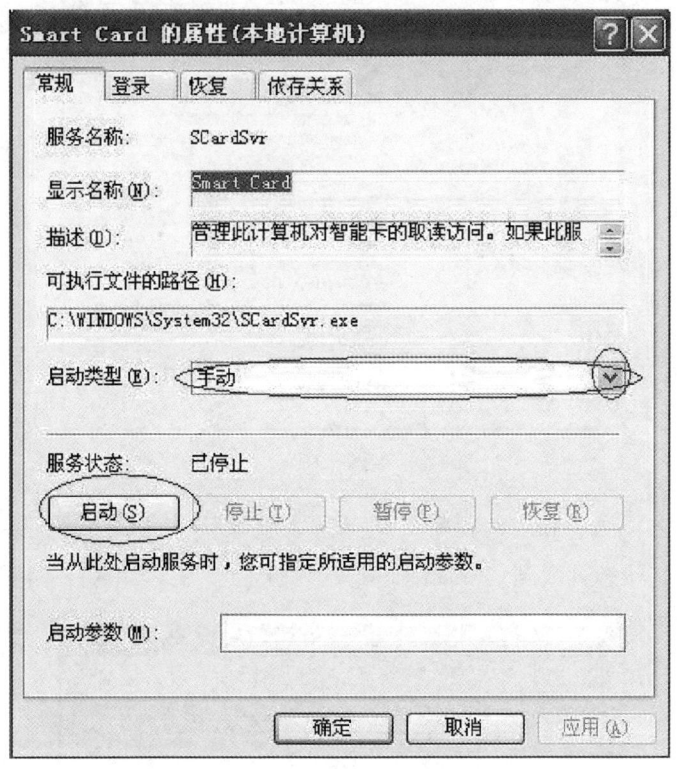

图 1-12

如果您的电脑系统中没有"Smart Card"或"智能卡"的服务，建议您重新安装电脑操作系统或换台电脑再进行操作。此外，您还可以自行重置"Smart Card"服务。

💬 小贴士 | 重置 Smart Card 服务的方法：在"开始"里点击"运行"，然后依次输入"scardsve reinstall"和"regsvr32 scardssp.dll"命令重装服务，如图 1-13、图 1-14 所示。另外，要注意智能卡登录用户名配置是否正确，如图 1-15 所示。

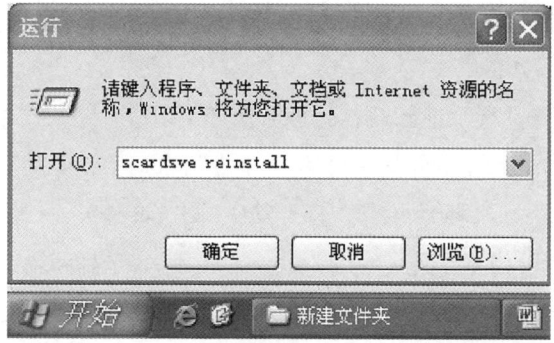

图 1-13

图 1-14

图 1-15

例28. 我们在安装 EP600 完毕后,需要卸载 EP600 驱动 pcse_0,但是无法卸载,该怎么办?

答:您需要进行手动卸载,处理方法如下。

(1)请点击电脑桌面左下角的"开始",选择"设置",打开"控制面板"中的"添加/删除程序",打开其中的"pcse_0";

(2)在卸载/修复界面(modify/repair/remove)选择卸载(remove);

(3)卸载完成后再次查看"添加/删除程序",如果其中还有 pcse_0,请在卸载/修复界面选择修复(repair),然后再次卸载(remove),直至完全卸载。

例29. 如果把 EP801 驱动安装完成后,读卡器设备管理器里面有 USB Token Holder,但没有 USB Token Device,显示为带有黄色叹号的 Smart Card,该怎么办?

答:解决方法如下,请您用鼠标右键点击"Smart Card",选择"更新驱动程序",如图 1-16 所示。

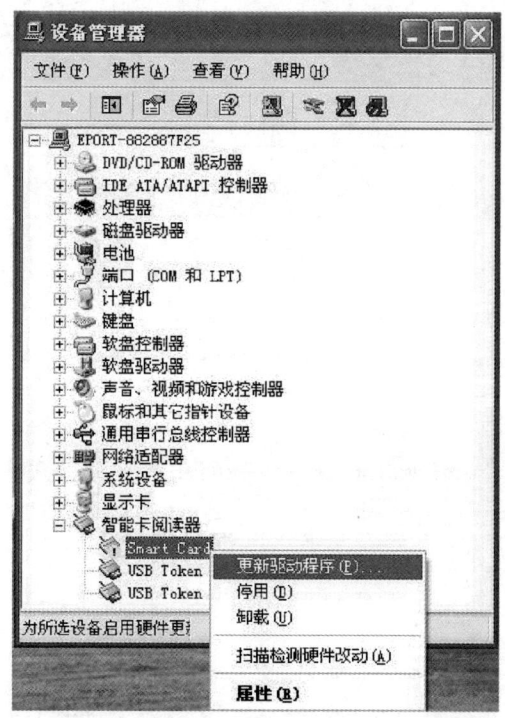

图 1-16

这时系统会弹出"硬件更新向导"对话框,选择"否,暂时不",点击"下一步",如图1-17所示。

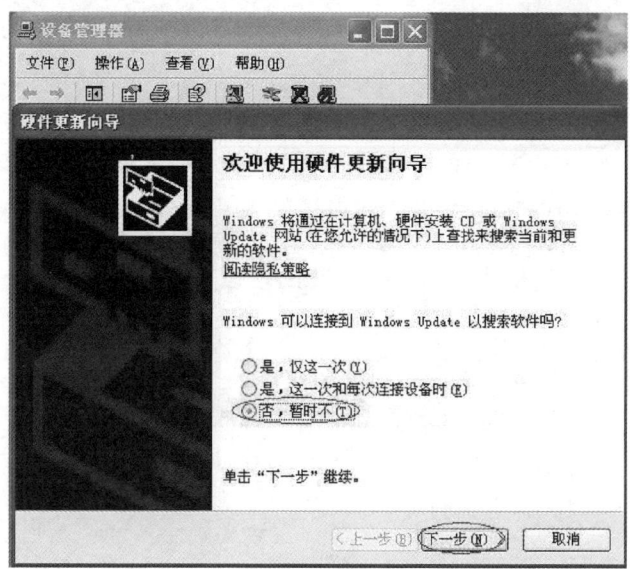

图1-17

选择"从列表或指定位置安装(高级)",点击"下一步",如图1-18所示。

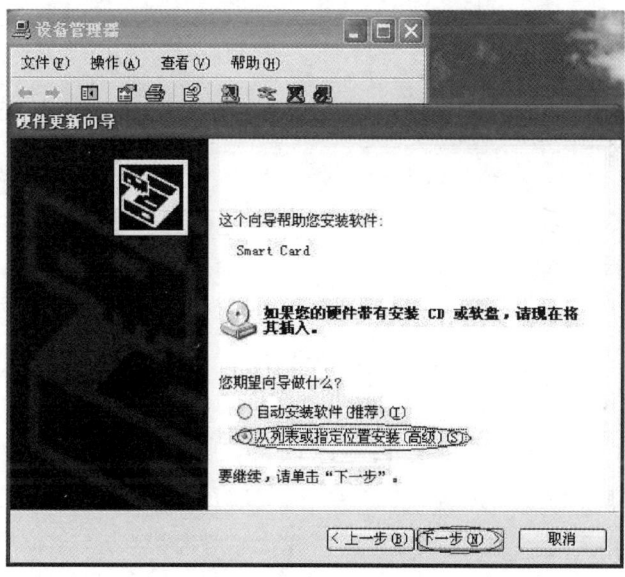

图1-18

选择"在搜索中包括这个位置",点击"浏览",如图 1-19 所示。

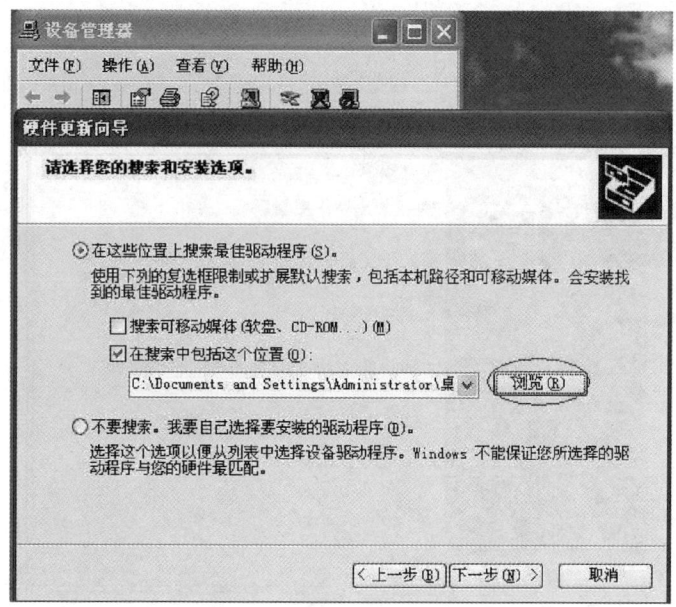

图 1-19

找到 C:/Windows/Temp/Rockey5 文件夹,点击"确定",如图 1-20 所示。

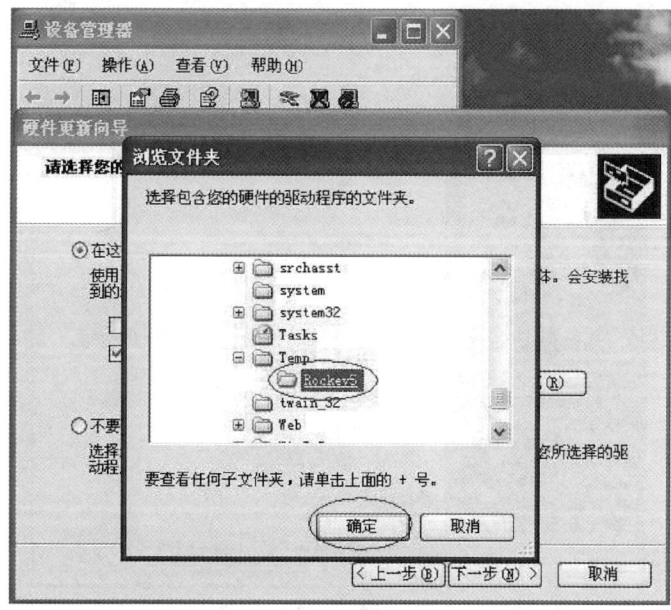

图 1-20

点击"下一步",如图 1-21 所示。

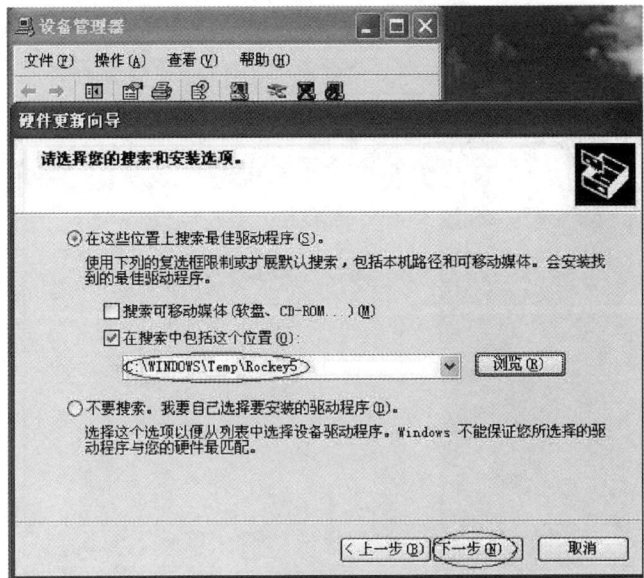

图 1-21

此时会出现软件未经过 Windows 徽标测试的提示,选择"仍然继续",如图 1-22 所示。

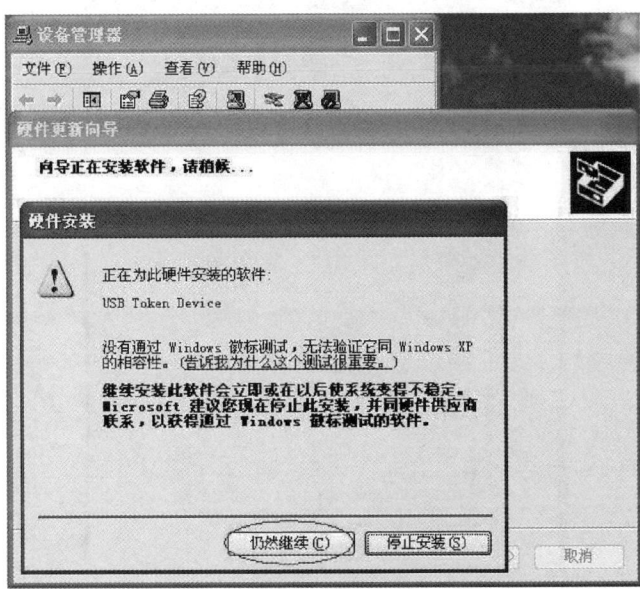

图 1-22

这样就可以完成驱动的手动安装。驱动安装成功后，在设备管理器里显示正常，如图 1-23、图 1-24 所示。

图 1-23

图 1-24

例30. 如何检查 EP801 读卡器驱动程序安装成功与否？如果没安装成功怎么办？

答：请您用鼠标右键单击"我的电脑"图标，选择"管理"，进入"设备管理器"，然后查看"智能卡阅读器"选项下是否有"USB Token Device"选项以及"USB Token Holder"选项，同时检查 Smart Card 服务是否为"已启动，自动"的状态（Smart Card 服务检查方法详见例27）。

如果运行不正常，有黄色叹号出现，请卸载原来安装的 EP801 读卡器驱动（卸载后一定要重启电脑），然后重新安装 EP801 读卡器驱动。

EP801 读卡器驱动安装失败的原因，很可能是由于在驱动安装过程中，出现如图1-25或图1-26的提示时，您本应选择"是"或"仍然继续"，却选择了"否"或"停止安装"。

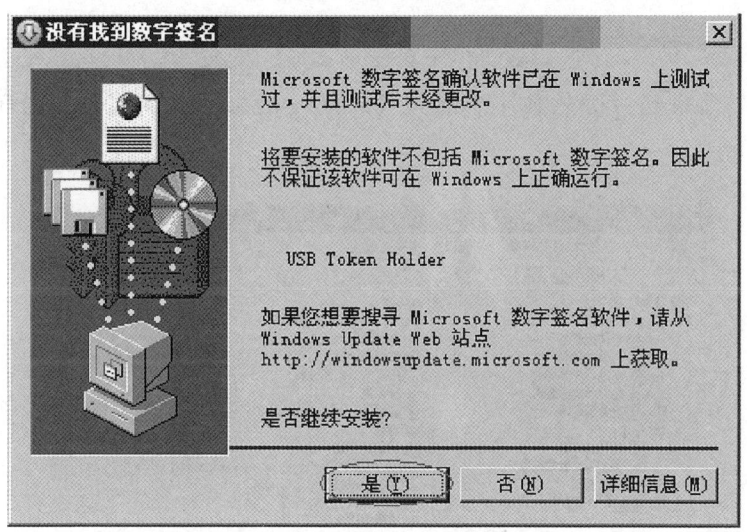

图1-25 在 Windows 2000 系统上

此时需要手动卸载读卡器驱动。操作如下：先拔掉读卡器的 USB 接口，在"我的电脑"上点击右键，选择"管理"，进入"设备管理器"，点击"智能卡阅读器"，在"智能卡阅读器"项下选中"USB Token Device"选项以及"USB Token Holder"选项，点击右键，选择"卸载"（如图1-27所示）。卸载读卡器驱动后重新启动电脑，再次安装读卡器驱动程序，在遇到驱动未经过微软数字签名或 Windows 徽标测试的提示时选择

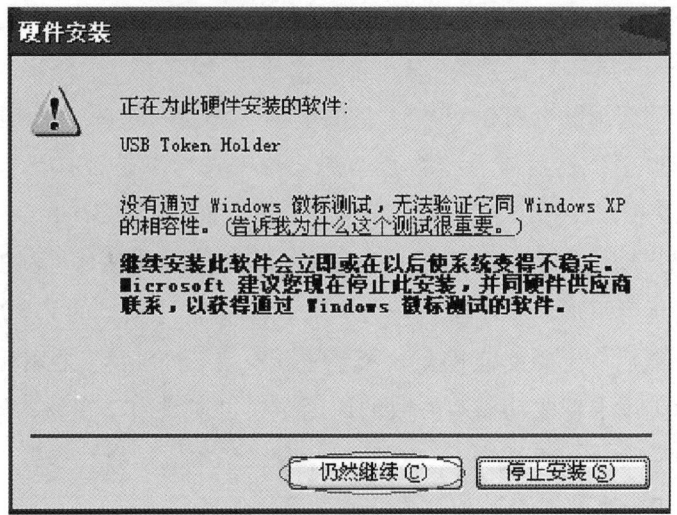

图1-26 在XP系统上

"是"或"仍然继续"。驱动程序安装完成后,插入读卡器时应该还会出现一个驱动未经过微软数字签名或Windows徽标测试的提示,同样选择"是"或"仍然继续"。

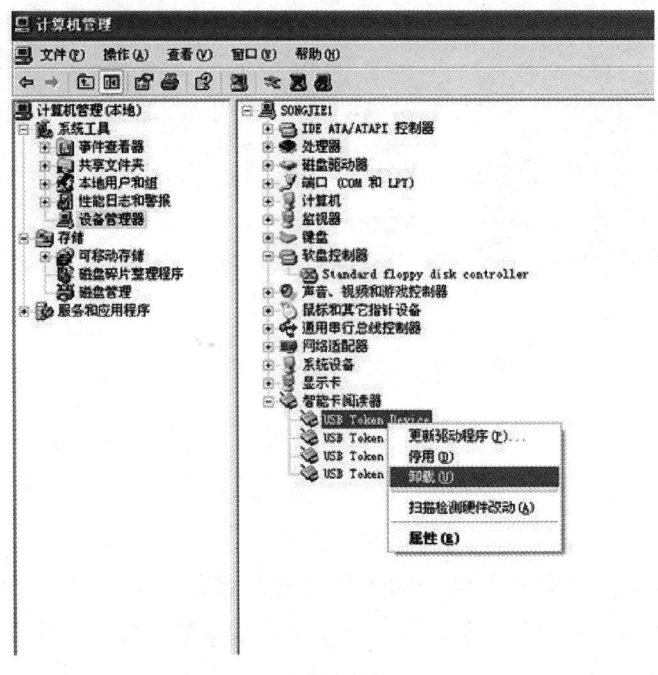

图1-27

例 31. 读卡器控件安装失败怎么办?

答:出现此错误,大多是因为您在安装时没有关闭电子口岸的页面。若页面全部关闭后,还存在此问题,建议您重启电脑后重新安装读卡器控件程序。

例 32. 如果我安装完 EP600、EP801 控件和驱动后,把读卡器插入 USB 接口不提示"找到新硬件",该怎么办?

答:处理方法如下。

(1) 请您换个 USB 接口重试。

(2) 如果还不提示"找到新硬件",则可以右键点击"我的电脑"选择"管理",打开"设备管理器",检查里面有没有"智能卡阅读器"一项。如果有,把"智能卡阅读器"下面的设备都删除。

(3) 将读卡器重新插拔,直至出现"找到新硬件"的提示。

例 33. 我们使用 Windows XP 系统安装 EP801 控件及驱动后,插入 EP801 读卡器时系统提示需要 Smart Card Reader Installation Disk#1 上的"eps2k1.sys"或者"usbic2k.sys"文件,该怎么办?

答:(1) 请您在系统提示框中点击"浏览"按钮,所需文件在 C:\windows\temp\Rockey5 路径下,选取即可解决;

(2) 如果在上述目录下没有 Rockey5 文件夹,请在电脑"控制面板"的"添加/删除程序"中,将"USB 2000 Driver(仅用作移除)"卸载后,重新启动计算机;

(3) 双击 intDrv_std.exe 文件重新安装驱动程序。

例 34. 更换读卡器控件程序,是否会影响原有卡片的使用?

答:更新读卡器控件程序,不会对原有卡片和业务系统应用造成影响。

第三节　计算机配置和软件安装

一、硬件配置要求

例35. 我们是一家刚办完电子口岸入网手续的企业,该如何开始办理电子口岸业务?

答:请您自备一台可以上网的计算机,使用中国电子口岸系统安装盘安装客户端程序,按照要求连接好读卡器并插入企业 IC 卡,将计算机接入互联网,登录中国电子口岸网站 http://www.chinaport.gov.cn 后,即可开始办理各项业务。

例36. 对运行电子口岸系统计算机的配置要求如何?

答:中国电子口岸系统运行所需要的软硬件配置较低,下列为计算机的基本配置要求:

(1) CPU,Intel 奔腾 4 系列或以上;

(2) 内存,256M 或 512M 以上;

(3) 显示器,支持 1024×768 像素或以上分辨率;

(4) 硬盘,C 盘要求有 5G 以上剩余空间;

(5) 操作系统,Windows XP/2003/2000/98;

(6) 浏览器,IE6.0 以上版本;

(7) 其他,需要光驱,安全技术服务用户需要具备接入互联网相关条件(宽带、ADSL、专线等)。

二、安全数据库问题

例37. 企业如何获得电子口岸客户端程序安装盘?

答:请您直接到当地数据分中心制卡窗口,购买中国电子口岸客户端程序安装光盘。

例38. 我公司购买了安装光盘，但是序列号丢失了，该怎么办？

答：请您拨打数据中心客服热线010-95198，与客服人员联系，说明具体情况；同时将加盖公章的情况说明连同发票复印件一起传真到数据中心客服部（传真：010-65194704）。传真内容应提供企业组织机构代码证、企业名称及光盘号。

例39. ESA安全数据库安装次数有无什么限制？

答：ESA安全数据库的一张光盘配一个软件注册码。一个软件注册码仅限一家企业使用，赠送的光盘可注册1台电脑，购买的光盘可注册3台电脑。如果注册码注册满限定的台数，企业可致电数据中心客服热线010-95198，做清空注册码操作。

例40. ESA安全数据库对电脑系统有什么要求？

答：ESA安全数据库可安装在Windows 2000/2003/XP/7系统中。如果安装在Windows 7系统中，您需要在电子口岸主页的下载中心下载补丁程序。目前最新版本客户端程序是ESA4.0。

例41. ESA安全数据库的有效期是多久？如何办理延期？

答：ESA安全数据库的有效期是自注册之日起2年，到期前一个月之内或者已经过期的，企业可致电数据中心客服热线010-95198，进行延期操作，每次延期1年。

例42. 我公司在注册时，系统提示"错误代码-1330012"，该怎么办？

答：这是由于您输入的注册码不正确，请您核对后重新输入。

小贴士　注册码录错的次数不限制（光盘随附手册上面的注册码是示例），您可以按照盘面或者包装盒背面内侧上的输入，其中0和O、1和I容易混淆，建议企业区别后再输入。如果仍旧报错，按照注册码损坏方法处理。

例43. 我公司在注册时，系统提示"错误代码-1330041"，该怎么办？

答：这是由于您公司的注册码已经注册满限定的台数（购买的光盘可注册3台电脑，赠送的光盘可注册1台电脑）。请您联系数据中心客服热线010-95198，做清空注册码操作。

例44. 我公司在注册时，系统提示"错误代码-1330084"，该怎么办？

答：这是由于此注册码已经被注册，其他企业不能注册（注册码只能由一家企业注册）。建议您重新购买注册码或使用自己公司的注册码。

例45. 我公司在注册时，系统提示"错误代码-20054"，该怎么办？

答：这是由于您使用的Windows 7系统没有安装Windows 7补丁导致的。请您在电子口岸主页"下载中心"-"程序下载"中下载Windows 7兼容补丁即可。

例46. 我公司在注册时，系统提示"错误代码-1330066"，该怎么办？

答：请您联系数据中心客服热线010-95198，让客服人员告知您外包装卡号、购买地区、购买时间等信息，然后转由后台技术人员解决。

例47. 我公司在注册时，系统提示"错误代码-1330085"，该怎么办？

答：这是由于您使用的是免费提供的ESA光盘，但在安装过程中插入的IC卡并不是东方口岸公司提供的新卡免费卡（6开头的IC卡）。请您核对新卡免费卡和ESA免费光盘是否可以配套使用。

例48. 我公司在注册时，系统提示"错误代码-1"，该怎么办？

答：这种原因一般是由于企业端网络问题所致，请您排查本地网络或者更换电脑进行注册。

三、客户端安装问题

例49. 电子口岸客户端软件及 ESA 安全数据库的安装方法是什么？

答：请您打开 CD–ROM 驱动器，放入中国电子口岸 ESA 安全数据库安装光盘（集成电子口岸业务程序）。电脑界面上会自动弹出一个安装界面，用鼠标左键点击"安装"，系统开始安装。安装成功后，系统要求注册安全数据库（ESA），按照光盘安装说明注册后，ESA 安全数据库程序安装完毕。

例50. 电子口岸浏览器版程序只能装在 C 盘吗？

答：C 盘是默认安装路径，而且该程序只能安装在 C 盘。

例51. 如果安装浏览器版控件程序失败，该怎么办？

答：（1）请您关闭所有的浏览器窗口后重试；

（2）如果仍不能解决问题，请确认您是否使用了具有 Windows 管理员权限的用户登录。如果不是，请使用具有管理员权限的用户登录系统，然后重新安装控件。

例52. 客户端软件冲突的表现形式和处理方式是什么？

答：（1）表现形式如下：

①企业用户在进行查询操作时，页面显示不完全。例如，只有表头没有表体，或错行等问题。

②页面显示为乱码。例如，操作员姓名为乱码，或单位名称为乱码。

③企业用户进行出口退税结关信息查询时，查询结果列表只显示第一页。

④企业用户进行批量交单或备案时，已经选中前面的复选框，但仍然提示没有被选中的单据。

⑤企业用户登录中国电子口岸网站首页，输入口令后系统弹出提示框"运行时间错误"。

（2）处理方式如下：

①如果您初次使用"一键修复"工具，请您登录中国电子口岸网站

http://www.chinaport.gov.cn,进入"下载中心",点击"一键修复工具",自动下载安装客户端程序。如果您之前已经安装该程序,请您双击桌面的"一键修复"图标。

②在弹出的运行界面中点击"一键修复",程序会自动对客户端进行智能化的检测与修复:

A. 如果提示"客户端程序不完整,请使用办理电子口岸入网手续时领取的〔Oracle Lite〕专用版光盘进行安装",则需要您使用系统安装盘重新完成安装;

B. 如果提示需要安装一些文件或手动进行一些操作,则需要根据具体提示信息完成有关操作。

③完成检测修复后,您可以重新进行业务操作。

④如仍不能解决问题,请您把错误提示信息的截图传真至数据中心客服部(传真:010-65194704),提交给技术支持人员处理。

💬 **小贴士** 当电脑界面出现需打印或传真的异常错误时,请您执行以下操作:

(1)按下键盘的 Print Screen 键(位于 F12 键的右侧);

(2)新建 Word 文档,直接点击"粘贴"并打印或发送电子文档传真。

例53. 我公司在安装过程中,系统提示"USEDLL 失败",该怎么办?

答:请您使用本机管理员账户进行安装,并且直接使用本机的光驱安装。如本机没有光驱,请将光盘中的程序拷贝下来再进行安装,客户端程序光盘不能使用共享光驱的方式安装。

例54. 我公司在安装过程中,系统提示"请重新插入 IC 卡重试",该怎么办?

答:这说明您的读卡器没有安装好,请您检查读卡器连接及安装,然后再打开东方口岸安全数据库注册程序,继续注册。

例55. 我公司在安装新版 3.1.1 光盘过程中注册注册码时，系统提示"请插入 IC 卡后重试"，是什么原因？该如何处理？

答：这是由于您没有按说明书步骤进行操作（例如在安装前就插入了读卡器），导致读卡器驱动没有安装好，所以读不到 IC 卡。

请您在电脑桌面上点击右键，选择"属性"→"硬件"→"设备管理器"，将"智能读卡器"项下所有驱动删除后，更换 USB 接口或使用搜索新硬件，让电脑重新检测读卡器并安装相关驱动，即可登录。

第四节　身份验证常见问题

一、输入密码时异常提示

例56. 如果登录中国电子口岸网站输入口令时提示"您的密码为默认密码，请立即修改"，如图 1-28 所示，应该如何处理？

答：出现此提示是由于您还没有更改默认口令。请您在首页输入口令点击"确定"后，在下一个页面的左侧修改密码，修改完成后返回中国电子口岸网站首页，重新输入修改后的密码，即可登录。

例57. 如果登录中国电子口岸网站输入口令时提示"密码校验失败"，应该如何处理？

答：该问题的产生原因是您输入密码错误。密码长度为 8 位，请您仔细确认后谨慎输入。累计 5 次输错密码，IC 卡将被锁定。

例58. 如果登录中国电子口岸网站输入口令时提示"您的 IC 卡数字证书有效期截止到×××年××月××日，请到海关的 RA 部门办理数字证书更新手续"，应该如何处理？

答：电子口岸 IC 卡的数字证书有效期为 2 年，这个提示表示该卡的数字证书即将到期。请您携带电子口岸 IC 卡和单位介绍信在有效期截止前到当地数据分中心制卡窗口办理数字证书更新手续（各地规定或有差别，请

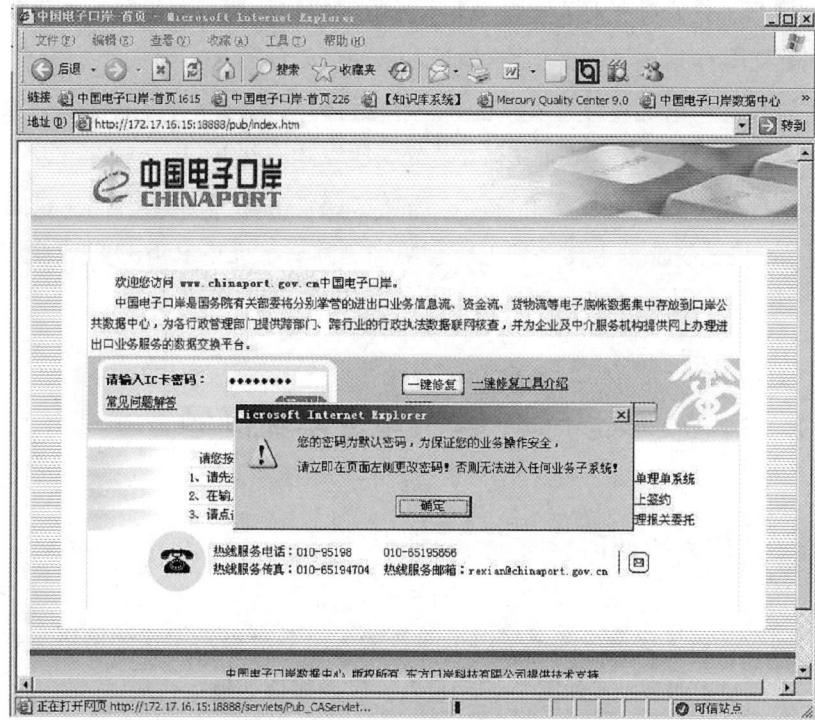

图 1-28 提示修改密码界面

提前咨询当地数据分中心制卡窗口)。

小贴士 更新后密码恢复成 8 个 8,别忘了要修改默认密码后再进行业务操作!

例 59. 如果登录中国电子口岸网站输入口令时提示 "不能查到当前用户的证书信息",如图 1-29 所示,应如何处理?

答:出现这样的情况可能由以下两个原因造成:

(1)电子口岸 IC 卡数字证书到期。请您携带已过期的电子口岸 IC 卡和单位介绍信(各地规定或有差别,请提前咨询当地数据分中心制卡窗口),到当地数据分中心制卡窗口办理更新手续。

(2)如果您使用无线网络接入互联网,这种情况下也有可能发生 "查找不到当前用户的证书信息"。请您更换到有线网络环境进行电子口岸业

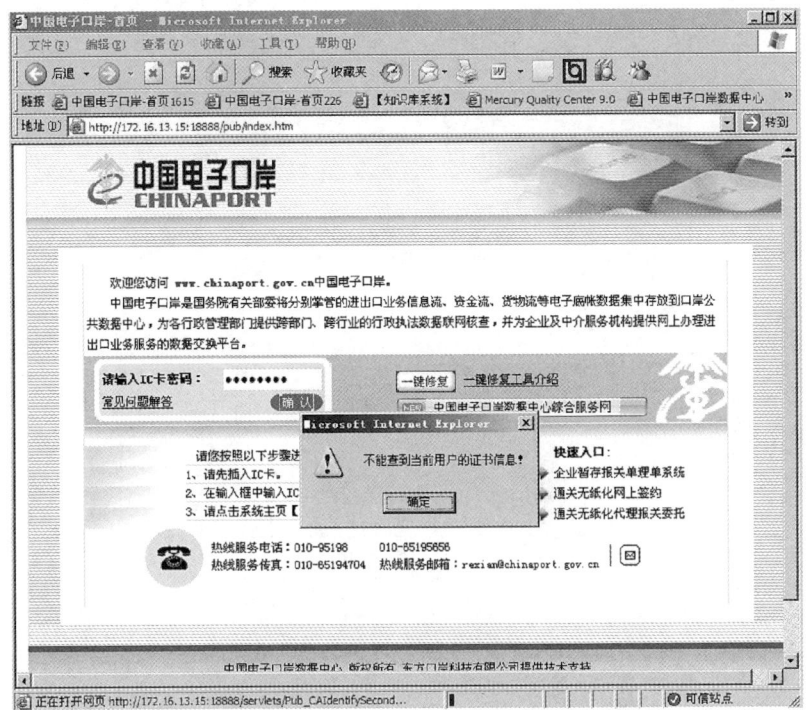

图 1-29

务操作,并暂时关闭电脑上的无线网卡功能。

例60. 如果登录中国电子口岸网站输入口令时,提示"CA 根证书验证用户出错",应如何处理?

答:一般情况下,系统日期不正确时会出现这个提示信息。请企业检查电脑的系统日期,如不正确,请更改至当前日期;如正确,请重新安装电子口岸浏览器安全控件,并清空 IE 浏览器的临时文件。

例61. 我公司在更换新卡登录后,发现所有业务系统均为灰色,如图 1-30 所示,应该怎么办?

答:这是由于更换新卡("8"字卡)后密码被设为系统默认密码导致的。请您修改密码后重新登录系统,即可恢复原有的操作权限。

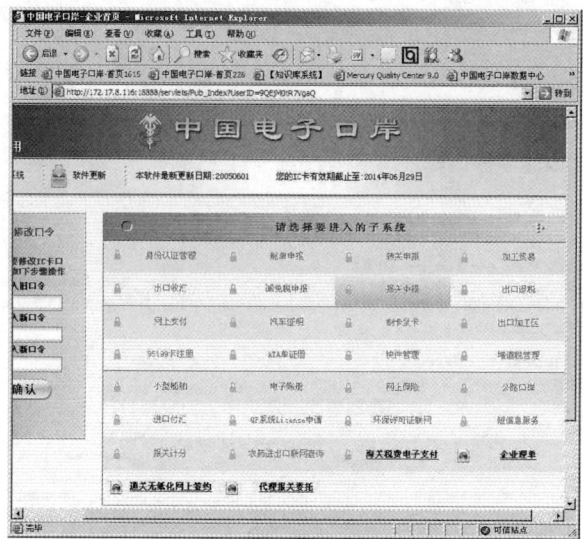

图 1-30

二、设备识别时异常提示

例 62. 如果企业使用 EP801/600 读卡器登录时,提示"初始化串口失败",该怎么办?

答:(1)如果您使用的是 EP801 读卡器,无论是新卡("8"字卡)还是旧卡("0"字卡),都可以按如下方法处理:

①请登录中国电子口岸网站 www.chinaport.gov.cn,点击"下载中心",在弹出的新窗口中点击"中国电子口岸执法服务器证书更新程序",下载并安装。

> **小贴士** 安装时务必把所有网页都关闭,仅关闭电子口岸网页是不行的,还必须用管理员组的用户身份安装。安装完成后,系统会提示"安装成功"。

②请登录中国电子口岸网站 www.chinaport.gov.cn,点击"下载中心",在弹出的新窗口中点击"EP801P-U 读卡器驱动程序",下载"EP801P-U 读卡器驱动"。

③解压后,请您双击 intDrv_std.exe,在安装过程中系统会提示软件没有通过微软测试,请选择"是"继续安装,安装完成后把读卡器的 USB 接口插到计算机上,即可正常使用,无须再手动指定安装驱动程序位置。

(2) 如果您使用的是 EP600 读卡器,无论是新卡("8"字卡)还是旧卡("0"字卡),请先确认是否有 EP600 读卡器安装光盘(版本号是 2.2.1),然后按如下方法处理:

①如果有 EP600 读卡器安装光盘,请进行如下操作:

A. 把读卡器的 USB 接口先从计算机上拔下来。

B. 把读卡器安装盘小盘放入光驱,双击"企业"文件夹里的"企业控件安装程序.exe",注意必须用管理员用户身份登录,而且必须关闭所有的中国电子口岸网站的网页。安装过程中,系统会让您选择"浏览器"、"报关行版"还是"Quick Pass",您需要按照自身的情况选择。选择完毕,会有安装驱动 pcsc_0 界面出现,如果您是浏览器版用户,请安装在 C:\programfiles\pcsc_0;如果您是报关行版用户,请安装在 C:\eport\bin;如果您是 Quick Pass 系统(以下简称 QP 系统)用户,请安装在 C:\quickpass\bin。安装完成后,会弹出"企业控件说明.mht"文档,请您点击"关闭"。同时会在桌面上多出两个文件,一个叫"企业控件说明.mht",另一个叫"电子口岸智能卡测试工具"。

C. 把读卡器的 USB 接口插到计算机上。如果您使用的是 Windows 2000 系统,该系统能自动找到驱动,可以直接使用。如果您使用的是 Windows XP 或 Windows 2003 系统,当您把读卡器的 USB 接口插到计算机上时,系统会提示"找到新硬件",然后指定驱动位置。点击"从列表或指定位置",选择"浏览",假设光盘驱动器是 G,指定驱动在"G:\Eport 驱动程序\EP600\win2000、xp\手动安装"文件夹里,或是指向 C:\program files\pcsc_0,均可。

D. 读卡器安装完毕,把电子口岸 IC 卡插入读卡器内,读卡器灯应为绿色,直接登录电子口岸即可正常使用。

②如果您没有 EP600 读卡器安装光盘,请进行如下操作:

A. 请登录中国电子口岸网站 www.chinaport.gov.cn,点击"下载中心",在弹出的新窗口中点击"中国电子口岸执法服务器证书更新程序",

下载并安装。

B. 请登录中国电子口岸网站 www. chinaport. gov. cn，点击"下载中心"，在弹出的新窗口中点击"EP600 读卡器驱动"，并完成下载。

C. 解压后，请您双击"Win2000、XP"文件夹下的"自动安装.exe"，进行 pcsc_0 的驱动安装。

D. 安装完成后把读卡器的 USB 接口插到计算机上。如果您使用的是 Windows 2000 系统，该系统能自动找到驱动，可以直接使用。如果您使用的是 Windows XP 或 Windows 2003 系统，当您把读卡器的 USB 接口插到计算机上时，系统会提示"找到新硬件"，然后指定驱动位置。点击"从列表或指定位置选择"，选择"浏览"，将路径指向 EP600 解压后的文件夹下的"Win2000、XP\手动安装"，或是指向"C:\Program Files\pcsc_0"，均可。

E. 读卡器安装完毕，请把电子口岸 IC 卡插入读卡器内，读卡器灯应为绿色，直接登录中国电子口岸网站即可正常使用。

例63. 如果在使用 EP600 读卡器登录中国电子口岸预录入系统时，提示"读卡器底层库打开读卡器失败，错误码=50200"，应该怎么办？

答：请您插拔电子口岸 IC 卡后重试。若故障未解决，请重新安装新的驱动程序。

例64. 如果使用 GC-482 型串口读卡器，在登录中国电子口岸预录入系统和浏览器版系统时，读卡器灯不闪，应该怎么办？

答：请您先检查读卡器连接线与电脑连接是否正确。若连接有误，可以将读卡器插在电脑 com1 端口上。

 小贴士 | GC-482 不支持任何 com 口转换 USB 口的设备。

第五节　用户登录错误提示集锦

一、网页错误提示

例65. 发生网页错误时,使用"一键修复"可修复哪些错误?

答:"一键修复"可修复的错误内容有:

(1) 行41,对象不支持此属性或方法;

(2) 行42,对象不支持此属性或方法;

(3) 行433,此计算机上的安全设置禁止访问其他域的数据;

(4) 初始化串口1打开失败,初始化串口2打开失败;

(5) 行434,ODBC 驱动程序管理器未发现数据源名称,并且未指定默认的驱动器;

(6) 行433,POL93032;

(7) 行434,无法启动指定数据库;

(8) 行379,126指定驱动程序无法加载;

(9) 输入卡密码后报:卡策略模块找不到配置文件,错误代码:53840。

例66. 在登录中国电子口岸网站输入口令时提示"该页存在潜在的对 ActiveX 控键不安全信息……",该如何处理?

答:请您进入 IE 浏览器,依次点击"工具"→"Internet 选项"→"安全"→"自定义级别",将设置中的所有选项选为"启用"状态,其安全级降为"低"。

例67. 我们在登录中国电子口岸网站时提示"解 PEM 编码失败",应该怎么办?

答:此故障是由于您公司的网络存在问题,需要您公司的网络管理人员对网络环境进行相应调整。不建议您在 VPN 及多线路网络环境下登录中国电子口岸网站。

如仍不能解决问题，请您致电数据中心客服热线 010 - 95198，与客服人员联系解决。

例 68. 如果在登录中国电子口岸网站时提示"未打开卡一"或"文件认证失败，errcode = 53120"，应该如何处理？

答：请您登录中国电子口岸网站 www.chinaport.gov.cn，依次点击"下载中心"→"中国电子口岸执法系统服务器更新程序"，下载安装后再登录即可。

例 69. 我们在登录中国电子口岸浏览器版系统时，提示"网页错误：没有权限"，是什么原因造成的？

答：这是由于您的本地电脑存在问题。请您清空 IE 浏览器的历史记录、临时文件，添加受信任站点等。如果提示出现在您输入口令后，请关闭当前窗口，重新登录中国电子口岸执法系统。

例 70. 我在登录中国电子口岸浏览器版系统时，网页提示"[pol - 3023] the database does not exist"（数据库不存在），应该怎么办？

答：请您打开 C:\olite\deploy\BIN 目录，会发现该文件夹中没有公共部分参数库 dbparanet.odb 文件。请用以下方法解决：

（1）进入中国电子口岸网站页面，点击"软件更新"；

（2）点击"公共部分参数库"，进行下载；

（3）下载后将其保存到桌面上，双击下载的文件，点击"安装"。

例 71. 我在登录中国电子口岸浏览器版系统打印数据时，提示"需要安装打印控件"，该如何安装？

答：请您登录中国电子口岸执法系统，依次点击"软件更新"→"公用部分"→"打印控件"进行安装。

二、预录入系统登录错误提示

例 72. 如果用 EUS 进行系统更新时,提示"*.dll 文件 CRC 校验失败",应该怎么办?

答:这是由于更新服务器上的文件有问题所致。请您致电数据中心客服热线 010-95198,转交技术支持人员处理。

例 73. 如果我在使用 EUSSTART 更新时,提示"检查版本失败,返回函数值:-2001";或在登录系统时,提示"与服务器连接中断",该如何处理?

答:请您检查本地网络,确认无异常后,致电数据中心客服热线 010-95198,获取 EUS 下载服务器地址。

例 74. 我公司有两个海关编码,但是登录 QP 4.0 系统的时候没有选择海关 10 位编码的提示,该如何处理?

答:首先请您更新 QP 4.0 系统,然后登录 QP 4.0 并打开"系统维护",点击"缺省值维护",去掉当前默认海关 10 位编码中的默认编码。

例 75. 我们在登录 QP 系统时,插入电子口岸 IC 卡,输入正确密码后,点击回车,弹出一个对话框,显示"错误编号:-10025",应该如何处理?

答:出现此情况多数是由于您的电子口岸 IC 卡已过期或已损坏。请您携带单位介绍信和出现提示的电子口岸 IC 卡到当地数据分中心制卡窗口查询具体原因,然后做相应处理。

例 76. 我在登录 QP 系统时,系统报错"-10058",应该如何处理?

答:请您用 EUS 做程序更新。如果更新后还是报错,请拨打数据中心客服热线 010-95198,转交技术人员处理。

例77. 如果企业登录 QP 系统时，系统报错："-10002"；或用 EUS 进行系统更新时，"系统报错：-2001"，应该怎么办？

答：(1) 请您先确认网络连接是否有故障；

(2) 然后打开 EUS，按 "F1" 帮助按键，里面有关于该问题的解决方法。

例78. 我在登录 QP 系统时，系统报错 "-10005"，该怎么办？

答：出现该提示，可能是由于读卡器无法识别卡。请您确认是否插入正确的电子口岸 IC 卡、读卡器是否工作正常。

例79. 我在登录中国电子口岸预录入系统时，发现子系统图标为灰色，点击后提示"无权进入"，该怎么办？

答：出现该问题是由于您所在口岸的海关已经申请启用了操作权限控制，并且未对您所持的操作员卡进行相关授权。请您及时联系主管海关，申请相关子系统的操作权限。

例80. 我们在登录中国电子口岸预录入改进版系统时，系统报错"认证发生异常！无法获取 IC 卡签名信息，[卡策略模块] 找不到配置文件：错误码=53840"，该怎么办？

答：因为中国电子口岸预录入改进版系统安装过程中包含多种控件，在未完整安装的情况下直接升级，系统将提示该错误。您可以通过重新安装中国电子口岸预录入改进版系统，再升级来解决该问题。

例81. 我们在登录中国电子口岸预录入改进版系统时，系统报错"认证发生异常！无法获取 IC 卡签名信息，[读卡器底层库] 复位读卡器失败：错误码=50070"，该怎么办？

答：此问题产生的原因和解决方法与"例80"相同。

例82. 如果登录中国电子口岸预录入改进版系统后，点击里面的任何子系统，系统都提示"创建 session 失败"，该怎么办？

答：首先请您检查电脑上的系统时间是否为当前时间，如果不是，需要修改时间；若修改时间后重新登录仍然无效，需要删除目录 C:\Documents and Settings\Administrator\local_ setting\apps\2.0 里面除了"data"外的所有文件夹，然后重新安装中国电子口岸预录入改进版系统。

第六节　QP 产品激活管理

一、QP 系统激活问题

例83. 我公司的电脑已经安装 QP 4.0 系统并且激活，在安装 QP 改进版系统时是否需要再次激活？

答：不需要再激活了。

例84. QP 系统激活码是否有有效期限？

答：暂时没有有效期限，如果增加有效期控制会另行通知。

例85. QP 客户端系统激活之后，如果更换电脑硬件或者主机，如何再激活客户端？

答：请您联系当地数据分中心，将原先已经使用的激活码重置，然后可以使用原先的激活码重新激活客户端。

二、激活时报错情况处理

例86. 我公司安装 QP 改进版系统后，输入激活码激活系统，系统提示"激活码错误：服务器响应信息：激活码无效"，是因为什么？

答：可能是由于以下几个原因：

(1) 激活码已经使用；

(2) 激活码输入错误；

(3) 您安装的系统处于培训环境。

例 87. 我公司进行 QP 系统激活时，系统提示"初始化 IKEY 失败，错误代码=50200"，应该怎么办？

答：激活的时候需要读取企业卡片信息。出现这个问题可能是您没有插紧卡或者读卡器没有被电脑正确识别所造成的，请您重新插拔企业 IC 卡或读卡器。如果还不行，需要重新安装读卡器驱动。

例 88. 如果在激活时提示"客户端与激活码绑定的企业不一致"，是什么原因？

答：因为在激活码发放给您之前，数据中心已经将激活码跟您企业的组织机构代码做了绑定，您在激活的时候同样需要在电脑上连接本企业的 IC 卡或者 IKEY，如果使用其他企业的 IC 卡，就会出现这个提示。

例 89. 我公司 QP 客户端系统激活后，如果电脑硬件或者电脑主机未作更换，只是把网络稍作调整，登录时系统提示"没有激活"，应该怎么办？

答：个别企业网络环境更换之后确实会出现这种情况。请您联系当地数据分中心将原先已经使用的激活码重置，然后可以使用原先的激活码重新激活客户端。

第二章　联网核查系统常见问题

当您读到本章内容时，说明您已经顺利成为中国电子口岸用户了！对于经营进出口业务的您来说，"外汇"、"关税"、"进口增值税"等名词肯定耳熟能详，但是与您的"钱途"操作有关的电子口岸项目，您也许就没那么熟悉了。涉及外汇、关税的核查系统主要有"出口收汇"、"出口退税"、"进口付汇"、"进口增值税"、"出口收结汇"、"网上支付"等系统。

本章主要对您使用应用项目时可能遇到的问题进行解答，涉及项目基本知识、操作常识和常见错误等几个方面。相信您已经迫不及待了，那我们开始吧！

第一节　出口收汇

出口收汇系统，是海关总署与国家外汇管理局（以下简称外管总局）共同开发的出口收汇核销单和出口收汇报关单联网核查系统。该系统为出口收汇核销单建立了电子底账数据，核销单的基本信息以及各部门对核销单的操作情况都将保存在数据中心，供各地外管局查询并进行核销单挂失等各项操作；同时，该系统将海关总署采集的各口岸海关"出口报关单核销联"电子数据经数据中心传送至外管总局，方便外管总局核查报关单和核销单的真实性。该系统在全国推广后，累计处理出口结关报关单5000余万票，一定程度上打击了企业利用伪造核销单、虚报核销单丢失等手段进行逃汇、骗税的活动。

一、系统操作常见问题

例 90. 什么样的企业可以进入出口收汇系统里打印进口付汇报关单？

答：在外管总局备案的 A 类企业可以进入出口收汇系统里打印进口付汇报关单。

例 91. 出口收汇报关单中"工缴费"字段为空，该怎么办？

答：这是由于海关通过数据中心转发至外管总局的出口收汇报关单电子数据中并没有工缴费信息，因此该情况为正常情况，用户无须进行后续操作。

例 92. 出口收汇系统的权限有效期是多长时间？

答：出口收汇系统的权限有效期取决于外管总局给企业审批时设定的时间。

二、系统操作异常问题

例 93. 为何我登录中国电子口岸网站后二级页面的出口收汇系统处于灰色状态？

答：出现该问题，可能是由于以下几种原因，请您作出以下判断并进行适当处理：

（1）如果您用输入码（非初始口令）登录后，所有应用系统都为灰色（除企业注册），则说明企业未进行新系统注册。

（2）如果您的企业 IC 卡此前一直正常使用，突然出现该情况，则说明该 IC 卡在外管局的使用权限已经到期。您需要使用法人卡通过电子口岸向当地外管局申请延期。

权限申请延期步骤：

①使用企业法人卡，进入"身份认证"项下的"备案变更"；

②进入"IC 卡权限"，通过该 IC 卡卡号，进行查找；

③进入"外汇",确认"录入"和"申报"权限已经勾选,点击"暂存"和"申报";

④经过上述操作后请用户与其主管外管局联系(也可以是电话联系),外管局有关负责人员在网上进行三级审批,审批通过后,IC卡将恢复使用权限。

(3) 如果您是新申领的IC卡用户(也就是此前从未使用过该系统的用户),此现象说明该IC卡暂无"出口收汇"权限,需要向主管外管局进行申请。

权限新增申请步骤:

①使用企业法人卡,进入"身份认证"项下选择"数据备案";

②进入"IC卡权限",通过该IC卡卡号,进行查找;

③进入"外汇",确认"录入"和"申报"权限已经勾选,点击"暂存"和"申报";

④经过上述操作后请用户与其主管外管局联系(也可以是电话联系),外管局有关负责人员在网上进行三级审批,审批通过后,IC卡将获取使用权限。

例94. 我公司的出口收汇系统权限到期,但已做过变更申请,外管局三级审批也已经通过,但"出口收汇"仍显示为灰色,该如何解决?

答:这是因为当地外管局在审批时没有更改权限有效期,请您重新申报,并联系当地外管局更改有效期后再审批。

例95. 我公司在出口收汇系统中操作时,系统突然提示"没有权限",该怎么办?

答:请您根据页面左下方操作员姓名和单位信息是否正常显示,进行如下区分:

(1) 如果出口收汇系统页面左下方没有显示操作员姓名和单位信息,请您刷新页面,或是返回主页后重新进入出口收汇系统,待操作员姓名和单位显示后再进行操作。

(2) 如果出口收汇系统页面左下方显示了操作员姓名和单位信息,则可能该操作员 IC 卡只有录入权,没有申报权。

若需要设置该申报权,请您进行如下操作:

①请您使用企业法人卡登录中国电子口岸首页,点击进入"身份认证"项目;

②进入"备案变更"后,选择"IC 卡权限",输入操作员卡号查找用户的 IC 卡卡号;

③在"外汇"项下,勾选"录入"和"申报"两项,并作"暂存"和"申报"操作;

④完成上述操作后,请您与主管外管局联系,请外管局网上审批;

⑤外管局进行网上三级审批,审批通过后,该操作员 IC 卡将获得系统的"录入"和"申报"权限。

例 96. 我公司是 A 类企业,但在点击"收汇证明联打印"时系统提示"非外汇 A 类企业无权访问",是什么原因?该如何处理?

答:这是由于您的企业最近刚刚做过企业类型的升级调整(如:企业刚从 B 类升级为 A 类),外管总局还未将数据同步至电子口岸系统,所以您无权访问。请您拨打数据中心客服热线 010-95198,由客服人员填写工作单转后台技术支持人员处理。

第二节　出口退税

出口退税系统是针对出口退税报关单(即出口报关单退税证明联)的联网核查系统。该系统将海关总署从各口岸海关采集的出口退税报关单电子底账数据保存在数据中心,经企业确认后,数据中心再将电子底账数据传送给国家税务总局(以下简称国税总局),国税总局收到后,通过网络下发给各地国税局供具体操作人员查询。该系统为各地国税局进行出口退税操作提供了可靠的电子依据,进一步提高了工作效率和执法的准确性,为纳税人办理出口退税提供了良好的外部数据环境,同时有效杜绝了利用国家出口退税政策实行骗税的不法行为。

一、出口退税常用知识解析

例97. 国税局给企业办理退税时，是根据"成交总价"还是"统计美元价"？

答：国税局是根据"统计美元价"给企业办理退税的。

例98. 结关信息是否影响企业做出口退税？

答：结关信息不影响企业进行出口退税业务。

> **小贴士** 根据国税总局的要求，电子口岸系统中的"结关信息"数据，只是通知数据，而不是执法数据，因此无法作为执法依据用于退税（不是所有海关都给电子口岸发送企业的结关信息）。企业有出口退税证明联（又称：黄联）且电子口岸有退税的报关单电子数据，就可以去当地国税局退税。

例99. 在出口退税系统中，电子口岸系统显示的税则编码一共是多少位？

答：税则编码8位，还有附加编码2位。

例100. 在出口退税系统中，报关单退税联共有几种数据状态？

答：报关单退税联共7种数据状态。

例101. 报关单退税联的几种数据状态各有什么含义？

答：报关单退税联的7种数据状态的含义分别为：

（1）不能查到该票报关单信息

报关单退税电子数据还未传至电子口岸，请企业联系海关重签退税联。

（2）数据中心已接收，企业未确认

报关单退税电子数据已经传至电子口岸,请企业进入出口退税系统做数据报送操作。

(3) 企业已确认,待发送

企业当天在电子口岸系统上报送了需要退税的报关单电子数据,目前正在等待电子口岸系统将电子数据发送至国税总局的过程中。

(4) 海关已修改,待发送

有可能是两种情况:

①企业已报送退税的电子数据后,发现电子数据中有错误,又联系海关进行改单,此改单数据在海关重新签发后,电子口岸会实时向国税总局传送,无须企业再做操作。

②企业已报送退税的电子数据又联系海关重新签发退税联,导致数据重新上传,请企业直接联系国税局退税即可。

(5) 数据中心已发送,待国税局接收

电子口岸已把企业的退税数据传至当地国税局,当前正在等待国税总局接收。

(6) 国税总局已接收

国税总局已确认收到企业报送的退税数据。

(7) 修改后的报关单已向国税局发送

电子口岸把海关修改后的报关单退税联数据传输到国税总局。

例102. 企业在数据报送后又联系海关更改过报关单,国税局应该以哪个数据给企业退税?

答:001是正常数据、002是修改后的数据、003是电子底账数据。各个关区退税依据的数据不统一,具体按照当地国税局要求处理。

二、系统操作基本常识

例103. 在出口退税系统中,企业更改过海关10位代码,结关信息里还能查到旧的海关代码下的结关信息吗?

答:不能。企业变更10位代码后,只能查到变更后的海关10位代码下的结关信息,旧的海关 10 位代码下的结关信息是不能被查到的。

例 104. 在出口退税系统中,企业更改过海关 10 位代码,如果存在两个海关 10 位代码并存的情况,怎样得到结关信息?

答:如果您有两个海关 10 位代码并存,选择哪个代码进入系统就能查到相应代码下的结关信息。

例 105. 企业要查询报关单退税联数据状态,具体的操作方法是什么?

答:使用企业操作员卡登录电子口岸出口退税系统的"数据查询",并按照状态进行查询,输入企业海关编码和报关单号码,即可查询报关单退税联数据的状态。

例 106. 出口退税系统操作报关单电子数据的报送方法有几种,分别是什么?

答:报关单电子数据的报送方法有 3 种,用户可自由选择报送方式。分别是:

(1)查询报送;

(2)选择报送;

(3)全体报送。

例 107. 出口退税报关单电子数据向国税局报送时,报关单表体的"商品名称"栏显示为空,能否报送?

答:可以报送,企业如确认报关单中的"商品编码"和"成交总价"数据正确就可以报送。国税局一般不核对商品名称等信息。

例 108. 出口退税系统新增的报关单数据下载功能有什么用途?

答:电子口岸应国税总局的要求新增了该功能。企业可通过该功能下载出口退税报关单数据,用于导入数据到国税局的采集软件中,办理出口退税业务。

例109. 出口退税报关单数据下载的前提是什么?

答:有两个前提工作:

(1) 报关单需要进行数据报送,否则无法下载;

(2) 如企业系统未安装电子口岸服务器证书更新程序 5.0 版本,则需要通过中国电子口岸网站"下载中心"或分中心网站"程序下载"进行下载安装。

例110. 已下载到本地的出口报关单电子数据可否打开查看?

答:不可以打开,默认下载的出口报关单电子数据为 XML 格式,企业无须查看。数据导入国税局系统后,直接联系国税局办理退税业务即可。

例111. 企业端报送报关单是否有时效要求?

答:电子口岸出口退税系统对企业报送报关单无时效要求,电子口岸只要接收到报关单电子数据后,企业随时可进行报送操作。

例112. 已经报送的数据,海关修改后再次传送到数据中心后,我还需要再次报送该数据吗?

答:根据国税局的业务要求,在此类情况下,企业不能再次报送。在您联系海关重新签发数据后,该类数据由数据中心直接向国税总局统一发送,您无须再次进行报送操作。

三、系统操作异常情况处理

例113. 我登录浏览器版程序主界面时,没有"出口退税"模块,但是"出口收汇"、"进口付汇"等模块是正常的,该怎么办?

答:这一般是由于电脑分辨率设置得太低。"出口退税"模块在系统主界面的第二行的最右边,电脑分辨率设置得太低会造成整个右边无法显示,建议把分辨率调整到 1024×768 以上。

> **小贴士** 分辨率调整方法：在 Windows 桌面上依次点击右键→"属性"→"设置"，拖动"屏幕分辨率"滑动块进行调整。

例114. 我公司向国税局进行出口退税数据报送时，查找不到所需报关单数据，应如何处理？

答：（1）首先请您核对18位报关单号是否输入正确；

（2）请您通过该系统项下"数据查询"—"状态查询"确认报关单当前状态，并通过屏幕右方对话框中的解释进行处理。

（3）如果上述操作无法解决问题，请您联系数据中心客服热线010-95198解决。

例115. 我在电子口岸无法下载报关单怎么办？

答：这可能是由于该票报关单数据还没有发送，但报关单状态变为"国税总局已接收"后，企业即可下载报关单。

例116. 我在数据报送前发现报关单数据有误，如何处理？

答：请您与申报地海关联系，修改报关单数据并重新签发报关单退税联。

例117. 报关单改单后，海关重新签发出口退税证明联，我在出口退税状态查询里查询到的报关单状态是"修改后的报关单已向国税总局发送"，而不是"国税总局已接受"，该状态是什么原因？

答：发生此问题的原因是数据中心还没有收到国税总局的回执，请您耐心等待。

例118. 我在进行退税时发现，国税局收到的价格与电子口岸查询到的成交总价不同，该怎么办？

答：退税时，国税局收到的是海关系统计算出的统计美元价，在实际业务中，由于汇率转换以及个别商品的原因，可能存在不一致的情况。如果您对此价格表示异议，可去报关地海关通关处，申请做复审计征处理。

例119. 我登录中国电子口岸执法系统后发现"出口退税"系统显示为灰色，该怎么办？

答：出现该情况，主要可能由以下三种原因造成：

（1）您使用法人卡登录系统。根据系统设定，应使用操作员卡登录操作，请您插入操作员卡后再登录。

（2）您没有更改操作员初始口令，请更改初始口令后重新登录。

（3）您没有进行上网卡新系统注册，请进行新系统注册。

因为出口退税不涉及海关等部门授权，所以除了以上三种情况，该栏目不可能是灰色的。

例120. 我公司进行结关信息查询时，无法找到相关数据，是什么原因？

答：（1）结关信息是退税系统中的辅助功能，不作为退税依据，只是一份通知信息；

（2）结关信息只是通知打印退税联的，不是所有的海关都会给企业发送结关信息。

例121. 我公司办理退税时，国税局称没有查到企业已报送的报关单数据，该怎么办？

答：请您通过该系统项下"数据查询"——"状态查询"，查询该数据状态。

（1）如果状态为"企业已确认，待发送"，说明您进行的报送操作没有超过24小时，这是正常现象。因为企业报送成功的数据24小时内传给国税总局，再由国税总局的信息系统自动下发数据至各地国税局（国税总局下发到省局，省局再下发到市局，市局再下发到支局）。国税局系统下发需要2至3天左右的时间，请您稍候，您也可以向税务部门咨询预计的办理时间。

（2）如果查询到的状态是"数据中心已发送，待国税总局接收"，说明数据中心已经向国税总局发送此票数据，等待国税总局接收。如果您报送的数据已经超过了 24 小时，请联系数据中心客服热线 010-95198 解决。

例 122. 我在点击"出口退税"后，系统提示"没有企业海关代码"，该怎么办？

答：这是由于您的企业未向海关进行备案或者备案信息已经过期所致。您可与当地数据分中心制卡窗口联系备案或者延期备案，这对您在出口退税系统中的操作没有影响。

例 123. 我公司在出口退税系统中发现左侧"操作员"姓名和"单位名称"为空，该怎么办？

答：请您清除 IE 浏览器捆绑的插件及第三方工具条（例如：百度工具条、soso 工具条等）。

例 124. 我公司的报关单已报送，但又做改单，电子口岸退税报关单数据为旧数据，是什么原因？该如何处理？

答：海关修改报关单后没有重新签发退税联电子数据。建议您联系现场海关重新签发退税报关单数据即可。

例 125. 我公司已向国税局报送的报关单数据，能否在电子口岸系统中进行删除或撤销操作？

答：已报送的报关单数据，在电子口岸系统中无法删除和撤销。

例 126. 我公司在使用选择报送功能时出现查询失败，该如何解决？

答：该问题是由于您公司尚未报送的报关单条目超过 800 条引起的。由于本系统选择报送功能最多只支持 800 条的数据，请您选择查询报送或全体报送功能完成报送。

第三节　进口付汇

中国电子口岸进口付汇系统将海关总署采集的全国各口岸海关进口报关单外汇证明联电子底账数据，存放到中国电子口岸数据平台，提供给全国各外汇管理分支局和外汇指定银行进行实时联网核查。但只有 A 类企业才可以登录中国电子口岸进口付汇系统查询及打印结关信息。

一、进口付汇业务常识解析

例127. 可以对外付汇的贸易方式有哪些？

答：
一般贸易	0110
来料以产顶进	0243
保区进料成品	0444
保区来料成品	0445
保区进料料件	0544
保区来料料件	0545
进料对口	0615
进料非对口	0715
对台贸易	1110
免税品	1741
外汇商品	1831
三资进料加工	2215
对台小额	4039
边境小额	4019
来料料件内销	0245
易货贸易	0130
来料成品减免	0345
补偿贸易	0513

加工贸易设备	0420
进料料件退换	0700
加工设备内销	0446
无代价抵偿	3100
进料深加工	0654
其他	9900
低值辅料	0815
来料边角料内销	0845
保税仓库货物	1233
国轮油物料	1139
保税工厂	1215
保税区仓储转口	1234
修理物品	1300
出料加工	1427
租赁不满一年	1500
租赁贸易	1523
租赁征税	9800
寄售代销	1616
合资合作设备	2025
外资设备物品	2225
货样广告品 A	3010
货样广告品 B	3039
援助物资	3511
捐赠物资	3612
退运货物	4561

例 128. 哪些监管方式海关不予以签发进口付汇证明联？

答：海关不予以签发进口付汇证明联的监管方式有以下类型：

(1) 来料深加工　　　　　（代码 0255）

(2) 来料料件退换　　　　（代码 0300）

（3）加工设备结转　　　　（代码 0456）

（4）进料以产顶进　　　　（代码 0642）

（5）保税间货物　　　　　（代码 1200）

（6）暂时进出货物　　　　（代码 2600）

（7）陈列样品　　　　　　（代码 2939）

（8）其他进口免费　　　　（代码 3339）

（9）驻外机构运回　　　　（代码 4200）

（10）来料成品退换　　　　（代码 4400）

（11）进口溢物卸　　　　　（代码 4539）

（12）后续补税　　　　　　（代码 9700）

（13）来料加工　　　　　　（代码 0214）

（14）来料余料结转　　　　（代码 0258）

（15）不作价设备　　　　　（代码 0320）

（16）免设备结转　　　　　（代码 0500）

（17）进料余料结转　　　　（代码 0657）

（18）进料料件内销　　　　（代码 0644）

（19）进料成品减免　　　　（代码 0744）

（20）进料边角料内销　　　（代码 0844）

（21）常驻机构公用　　　　（代码 2439）

（22）展览品　　　　　　　（代码 2700）

（23）承包工程进口　　　　（代码 3410）

（24）驻外机构购进　　　　（代码 4239）

（25）直接退运　　　　　　（代码 4500）

（26）进料成品退换　　　　（代码 4600）

（27）其他贸易　　　　　　（代码 9739）

（28）留赠转卖物品　　　　（代码 9839）

二、系统操作基本常识

例 129. 我公司的组织机构代码发生变更后，是否能查到以前的报关单数据?

答:不能。因为企业组织机构代码为标识企业的主键,变更组织机构实际上就是变更了企业。

三、系统操作异常情况处理

例130. 正常的进口报关单中应该有"环保证号"项内容,但我公司在进行进口付汇结关信息打印时,电子数据中"环保证号"一栏为空,为什么?

答:这是因为系统并未实现"环保证号"的打印功能。

> **小贴士** 企业打印进口付汇结关信息,主要是用于和银行、外管局进行付汇核对。

例131. 进口付汇一栏呈灰色,不可点击,该怎么办?

答:(1)确认企业使用的是操作员卡;

(2)如使用初始口令登录,必须修改口令;

(3)企业需进行新系统注册。

完成以上三点即可正常使用。

第四节　进口增值税

进口增值税联网核查系统由海关总署、国税总局联合开发。该系统实现了以中国电子口岸网站为平台,将海关进口增值税专用缴款书电子数据向国税部门发送,作为国税部门进行进口增值税抵扣的依据。通过"电子底账+联网监管"的模式,方便企业及时进行抵扣,便于国税部门进行监管,是中国电子口岸继进口报关单联网核查、出口退税等系统后的又一个重要的项目。

一、进口增值税常用知识解析

例132. 抵扣单位的纳税人识别号在经营单位、申报单位确认后是否可以修改?

答:可以修改,只要抵扣单位没有确认之前都可以重新指定,以最后一次指定为准。

例133. 企业为什么要下载税单?是否可以直接打印税单?

答:下载税单是按照国税局的要求,使企业提交的数据格式保持一致。企业可以直接打印税单。

例134. 企业下载税单的前提是什么?

答:满足以下两个条件才可以下载:

(1)税单状态必须是"抵扣单位已确认";

(2)下载使用的 IC 卡必须是抵扣单位的卡。

如果满足以上条件还是无法下载,请联系数据中心客服热线 010 - 95198,转技术人员处理。

例135. 进口增值税的税单,有几种方式可以去国税局抵扣?

答:分以下两种情况:

(1)持纸面单据或者国税局要求的相关文件,直接去国税局抵扣;

(2)在电子口岸进行确认操作后,再去国税局抵扣。

例136. 税单确认中有三项:A. 经营单位抵扣,B. 经营单位指定抵扣单位抵扣,C. 抵扣单位确认。如果是一家自抵企业需要做哪些步骤?如果是一家他抵企业需要做哪些步骤?

答:(1)自抵企业:只做 A(经营单位抵扣);

(2)他抵企业:B(经营单位指定抵扣单位抵扣)和 C(抵扣单位确认)都要做,如果企业只做 B 不做 C,电子口岸不会把数据传输给国税总局。

例 137. 电子口岸收到的税单数据，什么时间向国税局传输？

答：分以下两种情况：

（1）如果您在电子口岸进行了确认税单操作，系统在税单确认后将自动传输；

（2）如果您不在电子口岸进行确认税单操作，电子口岸收到税单数据后将在两天后集中传输。

例 138. 哪些关区的企业，需要通过电子口岸的进口增值税系统进行确认后，再去国税抵扣？

答：是否需要进行"确认"操作不是海关或者电子口岸规定的，而是企业所在地国税局要求的，请企业依据当地国税局要求进行。

例 139. 我公司想查询进口增值税数据，需向数据中心客服人员提供什么数据？

答：您需提供 18 位报关单号。

例 140. 查询列表中的稽核结果状态是否影响企业做确认？

答：查询列表中的稽核结果状态无论是"未稽核"、"对比相符"，还是"对比不符"均不影响企业做确认。

二、系统操作常见问题

例 141. 清单下载时，输入的条件是什么？

答：在申报年月之间，按照"YYYYMM，YYYYMM"格式录入，也可以什么都不输入，所有符合条件的单据都会被查询显示出来。

例 142. 清单可以重复下载吗？其路径在哪里？

答：清单可以重复下载，下载路径默认是在 C：\ LOADFILE 目录中。

例143. 我在税单确认中通过第一项（经营单位抵扣）可以找到数据，但是我想在第二项（经营单位指定抵扣单位抵扣）中确认，该怎么办？

答：请您找到需要确认的报关单，打开明细信息后，点击屏幕上方的"撤销"按钮。撤销成功后，数据会出现在"经营单位指定抵扣单位"中，再进行操作。

例144. 抵扣单位的纳税人识别号在经营单位确认后是否可以修改？

答：可以修改，只要抵扣单位没有确认之前都可以重新指定，以最后一次指定为准。

三、异常状态及报错处理

例145. 我登录中国电子口岸执法系统，二级界面中的"进口增值税"为灰色，该怎么办？

答：出现该情况，可能有以下两个原因：

（1）您没有进行企业注册，注册后即可使用；

（2）请确认登录用的操作员卡使用的是否是初始默认密码，如果是，请在修改后登录。

例146. 我做增值税抵扣确认的时候，查询不到税单，该怎么办？

答：这是因为税款支付之后，海关 H2010 对税单核注异常。请您联系海关，申请重新核注税单。

例147. 纸质税单上的纳税人识别号是旧的，该怎么办？

答：请您联系海关相关业务部门查询，因为进口增值税专用缴款书是在海关系统中打印的，电子口岸无法查询。

例148. 当地国税局不要求做税单确认的企业去税务部门抵扣，没有某票税单，该怎么办？

答：请企业拨打数据中心客服热线 010 – 95198，客服人员查询税单后，有两种可能：

（1）如果可以查到，请企业咨询当地国税局，联系国税总局查询；

（2）如果查询不到，客服人员会填写工单，转由后台技术人员处理。

例 149. 当地国税局不要求做税单确认的企业去税务部门抵扣，没有某票税单，是由于什么原因造成的？

答：这种情况产生的原因可能是：

（1）由于企业将经营单位输入错误造成的；

（2）由于抵扣单位的纳税人识别号变更后，没有修改 IC 卡中的税务端的纳税人识别号造成的。

请企业核对后进行修改，以解决上述问题。

第三章 通关项目常见问题

现在让我们把关注的焦点集中在电子口岸通关项目上。本章重点从 QP 系统下的报关申报、快件管理、新舱单系统、运输工具动态管理系统、减免税管理、公自用物品系统、新企管系统等项目入手,通过分析这些子系统的相关业务知识、系统权限、客户端配置、系统操作、异常处理和错误代码提示等内容,为您全面解答电子口岸通关作业中会遇到的应用问题,让您明明白白申报,顺顺利利通关!

第一节 报关申报(报关单、转关单)

报关申报是指进出口货物的收发货人或其代理人,依照《中华人民共和国海关法》以及有关法律、行政法规和规章的要求,在规定的时间、地点,采用报关单电子数据和纸质报关单形式,向海关报告实际进出口货物的情况,并接受海关审核的行为。

报关申报业务是整个海关进出口业务的中心环节,也是电子口岸执法系统中的重要组成部分。针对专业报关行、预录入公司报关业务量大、报关集中的特点,数据中心开发了 QP 版报关申报系统,以期能更好地满足专业报关行、预录入公司报关单申报的需要。中国电子口岸报关申报系统是连接企业与海关内网 H2010 作业系统的桥梁,为企业提供:预录入、暂存、申报、报关单电子数据、查询电子申报单证状态、打印报关单、报关单核对单、报关单(验放单单证)等功能。

一、报关相关业务常用知识解析

例150. 清单是什么？归并的原则是什么？不同类型的清单报关单申报流程有什么区别？

答：（1）以字母 E、J、K 开头的电子账册和有物料的电子手册在申报报关单前需要先申报清单，电子口岸系统根据归并关系将申报的清单拆分归并成报关单。

（2）归并的基本原则是：商品 HS 编码和计量单位一致的可归并为一项，其他归并原则由主管海关根据具体监管要求另行规定。

（3）电子账册和电子手册在清单申报的流程上是有区别的：电子账册的清单申报是在报关申报系统中进行的；电子手册的清单申报是在电子手册系统中进行的，并且只有料号级电子手册需要申报清单，HS 编码级电子手册无须此操作，可直接申报报关单。

例151. 转关运输提前报关单的回执是哪些部门给出的？

答：报关单的回执由申报地海关发出，转关单的回执由进境地海关或出境地海关发出。

例152. 转关运输提前报关单的回执有哪几种？

答：转关运输提前报关应该有两个回执：分别是报关单回执和转关单回执。报关单回执由主管海关发送，转关单回执由口岸海关发送。正常情况下，企业端应能看到报关单和转关单两个回执。

例153. 转关运输提前报关单在海关的审批流程是什么？

答：转关运输提前报关单在海关的审批流程如下：

转关运输提前报关单在发送到信息中心，并且经过电子审单后，转关单数据发往进出口口岸海关审核，当口岸海关审核完毕后，报关单数据再发往申报地海关进行审核。如果申报地海关看不到企业申报的报关单，可以让企业先联系口岸海关审批转关单数据。

例154. 报关单号常规的编号规则是什么?

答:报关单号常规的编号规则是:

4位现场代码+4位年份+1位进出口标识(0—出口,1—进口)+2位现场代码后两位+1位年份最后一位+1位进出口标识位(0~4—进口,5~9—出口)+5位流水号。

例155. 报关单如何分类?

答:报关单可以根据"进出口状态""表现形式""使用性质"和"实际作业用途"进行如下分类:

(1)按进出口状态分:中华人民共和国海关进口货物报关单和中华人民共和国海关出口货物报关单。

(2)按表现形式分:纸质报关单和电子数据报关单。

(3)按使用性质分:进料加工专用进出口货物报关单、来料加工及补偿贸易专用进出口货物报关单、外商投资企业进出口货物专用进出口货物报关单、一般贸易及其他贸易进出口货物报关单、出口退税专用报关单。

(4)按实际作业用途分:

①进口货物报关单一式五联,即海关作业联、海关留存联、企业留存联、海关核销联和进口付汇证明联;

②出口货物报关单一式六联,即海关作业联、海关留存联、企业留存联、海关核销联、出口收汇证明联和出口退税证明联。

例156. 报关单条形码是如何打印的?

答:依据各地现场海关的不同需求,经各地现场海关的申请,设置关区信息中条码打印的字段。报关单的条码打印提供了以下几种选项:

(1)同时打印"报关单号条码"和"数据中心统一编号条码"(默认值);

(2)只打印"报关单号条码",不打印"数据中心统一编号条码";

(3)只打印"数据中心统一编号条码",不打印"报关单号条码";

(4)不打印"报关单号条码"和"数据中心统一编号条码"。

例157. 报关所需的单证有哪些？

答：报关所需的单证，为以下几个类型，实际情况以海关相关部门具体要求为准。

（1）主要单证：报关单。

（2）基本单证：进口提货单、出口装货单、商业发票、装箱单。

（3）特殊单证：进出口许可证、主管部门的批文、加工贸易登记手册、减免税证明、收付汇核销单。

（4）预备单证：贸易合同、进出口企业的有关证明文件。

例158. 报关企业可分几类？

答：报关企业，可分为如下几类：

（1）专业报关企业：依照海关规定的程序设立，接受进出口货物收发货人的委托，以进出口货物收发货人的名义办理进出口货物报关、纳税等事宜的境内法人。

（2）代理报关企业：经营国际货物运输代理、国际运输工具代理等业务，并接受委托代办进出口货物、国际运输工具的报关、纳税等海关事务的境内法人。

例159. "报关"可以分为几类？

答：（1）按照报关的对象，可分为运输工具报关、物品报关和货物报关，详细解释如下：

①运输工具报关，需要向海关提交合法证件、清单和其他运输单证，手续简单。

②物品报关，需要以自用合理数量为限，手续简单。

注意：海关对进出境物品监管的基本原则是，进出境旅客本人自用、馈赠亲友所用而非出售、出租，合理数量指海关根据旅行目的、居留时间所规定的正常数量。

③货物报关，其手续相对复杂，需专业人员（报关员）专门办理。

（2）按照报关的目的，可分为进境报关、出境报关，此外还有转关报关：

注意：这里的"境"针对的是"关境"而非"国境"。

(3) 按照报关的实施者，分为"自理报关"和"代理报关"两种：

① 自理报关

A. 自理报关的概念：进出口货物收发货人自行办理报关业务。

B. 自理报关的单位：进出口货物收发货人。

C. 海关管理的要求：依法向海关注册登记。

② 代理报关

A. 代理报关的概念：指接受进出口货物收发货人的委托，代理其办理报关业务的行为。

B. 代理报关的单位：报关行、报关公司，按代理的方式可分为直接代理报关和间接代理报关。

C. 海关管理的要求：代理报关先行政许可后注册登记。

例160. 什么是数据中心统一编号和暂存号？

答：当报关单首次上载或申报发往数据中心后，数据中心端系统会自动生成一个"0"开头的数据中心统一编号，作为其在数据中心端的唯一标识。报关单在企业端暂存后，在数据中心统一编号栏自动生成一个以"Z"开头的18位流水号，待企业申报报关单后，数据中心统一编号栏的暂存号会转换成以"0"开头的18位流水号。企业申报的报关单入数据中心库后，在分中心热线查询系统通过暂存号也可查询到相应的报关单状态。

例161. 报关单的成交单价、成交总价、成交数量小数点后分别保留多少位？

答：成交单价小数点后保留4位，成交总价小数点后保留2位，成交数量小数点后保留5位。

例162. 什么是退关货物？货物退关后该怎么处理？

答：对已办理了进出境海关手续的货物，由于某种原因，在征得海关同意后，货物取消进出口并按海关规定办理退关手续，这类货物称为退关货物。

退关需办理退关手续。出口货物办理退税后发生退货或者退关的,纳税人应当依法补缴已退的税款。

例163. 清单是否可以重复下载?

答:可以重复下载。

例164. 什么是结关信息?

答:结关信息是海关提示企业可以打印报关单的通知。它是由海关直接传输到企业端,一般情况下在打印出报关单后海关会把该信息自动删除,但也有海关不及时删除的情况。若对此有疑问可咨询通关海关。

例165. 报关单中某些项号前自动带有＊号标记表示什么意思?

答:"商品编号"栏有＊标识的,表示:

(1) 该项商品实施年度暂定税率;

(2) 该项商品实施出口商品暂定税率,具体可查看《报关实用手册》的相关规定。

例166. 一般企业货物报关程序是什么?

答:(1) 进出口申报;

(2) 配合查验;

(3) 缴纳税费;

(4) 提取或装运货物。

例167. 报关范围是什么?

答:(1) 进出境运输工具;

(2) 进出境货物;

(3) 进出境物品。

例168. 什么时候需要申请转关提前报关?

答：当报关地（启运地、指运地）与实际进出境地不一致时，企业需要在主管地海关申报转关提前报关单。

 小贴士 | 启运地海关：指转关运输出口货物办理报关发运的地方或海关监管货物在国内转运时的始发地。

指运地海关：指转关运输进口货物指定运达的地点，或海关监管货物国内转运时的到达地。

主管地海关：指根据海关总署的规定，负责办理管辖地区海关业务的海关。

申报海关：进口时为指运地海关，出口时为启运地海关。

进出口岸：货物的实际进出境地。

例169. 报关单"审结"和"进出口审结/查验/放行通知"有什么区别？

答：报关单审结是有纸报关单的回执，进出口审结/查验/放行通知是无纸报关单的回执。

例170. 报关单上的出口日期代表什么日期？

答：船出港的时间，出口日期报关单上一般不录入。

例171. 报关单结关后撤销重报的通关单状态是什么？通关单是否可用？

答：通关单状态为"结关后删单"，企业可以用该通关单办理报关。

例172. 什么是货物结关？它与海关放行有什么关系？

答：货物结关是进出口货物办结海关手续的简称，是指进出口货物由收发货物人或其受委托人向海关办理完所有的海关手续后，海关将不对货物进行监管。

货物结关与海关放行有两种情况：

（1）货物已结关，对于一般进出口货物，放行时进出口货物收发货人或其受委托人已经办理了所有海关手续，因此，海关放行即等于结关；

（2）货物尚未结关，对于保税货物、特定减免税货物、暂准进出境货物等，放行时进出口货物的收发货人或其受委托人并未全部办完所有的海关手续，海关在一定期间内还需进行后续管理，所以该类货物的海关放行不等于结关。

例173. 报关单中的商品名称、备注分别能填入多少个字符？

答：商品名称栏可填50个字符，即25个汉字；备注栏可填255个字符，即127个汉字。

例174. QP系统报关单的经营单位/收发货单位/申报单位最多可以录入多少个字符？

答：可录入50个字符，即25个汉字。

例175. QP系统打印出来的报关单各联的名称和用途是什么？

答：共三联，分别为：海关作业联、海关核销联及企业留存联。其中，海关作业联用于各业务现场办理正常业务之用，等同于原套打模式下的进（出）口地海关存查联；海关核销联用于办理海关相关核销业务手续之用，等同于原套打模式下的主管海关存查联；企业留存联用于进出口企业留存之用，等同于原套打模式下的报关单位存查联。

例176. 报关单各种单据状态代表什么意思？

答：（1）报关单税费通知——报关单审结（交单接单）；

（2）报关单担保验放——报关单担保查验放行；

（3）报关单已经上载——报关单上载成功未申报。

例177. 关于报关单中许可证号等监管证件的录入规范是什么？

答：报关单中的许可证编号栏目需填报以下许可证的编号：进（出）

口许可证、两用物项和技术进（出）口许可证、两用物项和技术出口许可证（定向）、纺织品临时出口许可证、出口许可证（加工贸易）、出口许可证（边境小额贸易）。

报关单中的随附单证栏根据海关规定的《监管证件代码表》选择填报除许可证编号栏以外的其他进出口许可证件或监管证件代码及编号。

例 178. 录入报关单时需要规范申报的商品，自动弹出规范录入窗口，该如何填写？

答：对于需要规范申报的商品，企业应参照《中华人民共和国海关进出口货物报关单填制规范》，或按照现场海关要求逐项填写"规范申报要素表"中各栏目内容。

例 179. QP 系统报关申报中的转关运输申报单集装箱信息栏目的填写规范是怎样的？

答：根据车辆类型按实际情况填写：

车辆类型　集装箱号　运输工具名称/编号　规格　运输工具实际重量　提单号

集装箱车　实际号码　车辆海关编号　S/L　车头+托架　车牌号

吨车　#车辆海关编号　车辆海关编号　N　吨车实际重量　车牌号

二、系统操作常见问题

例 180. 我公司在申报进口转关提前报关单时，报关单状态一直停留在"成功入海关库"，但是我们联系申报地海关审核时，海关查不到数据，该怎么办？

答：请您联系主管海关先审核转关单。进口转关提前报关单申报后，海关必须先将转关单审核通过并放行，才能看到报关单数据。

例 181. 我公司申报报关单时，系统提示"经营单位和申报单位不一致"或"申报失败：申报单位与经营单位不同"，如图 3-1 所示，该怎

么办?

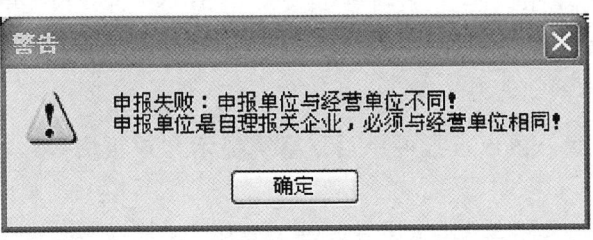

图 3-1

答：如果现场配置中开启了代理、自理的检查开关，系统会校验申报单位与经营单位编码的一致性。

◯ 小贴士 | 代理：申报单位和经营单位不允许相同。自理：申报单位和经营单位必须相同。让报关企业检查报关单录入情况。

例182. 我公司申报报关单时，系统提示"申报失败：报关员注册企业与报关单申报单位不一致"，如图 3-2 所示，该怎么办?

图 3-2

答：如果报关员注册企业的海关编码与报关单中的申报单位不一致，系统就会提示该错误。请您进行核对。

◯ 小贴士 | 进入系统后，请不要更换操作卡。

例183. 我公司申报报关单时，系统提示"申报失败：状态不对"，该怎么办?

答：这是由于您在报关单状态为"已申报"的状态下，重复申报该票报关单。请您联系数据中心客服热线010-95198，告知报关单数据中心统一编号，由技术人员处理。

例184. 我公司申报报关单后，系统提示"申报失败：超范围报关"该怎么办？

答：（1）这是由于您没有开通异地报关权限，请您联系主管海关做异地备案。

（2）这是由于您的报关员卡没有异地报关权限却进行了异地报关业务，系统才会提示该错误。请您联系当地海关企管科进行相关权限的授权即可。

例185. 我公司申报一般报关单时，系统提示"申报失败，状态不对"或"非审结"的状态，数据中心端状态为"审结"，该怎么办？

答：这是由于您存在误操作（重复申报等）或报关单回执的时间顺序混乱所造成的。请您联系数据中心客服热线010-95198，告知报关单统一编号后，由技术人员重新向企业发送报关单审结回执。

例186. 我公司在申报报关单时，系统状态长时间停留在"上载申报发往数据中心"或"已发往海关"，该怎么办？

答：请您致电数据中心客服热线010-95198，告知热线座席该票报关单的暂存号和经营单位编码，由技术人员在后台查询处理。

例187. 我公司在申报报关单时，报关单状态为"报关单挂起"，该如何处理？

答：这是因为报关单已被海关人工挂起，您可在回执查询中查得关员代号并向其咨询。

例188. QP系统报关单录入时，集装箱号的录入顺序与打印出的核对单上集装箱号码顺序不一致，是什么原因？

答：如一份报关单录入多个集装箱号，系统自动按 26 个英文字母顺序排列。

例 189. 我公司在申报报关单时，报关单暂存失败，系统提示"无法识别报关单类型"，该怎么办？

答：这是由于报关单的类型未进行选择，用户应在"报关单类型"一栏的下拉菜单中选择本企业报关的类型，如"无纸报关"等。

例 190. 我公司在申报报关单时，报关单"海关审单批注及放行日期"栏打印出来是方格，无文字内容，该怎么办？

答：这是由于用户端的电脑字体库被破坏所致。用户在其他能正常打印"海关审单批注及放行日期"栏文字内容的电脑中，点击"开始"菜单→进入"控制面板"，复制"字体"中的所有文件，粘贴到无法正常打印此栏内容的电脑"字体"库中，即可正常打印。

例 191. 我公司在 QP 系统录入事后交单模式的报关单时，"报关单类型"栏目应如何选填？

答：在报关单的"报关单类型"栏目选填"无纸报关"。

例 192. 我公司在报关单申报后无法查询到已审结的报关单数据，该怎么办？

答：报关单的录入单位、申报单位、经营单位、收发货单位都可以查询到该票报关单，如果有类似问题，请联系电子口岸排查。

例 193. 我公司在申报报关单时，系统提示"没有申报权限，请办理现场授权"，该怎么办？

答：出现该问题是由于申报地现场海关开启了现场授权的检查开关导致的。企业联系申报地现场海关进行授权即可。

小贴士 大连分中心是由企业联系大连数据分中心进行现场授权。

例194. 我公司在商检网站查询到通关单状态一直处于"已发送电子口岸"的状态，但不能成功申报报关单，该怎么办？

答：您可联系海关总署信息中心查询是否收到通关单数据，如未收到，则需联系数据中心补发，如海关已收到，企业端可直接申报报关单。

例195. 货物结关了，但是没有看到舱单信息，该怎么办？

答：舱单信息是在船开出后才会生成的，一般需要结关后72个小时才能看到。如果货物落箱，就不会有舱单信息，要去重新报关等操作。

例196. 企业申请的通关单有5项商品，但实际报关出口时，其中的第三项因故暂不出口，需要报关单与通关单的项数和次序保持一致吗？

答：需要保持一致。报关单与通关单法检商品的项数和次序一致，通关单电子数据才能比对成功。

例197. 我公司在QP系统进行报关单打印时，打印不了条形码，该如何解决？

答：这是由于您的QP客服端缺失了条形码所需字体文件，导致报关单打印时无法打印条形码。请您将安装文件中字体文件FONT里的字体文件复制到系统文件夹C：\windows\fonts里，解决上述问题。

例198. 企业在本地成功上载报关单后，异地被授权企业为何无法下载该报关单？

答：出现此问题，一般是因为企业在报关单下载界面中，所填写的报关单统一编号有误造成的。报关单统一编号应填写报关单成功上载后的以0开头的编号，而不是以Z开头的暂存号。

例199. 对于规范申报录入商品的报关单，打印后的纸质单证规格型号栏无法显示完整数据，该怎么办？

答：根据数据中心程序设置，系统更新后，规格型号可录入 255 个字符，但打印出的纸质单证与更新前一样，规格型号栏只能显示前 30 个字符，超出部分不能在纸质单证上显示出来。

例 200. 关于报关单打印的相关注意事项是什么？

答：（1）打印报关单时，企业只能选择标准打印格式，并使用 A4 纸进行打印。

（2）建议每台终端配备一台打印机，且必须为激光打印机，该打印机具有打印清晰、快速、耗材成本低等优点，有利于海关对报关单条形码的扫描。

（3）QP 系统中的"系统维护"可以针对报关单类型、申报地海关、打印模式等内容进行默认设置，例如可以将报关单类型设置为"有纸报关"，将申报地海关设置为"笋岗海关"等隶属海关，将打印模式设置为"标准打印"，打印栏设为"海关作业联""海关留存联""企业留存联"等。

例 201. 我公司在录入报关单条码时，系统提示"预号非法"，该怎么办？

答：该问题主要是电脑的时间不是北京时间导致的，只要您把电脑的系统时间修改为准确的北京时间即可解决。

例 202. 我公司在报关单申报时，系统提示"录入企业非法，未经授权操作"，是什么原因？

答：这是由于报关单的录入单位没有跟数据分中心签协议，或本地平台权限控制系统中的企业信息有误。

例 203. 我公司在申报报关单时，系统提示"需要确认是否有符合协定原产地证书证"，该怎么办？

答：如果该商品不需要填写原产地证书，点击"是"，继续申报即可。

例 204. 我公司通过第三方软件申报报关清单，无法正常发送到数据中心，该怎么办？

答：您可以先检查本地的 MQ 服务器是否正常，如果数据传输正常，请您记录单号，联系数据中心客服热线 010-95198 查询处理。

例 205. 我公司在清单成功申报后，为何在报关申报系统"单据查询"界面中查询不到该清单所生成的报关单？

答：出现此情况，一般是因为"单据查询"时所选择的报关单类型与清单中的报关类型不一致所导致的，请您重新进行核实。

例 206. 我公司将商品信息录入手册时有法定单位，但是录报关单时调不出法定单位，该怎么办？

答：这是因为商品税则进行了变更，但手册中还是旧编码或者旧的法定单位引起的。您只需变更无纸化手册后再报关即可。

例 207. 我公司在录入报关单的经营单位海关 10 位编码后，不返填企业名称，该如何处理？

答：请您拨打数据中心客服热线 010-95198，向数据中心客服人员提供以下资料：

（1）情况说明，写明所出现问题、企业海关编码、公司名称、联系人及联系电话。

（2）进出口货物收发货人报关注册登记证书复印件。

例 208. 我公司报关单在客户端查询为"入海关库成功"状态，但是在海关查询机上查询为"未申报"状态，这是怎么回事？

答：此问题是由于海关电子审核慢造成的。若是多票报关单同时出现此问题，应该是海关 H2010 系统的电子审单服务故障；若只是单票报关单有此问题，建议您联系海关，做此报关单异常处理或者换号重报。

例 209. 我公司在报关单申报成功后，企业端状态长时间停留在"成功入海关库"，该如何处理？

答：请您先联系海关审批，如海关看不到企业申报的数据或者已经审批的话，请您记录数据中心统一编号，致电数据中心客服热线 010-95198 查询。

例 210. 我公司在申报报关单时，系统提示"协定代码商品缺少第 1、2 项，商品属于优惠贸易商品协定商品范畴，请确认是否有符合协定原产地证书证"，该怎么办？

答：如果该商品不需要填写原产地证书，则点击"是"，继续申报报关单即可。

三、数据调用、回执异常情况处理

例 211. 我公司在录入转关提前报关单时，在录入境内运输工具编号后调出来的还是旧名称，该怎么办？

答：请您使用备案数据下载功能重新下载运输工具信息。

例 212. 我公司在申报报关单时，为什么有的报关单收不到海关的审结回执，在预录入系统中无法打印报关单？

答：这是由于您申报无纸报关单后又进行了报关单交单，现场关员没有走无纸流程，直接进行了交单、放行操作，造成电子口岸预录入系统收不到海关审结回执。请您到现场海关通关科打印报关单。

例 213. 我公司在报关单申报后，收到回执，退单原因是"欠费停机"，该怎么办？

答：这是因为该报关单的录入单位没有按时缴纳费用，企业补缴费用后，重新申报即可。

例 214. 我公司在转关运输提前报关时，回执提示"报关单退单"，应该如何处理？

答：该问题可以分为以下两种情况：

（1）报关单处于"退单"状态、转关单处于"已入库"状态，则企业进入"报关申报"系统后点击"报关单"菜单，重新申报报关单；

（2）报关单是退单状态、转关单也是退单状态，则企业应修改后重新申报报关单和转关单。

四、删改单操作涉及问题

例 215. 如何进行报关单的改单？结关之后能改单吗？

答：企业可以使用报关单系统中"修撤单申请/确认"菜单下的功能，对已审结的报关单进行修改或撤销。

例 216. 我公司的报关单在海关删单后，通关单是否可以再次使用？

答：报关单申报成功后，对应通关单在海关系统中的状态为"已核注"；报关单结关后，通关单状态为"已核销"；报关单结关前删单，通关单状态仍然为"已核注"，可以继续使用，但不能通过正常途径申报报关单，必须由现场海关做特殊通道申报；报关单结关后删单，通关单状态为"已核销"，结关后删单，通关单可以继续使用，再次申报后，通关单状态为"已核销"，结关后删单重报。

例 217. 我公司的企业 10 位编码变更后，以前用旧编码申报的报关单不能正常结关，应该如何处理？

答：如果是一般贸易的报关单，可以联系现场海关进行改单处理；若现场海关规定不允许更改经营单位代码，则只能进行删单重报。如果是带手册的报关单，海关是不允许更改经营单位代码的，则您只能进行删单重报。

五、退单的错误提示代码集锦

例 218. 我公司报关单被退单，系统提示"0068，进口舱单未经确认"，该怎么办？

答：该问题的产生原因是由于进口报关单舱单数据栏目填制正确，海关舱单库中也有该舱单数据，但该舱单未经确认。正常情况下，系统对海关接收的舱单数据会自动进行确认，但进口舱单经过修改或分票操作后，需要人工再次对此舱单进行确认。请您联系申报地海关舱单管理部门对该舱单进行确认后再重新申报报关单。

例219. 我公司报关单被退单，系统提示"0069，提运单号在进口舱单中找不到"，该怎么办？

答：该问题可以分为两种情况，解决办法如下：

（1）进口报关单申报的舱单数据栏目（进口口岸、进口日期、运输方式、运输工具、航次、提单）填制正确，海关舱单库里没有该进口报关单申报的舱单数据。请您到申报地海关舱单管理部门查询舱单数据，待海关收到船公司传输的舱单电子数据后再重新申报。

（2）进口报关单填制错误，申报的舱单数据栏目（进口口岸、进口日期、运输方式、运输工具、航次、提单）填制不正确。以上舱单数据项与海关舱单库中数据项有任意一项不相符，系统则不能通过比对，请您到申报地海关舱单管理部门查询正确舱单数据并修改进口报关单后重新申报。

例220. 我公司报关单被退单，系统提示"0099，经营单位超期或被布控"，该怎么办？

答：该问题可以分为三种情况，解决办法如下：

（1）经营单位在海关注册备案的企业报关有效期超期。请您到注册地海关企管部门核实在海关备案的企业报关有效期是否超期。

（2）经营单位在海关注册备案的企业工商注册有效期超期。请您到注册地海关企管部门核实在海关备案的企业工商注册有效期是否超期（企业报关有效期、企业工商注册有效期任一项超期，H2010系统都会提示经营单位超期）。

（3）经营单位被海关相关部门布控。请您到注册地海关企管部门核实企管信息中的企业属性布控情况，只有企业信息正常情况下才能通关。

例221. 我公司报关单被退单，系统提示"0118，申报单位未备案、无报关权或企业不允许异地报关"，该怎么办？

答：这是由于申报单位（即报关行）不允许异地报关。申报单位注册地海关企管部门限定是否允许异地报关,并对允许异地报关进行了关区(包括本关区内各业务现场)限定,申报单位在超出异地报关限制关区外申报时,系统会认定该申报单位"无报关权或企业不允许异地报关"。

请您到注册地海关企管部门核实企管信息中是否批准"允许异地报关"功能,并核实"允许异地报关"的关区限制。

例222. 我公司报关单被退单,系统提示"0178,统计逻辑检查不能通过",该怎么办?

答:这是由于申报的进口报关单未输入集装箱信息。目前,部分申报单位只在填制出口报关单的时候申报完整的集装箱信息,而对进口报关单不申报集装箱信息。根据《中华人民共和国海关进出口货物报关单填制规范》规定,报关单申报的集装箱号应填报在集装箱表中,一个集装箱填一条记录,分别填报集装箱号、规格和自重。即进出口报关单都应该按要求申报集装箱信息。

例223. 我公司报关单被退单,系统提示"0037,进出口岸与加工贸易备案手册不符",该怎么办?

答:这个提示的意思是报关单申报的进出口口岸不在加工贸易手册备案的进出口口岸范围内。加工贸易手册最多可以备案5个进出口口岸,备案地海关加贸部门根据企业和商品风险程度限定进出口口岸。

例224. 我公司报关单被退单,系统提示"0318,许可证商品未输入许可证号",该怎么办?

答:这种情况一般是由于报关单填制错误导致的。许可证号应填在报关单表头"许可证号"一栏,一票报关单中只允许输入一个许可证号。进出口商品如属于应证商品,必须输入许可证号;如属于非应证商品,不得输入许可证号。请您检查报关单"许可证号"栏目填制后再重新申报。

例225. 我公司报关单被退单,系统提示"0319,许可证号为非法码",该怎么办?

答：这是由于报关单许可证号填制格式有误。报关单表头"许可证号"一栏的许可证号格式为：2位年份号－××－顺序号。请您检查报关单"许可证号"栏目填制后再重新申报。

例226. 我公司报关单被退单，系统提示"0337，手册已暂停执行或银行台账通知单未登记"，该怎么办？

答：出现这样的情况可能由以下两个原因造成：

（1）手册由于某种原因被备案地海关加贸部门暂停执行；

（2）手册因办理备案内容变更、展期等手续，海关开出的银行台账通知单未返回登记，手册不能正常执行。

请您到手册备案地海关加贸部门核实手册执行情况，恢复手册执行后，手册方能正常使用。

例227. 我公司报关单被退单，系统提示"0409，电子账册超报核时间未报核"，该怎么办？

答：这是由于电子账册在海关规定期限内未向海关报核，导致电子账册不能正常执行。电子账册联网企业应当在海关确定核销期结束之日起30日内完成报核，否则，系统会自动将超期电子账册停止执行。请报关企业联系电子账册经营单位进行电子账册报核。

例228. 我公司报关单被退单，系统提示"0527，申报数量超过加工贸易手册备案允许数量"，该怎么办？

答：报关单申报的商品数量超过加工贸易手册备案允许的数量。请您到手册备案地海关加贸部门检查手册进出口情况，应在加工贸易手册备案允许的数量范围内申报。

例229. 我公司报关单被退单，系统提示"0608，成交币制代码不合法"，该怎么办？

答：报关单填制的币制不在海关规定的"货币代码表"中。币制，指进出口货物实际成交价格的币种。请您根据实际成交情况按海关规定的

"货币代码表"选择填报相应的货币名称或代码,如"货币代码表"中无实际成交币种,必须转换后填报,并将原实际成交币制填写在报关单"备注"栏中。

例230. 我公司报关单被退单,系统提示"0598,申报单价为非法数值",该怎么办?

答:如果加工贸易手册备案商品的计量单位为"万个"、"千只"、"亿个"、"万套"之类,而报关单申报时商品数量、商品总价较小,根据"总价÷数量=单价"的逻辑计算关系,单价值出现小数点后多个零时,系统会认为申报单价为非法值,系统中设置只保留小数点后2位数。

请您变更加工贸易手册备案商品的计量单位,使报关单系统认可数值范围内的商品单价。

例231. 我公司报关单被退单,系统提示"0617,申报货值超过征免税证明允许额度",该怎么办?

答:该问题可以分为两种情况,解决办法如下:

(1)征免税证明减免税额度不足。请您在征免税证明签发地海关查询项目备案数据,如果申报货值的确超过项目备案免税额度,请联系主管海关减免税部门增加额度。

(2)报关单填制错误。如果征免税证明是征税表,征免性质为"照章",如报关单"征免"一栏错误填制为"全免",海关系统视为征免税证明允许减免税额度不足,作该提示并退单。请您修改报关单后重新申报。

例232. 我公司报关单被退单,系统提示"0758,含已暂停进出口的商品",该怎么办?

答:报关单申报的加工贸易手册中的商品项含有已暂停进出口的商品。海关总署公告2007年第17号公布了《加工贸易禁止进出口商品目录》,对列入此目录的商品,加工贸易手册备案地海关加贸部门按文件规定的禁止方式(禁止进口、禁止出口、禁止进出口)对手册执行情况进行限制。

例 233. 我公司报关单被退单,系统提示"报关员超期",该怎么办?

答:这是由于您企业的报关员卡已经超期。海关系统在进行报关单校验时会检查报关员在海关备案的情况,因此使用超期报关员卡的报关会被退单。

例 234. 我公司报关单被退单,系统提示"无运抵报告",该怎么办?

答:出现此情况有以下两种原因:

(1) 场站没有申报运抵报告。请您联系场站申报。

(2) 报关单中的船名、航次、提单号、集装箱号与场站申报的运抵报告比对不一致。请您联系场站确认相关运抵信息。

例 235. 我公司在申报报关单时,被数据中心退单,退单回执提示"没有申报权限,请办理现场授权",该怎么办?

答:这是由于申报地现场海关开启了现场授权的检查开关。请您联系申报地现场海关进行授权。

例 236. 我公司在申报报关单时,系统提示"报关员超范围报关",该怎么办?

答:请您检查是否本企业全部报关员卡都在报关时被退单,并出现该提示。如果是,说明该企业年审过期;如果只是单张卡报错,请联系海关查询该报关员证是否过期和是否允许异地报关。

例 237. 我公司报关单被退单,系统提示"0479,含非法商品编码",该怎么办?

答:由于加工贸易手册中备案的商品编码在《税则》中已进行调整,导致原商品编码已不存在,您需要变更加工贸易手册中的商品编码后再重新申报。

例238. 我公司报关单被退单，系统提示"0649，不具备进行征税处理的条件（转关货物未运抵指运地）"，该怎么办？

答：这是由于您的企业对转关运输货物进口报关单填制的舱单数据栏目（进口口岸、进口日期、运输方式、运输工具、航次、提单）填写的不正确，所以系统作此退单提示。根据《中华人民共和国海关进出口货物报关单填制规范》要求，转关运输货物报关单相关舱单栏目应正确填制为：

（1）进口口岸：进口转关运输货物应填报货物进境地海关名称及代码（而不是申报地海关名称及代码）。

（2）进口日期：指运载所申报货物的运输工具申报进境的日期。

（3）运输方式：指载运货物进出关境所使用的运输工具的分类，进口转关运输货物，按载运货物抵达进境地的运输工具填报（而不是按境内从启运地海关运至指运地海关的运输工具申报）。

（4）运输工具：指载运货物进出境的运输工具的名称，直转、提前报关填报"@"+16位转关申报单预录入号。

（5）航次：指载运货物进出境的运输工具的航次编号，中转转关方式填报"@"+进境干线船舶航次；直转、提前报关免予填报。

（6）提运单号：指进出口货物提单或运单的编号，直转、中转填报提单号；提前报关免予填报。

请将以上报关单栏目根据《中华人民共和国海关进出口货物报关单填制规范》作相应修改后再重新申报。

例239. 我公司报关单申报后被退单，系统提示"退单或入库失败，与原产地证书相关内容的报关单填制不规范或原产地证书状态有误"，该怎么办？

答：这是因为随附单证栏的原产地证书填写不规范导致的。请您根据《中华人民共和国海关进出口货物报关单填制规范》进行填写。

例240. 我公司报关单被退单，系统提示"0396，查询不到有效的进口结关报关单"，该怎么办？

答：这属于加工贸易结转类报关单常见错误提示。

（1）出口结转报关单填制错误。加工贸易结转类报关单应先报进口，再报出口，并将已结关进口的报关单号填在出口报关单"关联报关单号"栏。如果出口报关单"关联报关单号"栏输入了错误的转入进口报关单号，系统将查询不到有效的进口结关报关单。

（2）报关单申报顺序有误。加工贸易结转类报关单应先报进口，再报出口，部分申报单位在进口结转报关单审结后、放行前（放行前进口报关单未结关）申报了出口结转报关单，系统将查询不到有效的进口结关报关单。

例241. 我公司报关单被退单，系统提示"许可证商品输入许可证号，同一报关单号不允许输入多个许可证号"，该怎么办?

答：这是由于录入员把许可证号录在"随附单据"栏导致被退单，合同、发票、装箱单、许可证等必备的随附单证不在随附单据栏目填报。随附单据栏应按海关规定的《监管证件名称代码表》选择填报相应证件的代码。

例242. 我公司在申报报关单时，系统提示"报关员注册企业与报关单申报单位不一致"，该怎么办?

答：您可以从两个方面进行查询。第一，需要检查该报关员IC卡注册的海关10位编码与企业10位编码是否一致；第二，检查报关员证号是否为本关区号码。以上查询的信息不符时会导致无法申报报关单。

例243. 我公司的出口报关单申报后被海关退单，系统提示"用途代码非法码"，原因是什么，该怎么办?

答：这是由于出口报关单无"用途"一栏，退单可能是由于"生产厂家"一栏录入的数据有异常导致，请您检查修改后重新申报。

例244. 我公司报关单被退单，系统提示"退单或入库失败，无匹配预配舱单数据"或者"预配舱单电子数据已被核注"，该怎么办?

答：无匹配预配舱单数据是由于海关系统未接收到舱单数据导致的，应联系船代公司补发。

预配舱单电子数据已被核注是由于数据已经被海关核注，即已向海关申报，可以联系相应口岸海关查询。

第二节 快件管理

电子口岸快件管理系统将全国海关快件通关相关的数据及时、准确地汇总在 H2010 系统平台上，对各项监管工作进行信息化、流程化、规范化管理。系统操作界面简单明了、通俗易用，通过简单的设定，即可实现快件企业备案管理，进出口舱单、进出口报关单的录入申报、查询统计、快件监管、系统参数调整等系统功能。

电子口岸快件系统有浏览器版和服务器（Server）版两类。近期还将新增加 QP 预录入版本。

一、快件业务常用知识解析

例 245. 什么样的企业需要使用快件管理系统？

答：凡是经营国际快递业务的企业，都必须使用该系统，而只经营国内快递业务的企业则无须使用该系统。

例 246. 海关对快件货物的申报时效有哪些要求？

答：（1）进境快件：自运输工具申报进境之日起 24 小时内，应当向海关申报。

（2）出境快件：在运输工具离境 3 小时之前，应当向海关申报。

例 247. 什么是进出境快件？

答：进出境快件是指进出境快件营运人，以向客户承诺的快速商业运作方式承揽、承运的进出境货物、物品。

例 248. 快件货物有哪些分类？如何区分 A、B、C 和 D 类报关单？

答：快件分为以下 4 种类型：

A 类快件是指无商业价值的文件、单证、票据及资料，依照法律、行政法规及国家有关规定征收进口环节税的除外。

B 类快件是指收件人（自然人）本人或者本人家庭自用、寄件人（自然人）馈赠亲友，且属于海关规定的个人物品范围、限量、限值内的物品，国家禁止、限制进出境的物品除外。

C 类快件是指海关规定限值以下的货物，国家禁止、限制进出境的货物以及需进口付汇或出口收汇、退税的货物除外。C 类快件的限值由海关总署另行规定。

D 类快件是指 A、B、C 类以外的其他快件。D 类快件是海关发送转普货的回执，需要转成普通报关单申报。

例 249. 快件 Server 版程序介绍？

答：快件通关管理系统（Server2.1 版）程序采用 IBM 的 MQ 通信软件同数据中心通信，加签设备为 IKEY/IC 卡。快件通关管理系统（Server2.1 版）主要完成企业与数据中心之间的数据传输，将上载目录中的有效数据文件签名后发送到数据中心，并从数据中心下载回执，验签后保存在下载目录。有效数据文件由企业根据数据中心提供的接口标准自行开发程序生成。快件通关管理系统（Server2.1 版）适合数据量较大的企业，通常需要每天申报几百票或者上千票数据的快件企业。

例 250. 电子口岸快件系统中的单据都有哪些？

答：进口的有舱单、报关单，出口的只有报关单。

例 251. 新快件通关系统中快件报关单可以录入多少项商品？

答：商品表体最多可录入 20 项商品。

例 252. 舱单、总运单、分运单和报关单的对应关系？

答：一份舱单对应一份总运单，一份总运单对应一份或多份分运单，一份分运单对应一份报关单。

二、系统安装及授权相关问题

例253. 我要安装快件（Server2.1）版管理系统，需要做哪些准备工作？

答：(1) 购买正版的 IBM MQ 软件；

(2) 请您与当地数据分中心联系，获取快件管理电子口岸标准报文格式，并自行准备数据报文和回执的处理程序，包括打印 KJ1、KJ2、KJ3 单据和个人物品报关单的程序；

(3) 由当地数据分中心协助您安装快件系统程序，并为您办理 MQ 传输配置申请手续。

小贴士　推荐使用 IBM MQ 5.3 版。

例254. Server 版快件系统是否可与报关预录入系统共用服务器？

答：Server 版快件系统的服务器无法与报关预录入系统的服务器共用。

例255. 我公司想增加快件管理权限，该如何办手续？

答：请您携带单位介绍信、法人卡、快件管理协议到当地数据分中心制卡窗口办理。

例256. 企业如何获取快件管理系统的安装光盘/升级工具？

答：企业应与当地数据分中心联系，由当地数据分中心提供快件系统安装程序。

例257. 我要安装快件（Server2.1）版管理系统，进行配置时要注意什么？

答：系统自动扩展会自动添加一个空白半角字符，需手动删除最后一位数字，手工填写，再增加一个"0"即可。

例 258. 用户端服务器的 C 盘是 FAT32 格式,无法安装快件系统,该怎么办?

答:单击开始/运行,输入"convert c:\ fs:ntfs",系统就会自动对 C 盘格式进行修改,修改完成后方可安装快件通关系统和 MQ 系统。

例 259. Server 版快件系统安装包括哪些内容?

答:Server 版快件系统安装包括以下两项内容:

(1)安装 IBM 公司的 MQ 软件传输软件,并由数据分中心联系数据中心调试 MQ 传输通道;

(2)安装快件通关管理系统(Server2.1 版)。

三、系统操作常见问题

例 260. 使用服务器版快件申报系统,需要注意哪些问题?

答:(1)如果使用 Watch Key,则需要 PC 机上有 USB 接口;

(2)如果使用加密卡,则需要有 PCI 扩展槽的 PC 机,而且必须使用固定 IP,且不能使用 ADSL 专线,并且企业需要将 IP 地址报给数据中心;

(3)正式上线前请确认 MQ 配置环境是否为正式环境。

例 261. 快件系统单据的申报先后顺序是什么?

答:(1)快件进口:先申报舱单,收到海关入库回执后再申报进口报关单。

(2)快件出口:直接申报出口报关单。

例 262. 我们在进行打印操作时,每行均不能完全打印,该怎么办?

答:出现该问题可能是打印设置不正确。请您选择 A3 纸,横向打印。

例 263. 我们在进行打印操作时,页面上显示的验放指令是"数字不是汉字,即未经翻译",该怎么办?

答:这是由于您电脑程序参数库没有更新。请您从中国电子口岸执法系统内下载最新的参数库,更新后即可恢复使用。

例264. 我们在使用脱机版的快件管理程序时,当舱单或报关单数据上载后,重新修改分运单或报关单表体的某些数据并保存后,数据仍然没有修改,该怎么办?

答:这是由于您所使用的脱机版程序是旧版本。请您从中国电子口岸执法系统的"快件管理"中下载最新的版本。

> 小贴士 下载程序时路径是可选的,因此要把程序下载到安装路径中,默认路径是 C:\Program Files\快件管理系统。

例265. 我公司在使用 Server 方式并用加密卡进行加密时,数据不能正常发送,查日志后显示"DeInit Card! G nCardInitFlag: 1"等字样,该怎么办?

答:这是由于加密卡异常导致的,一般原因是接触不良。请您关机后重新插一次加密卡,再启动机器。

例266. 我公司需要查询某一票快件的舱单、分运单或报关单的状态,该怎么办?

答:请您联系数据中心客服热线010-95198查询。查舱单号需要提供舱单号,查报关单则需要提供总运单号和分运单号。

例267. 我公司想增加快件管理权限,需要哪些手续?

答:请您携带法人卡、快件管理协议到当地数据分中心制卡中心办理,因各地分中心手续不同,请您先电话联系当地分中心询问具体办理步骤。

例268. 新版快件管理系统的接入方式有哪些?

答:(1)数据录入方式(QP改进版预录入系统);

（2）数据导入方式（Server 版、数据交换平台、QP 改进版）。

例 269. 我公司的二级页面"快件管理"变成灰色无法点击，该怎么办？

答：这是快件权限到期所致。您需要携带法人卡、操作员卡、快件协议到当地数据分中心制卡中心办理延期。您在去之前，请先电话联系当地数据分中心询问具体办理步骤。

例 270. 报关委托备案界面的"快件运营人代码"及"经营人代码"分别填什么？

答："快件运营人代码"填写快件运营人（快件公司）的海关 10 位编码。

"经营人代码"填写委托快件运营人办理进出境快件申报的企业海关 10 位编码。

例 271. 已申请授权的操作员卡（非报关员 IC 卡）能否申报快件报关单？

答：不能申报。普通操作员卡可以录入快件报关单，但申报快件报关单需要报关员 IC 卡进行操作。

例 272. 我公司在用浏览器方式申报数据时，系统提示"验签名失败"，这是什么原因？该怎么办？

答：这是由于用户数据中含有非法字符导致的，这些非法字符例如："｜｜"、"!!"、"##"、"回车"等。因为脱机版的程序是旧版，您需要进入快件系统下载最新的脱机版程序。

例 273. 我公司在用浏览器版时，当点击"打印"按钮后，浏览器不动，也打印不了，该怎么办？

答：这是由于您没有安装打印驱动程序或驱动程序版本不对导致的，您需要重新用系统安装盘安装，安装之后确认在 c：\ windows \ system

目录下是否有 mscripx.dll、w95inf16.dll、w95inf32.dll 这三个文件，如果没有则说明系统安装盘有问题，那样，您就需要重新更换正确的安装盘。

例 274. 我公司用脱机版快件进行录入时，输入关区代码不显示关区名称，该怎么办？

答：您可以登录中国电子口岸网站，进行参数库更新。

例 275. Server 版企业无法正常接收报文回执，应如何处理？

答：（1）启动"开始"→"程序"→"IBM MQSeries"→"MQSeries 资源管理器"，展开"队列管理器"，选择并展开"队列管理器名"，选择并展开"通道"，查看"通道名"的"整个通道状态"属性来判断通道的当前状态。

（2）如果通道状态异常，请重启后再观察。

（3）重启后仍无法恢复，可联系当地数据分中心或数据中心客服热线 010 - 95198，转技术人员处理。

四、错误提示代码集锦

例 276. 我公司在申报进口舱单或出口报关单后，系统提示"发送未返回"，该怎么办？

答：电子口岸发送的进口舱单或者出口报关单数据长时间收不到海关的入库回执，存在三种可能：

（1）企业申报的关区填写错误，请您自行检查。

（2）企业申报的关区是新上线的关区，该关区代码还未在电子口岸备案。

（3）如果以上两种方式还不能解决问题，可能是由于"修改标识"企业在选择或填写时有误，请企业联系数据中心客服热线 010 - 95198，由后台技术人员解决。

> **小贴士** 建议您联系当地数据分中心，向数据分中心发送传真申请添加新关区代码，并且致电数据中心客服热线 010-95198 填写工作处理单，由技术支持人员进行处理。

例 277. 我公司在进行数据上载（申报）时，系统提示"此计算机上的安全设置禁止访问其他域上的数据源"，该怎么办？

答：这是由于您电脑中的 IE 浏览器设置导致的。解决方法如下：

（1）进入 IE 浏览器的"工具"并选择"Internet 选项"；

（2）进入"安全"并选择"Internet"，打开"自定义级别"；

（3）"自定义级别"中有一项是"通过域访问数据资源"，在此项中选择"启用"即可恢复。

例 278. 我公司收到的退单回执中提示"无此企业信息"，该怎么办？

答：这是由于企业备案信息存在问题，请您先联系申报地海关企管处查询企业备案信息。

（1）如果海关没有该企业备案信息，可能是因为您没有在申报地海关备案，请您联系申报地海关备案；

（2）如果海关有该企业备案信息，请您致电数据中心客服热线 010-95198，由技术支持人员处理。

例 279. 我公司使用 IC 卡不能进入测试系统，系统提示"根证书验证失败"，是什么原因？

答：（1）可能是此卡不是在测试系统做的卡，因为目前运行系统和测试系统的 IC 卡是不能通用的；

（2）可能是用户的本地电脑时间设置错误，不是当前日期及时间。

例 280. 我公司使用 Watch Key 发送数据时，系统提示"发卡已损坏，请与发卡商联系"，该怎么办？

答：这是由于一个动态连接库（waiqi.dll）是旧版本导致的，更新该程序即可。请您联系当地数据分中心制卡中心索要读卡器控件程序。

 小贴士 | IC 卡和 Watch Key 的控件是同一个程序。

例281. 我公司在快件通关系统 Server2.1 版申报单据时，系统提示"数据加签错误：返回码 –1"，该怎么办？

答：首先，请您确认是否已正确插入操作员卡；其次，请确认操作员卡的卡号是否与传真给数据中心的配置申请表上的卡号一致。

例282. 我公司在用快件通关系统 Server2.1 版申报快件舱单数据时，系统提示"该单已存在，不能重复插入"，该怎么办？

答：这是由于您申报的快件舱单号已存在，该单为重复的单号，您需要联系现场海关确认此快件舱单号码是否重复使用。

例283. 我公司在快件通关系统 2.1 版申报单据时，系统提示"退单：[计税模块出错] 读取税率参数错误"，该怎么办？

答：这是由于您转换格式系统里的税率与海关总署数据库的税率不一致，需要您将转换格式系统中的税率修改到与海关总署数据库中的税率一致。

例284. 快件通关系统 2.1 版无法启动，该怎么办？

答：首先查看系统错误提示内容，如无错误提示，打开 IBM MQ 查看请求方和发送方两个通道是否都正在运行，可以通过查看 IBM（C：\ Program Files \ IBM \ WebsphereMQ \ Qmgrs \ QMHost2XXX \ errors \ AMQER-Rxx. log）工作日志的错误信息，根据错误信息内容进行处理或者进行复位。如还不能解决，请您查看本地网络是否有问题。

例285. 我公司快件系统启动时，系统提示"数据加签错误：返回码：–20"，该怎么办？

答：这是由于企业操作卡跟电脑未连接好导致的，您需要重新将操作卡与电脑连接，等电脑检测到卡后即可解决。

例286. 我公司在打开 IBM 资源管理器时，系统提示"无法初始化对象，配置类型不正确请检查用户名和密码"，该怎么办？

答：该情况是由于您电脑安装的杀毒软件将 IBM 某些文件删除导致的。处理方法需要重新修复 IBM 程序，如果修复完成后还是出现该提示，就必须重新安装快件通关系统 2.1 版和 IBM（for Windows 的安装光盘）程序。

例287. 我公司申报个人物品类报关单被海关预审退单，系统提示"该份报关单没有相应的表体"，是什么原因？

答：这是由于快件企业使用的是新快件系统，还没有开通个人物品类报关单的申报功能。

例288. 我公司使用浏览器版程序快件申报程序，申报 KJ2 报关单之后，查看回执状态是"B－扣留"，该怎么办？

答：这说明海关没有在快件系统海关端做单据审批确认，此时您可以拨打信息中心热线询问海关审单员编号，再联系海关做单据审批确认。

例289. 海关对快件报关单下布控指令，即设置状态为："查验"，企业收到的回执却是"放行"，该怎么办？

答：查验、放行等审核回执均为现场海关的审单指令，审单指令的回执即审核回执是由海关总署信息中心（以下简称信息中心）发送到数据中心的。您需要联系信息中心热线查询现场海关发送回执的顺序是什么，如果回执发送顺序颠倒，请现场海关联系信息中心热线处理。

第三节 新舱单系统及运输工具动态管理系统

进出口舱单用于记录进出口货物流动的基础数据，是海关对进出口货物实施监管的有效依据。之前的旧舱单系统相对于审单作业系统而言,无论是系统功能,还是信息内容,都不够完善、统一,而且也尚未建立起全国统一的计算机系统,不能准确反映海关监管货物流动和滞留状态,达不到海关对物流跟踪、监控的目的。为了配合海关总署对进出境运输工具舱单数据的规范管理,电子口岸按照"一点接入"的原则,开发了新舱单及运输工具动态管理系统(简称新舱单系统),新舱单系统实现了电子口岸、船代、货代、码头、堆场和地方海关之间的数据传输。

新舱单系统以通关舱单作为物流监控的主线,整合了运输工具动态申报,舱单核注核销,货物堆存、移动、分流、分拨、放行、进出卡口等整个物流链的信息,从而建立了以国际标准格式数据为基础的进出口舱单管理系统。

一、舱单相关业务常用知识解析

例290. 在海运进口舱单申报流程中,运输工具代理人(船代)、港口(码头)、理货三方各需要涉及的申报环节都包括什么内容?

答:运输工具代理人(船代)在海运进口时所涉及的申报环节有:船舶备案、进境动态预报、原始舱单申报、抵港进境确报及船舶单据申报。

港口(码头)在海运进口时所涉及的申报环节有:船舶进境动态抵港、船舶移泊动态、海运分拨申请、海运分流申请及海运分流运抵报告。

理货在海运进口时所涉及的申报环节有:海运进口理货报告及二次理货。

例291. 什么是"分拨"和"分流"?

答:(1)分拨是指海关监管场所经营人将进境货物、物品从一个海关监管场所运至另一个海关监管场所的行为。

(2)分流即"疏港分流",是指为防止货物、物品积压、阻塞港口,根据港口行政管理部门的决定,将相关货物、物品疏散到其他海关监管场所的行为。

例 292. 出口货物运抵报告中最多能输入多少个集装箱编号？

答：集装箱编号输入没有限制。

例 293. 什么是"运抵报告"和"理货报告"？

答：（1）运抵报告是指进出境货物、物品运抵海关监管场所时，海关监管场所经营人向海关提交的反映货物、物品实际到货情况的记录。

（2）理货报告是指海关监管场所经营人或者理货部门对进出境运输工具所载货物、物品的实际装卸情况予以核对、确认的记录。

例 294. 舱单数据如何修改？

答：对于已入 H2010 的舱单数据进行修改，分为修改业务主键（运输工具名称、航次、提单、进出口日期、运输方式）和非业务主键（毛重等）。修改业务主键，需联系海关对舱单数据进行反确认后，企业发删除报文，删除成功后重新申报正确数据。修改毛重数据，海关反确认后，企业发修改报文进行修改即可。

二、新舱单系统的使用申请及授权问题

例 295. 我们是一家新舱单的企业，如何申请权限？

答：请您填写新舱单系统权限申请表并且加盖公章，然后由主管海关确认后转给数据分中心，作为授权依据。

例 296. 所有做舱单的企业都需要配置邮箱 ID 吗？其意义是什么？

答：所有需要申报舱单及运输工具动态数据的企业均需要配置邮箱 ID。邮箱 ID 是企业数据发送及接受海关回执的唯一节点标识，不配置邮箱 ID，就不能登录舱单及运输工具动态数据子系统，同时也不能申报数据及接收回执。

小贴士 | 大连数据分中心有基于 QP 改进版的新舱单录入模式，不需

要配置邮箱 ID 也可以做新舱单业务。

例 297. 在新、旧系统录入舱单，是否都需要注册邮箱 ID？

答：只有在新舱单系统录入舱单时才需要注册邮箱 ID。邮箱 ID 注册申请系统如图 3-3 所示。

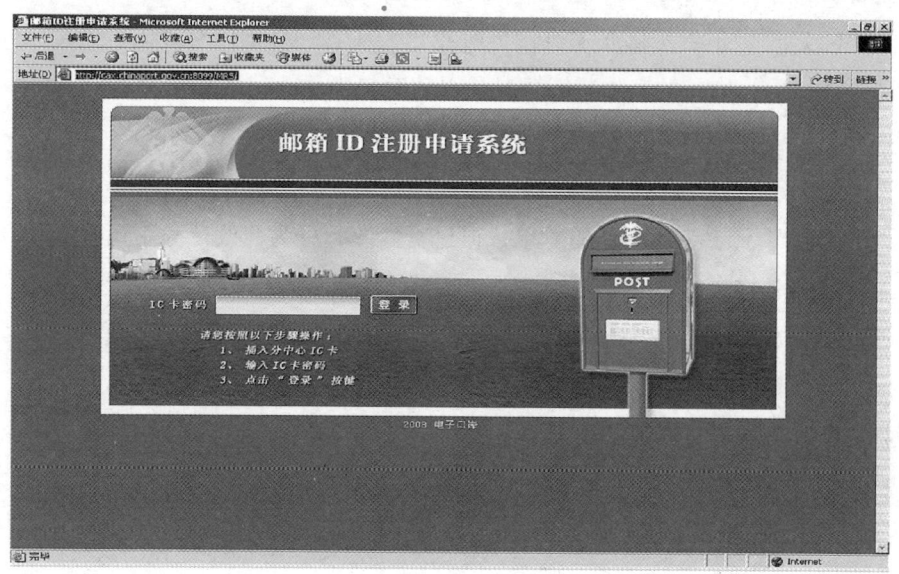

图 3-3

例 298. 我公司已有电子口岸 IC 卡，在使用新舱单系统时还需要重新制卡吗？如果不用重新制卡还需要进行哪些操作？

答：已经有卡的企业，可以免费申请一张 IKEY。如果您不想再次申请制卡，可以持已有的电子口岸 IC 卡至当地数据分中心，请工作人员直接为您分配邮箱 ID。

例 299. 邮箱 ID 的生成规则是什么（主要是位数、排序规律）？

答：邮箱 ID 号码长度为 10 位字符，前 2 位为字母，后 8 位为数字。在给企业分配邮箱 ID 时，根据选择的邮箱 ID 注册类型，生成前 2 位字母不相同的 ID 号码，前 2 位字母的生成规则参考《邮箱 ID 自动分配系统操作手册》，后 8 位数字为顺序号。

例 300．我公司的邮箱 ID 注册网址无法登录，该怎么办？

答：这是因为网址输入错误，需修改域名地址：

http：//cax. chinaport. gov. cn：8099/MRS/Mrs_Mail_login. html（注意网址输入时必须区分大小写）。

例 301．如何授权，自动授权成功后如何更改权限？

答：各地数据分中心在给企业操作员卡分配邮箱 ID 的同时，给企业操作员卡授予了舱单及运输工具动态系统的相关操作权限。如果想取消该操作权限，需要持海关操作员卡登录电子口岸执法系统，在身份认证子系统——报关行授权系统内变更相关权限。

例 302．我公司要录入运抵报告数据，需要授权吗？

答：需要授权，由各数据分中心为您授予"舱单"的相关权限。

例 303．我公司安装了邮箱系统，是否一定要绑定一张操作员卡？

答：需要绑定一张操作员卡。

三、系统操作常见问题

例 304．新舱单系统数据的采集方式是什么？

答：您可以使用界面录入数据的方式向海关申报数据，系统同时还提供智能邮箱导入方式。

例 305．运输工具动态系统中录入的数据如果有误，应如何进行修改？

答：运输工具动态修改应该发送海运删改申请，待海关审批通过后企业再进行修改操作。

例306. 新舱单系统的参数字段注意事项有哪些？

答：部分字段可以通过参数列表选择录入：输入空格或参数代码前几位（具体参见状态栏提示）可显示相应参数列表，然后用鼠标或键盘上下方向键进行选择；也可以输入完整代码，然后敲回车键完成录入。

对于地点类的参数字段（如卸货地代码、离境地海关代码等），可以直接录入参数列表中没有的代码，回车后，录入框会变成浅黄色以提示用户，如用户确认此代码无误，可继续进行后续操作。

例307. 我公司在录入舱单时，A操作员卡录入的舱单信息，B操作员卡是否可以查到？

答：可以查到。操作员可以查看本企业所有的舱单数据。

例308. 新舱单系统涉及的所有操作类型单据是否可以在该系统查询到回执？

答：可以，新舱单系统提供了回执查询功能。进入海关回执查询界面，选择单证类型，输入相应业务字段，点击"查询"即可。

例309. 我公司在新舱单系统中录入的数据出现错误，应如何进行修改？

答：在海关对该数据进行入库审核操作前，新舱单系统可以重复申报数据，在各单证的申报界面录入航次、航班编号和运输工具代码（水运）可以调出数据进行修改。重新申报后，以最后一次申报的数据为准。海关入库审核后，企业若需要修改原始舱单和预配舱单，还可以在变更界面调出数据后修改申报。与申报界面的不同之处在于新舱单的变更只向海关传输改变的内容；对于其他单证类型，海关入库审核后，企业若需要修改数据只能先申报对应的删除申请，待海关端接受删除申请后才能重新申报该票数据。

💬 **小贴士** 变更或删除的原则是只填写需要变更或者删除的数据。

例310. 用户端出口货物运抵报告的操作流程?

答：登录 QP 系统→舱单申报→"杂项"→"出口货物运抵报告"，分别录入"表头信息"、"提单信息"和"集装箱信息"。

例311. 运抵报告数据应在何时申报?

答：原则上应该在货物运抵监管场所时申报，对企业而言，应该在报关单申报之前确认运抵报告已送达 H2010。

例312. 新舱单系统涉及的所有操作类型是否可以在该系统查询到回执?

答：可以，只要在查询功能中的业务类型或单证类型选择需要查询的回执类型即可。

例313. 新舱单系统中录入后的数据如果有误，如何进行修改?

答：需要查询是否有申报的数据，分为两种情况：

（1）如果没有申报单据，在各界面内输入运输工具代码及航次、航班号后可以调出已经录入的数据，可以修改后申报；

（2）如果已经申报该数据，原始舱单、预配舱单界面内调出数据后可以进行新增、修改及删除操作并申报；运输工具进境24小时内，不能新增或删除提运单数据，只能通过变更申请变更提运单信息，并申报或通过删除申请删除数据。简言之，变什么填什么，删什么填什么。

例314. 什么情况下舱单系统登录的界面无法完整打开?

答：安装了电子口岸预录入统一客户端后，没能更新程序，或者误删除相关文件，可能造成无法打开登录界面。

> **小贴士** 舱单系统无法完整打开，一般跟网络环境有关系，在检测网络环境正常的情况下，如果还有问题请与数据中心客服热线 010-95198 联系。

例315. 以智能邮箱导入方式申报的数据，能否在舱单综合查询中查到相关信息？

答：舱单综合查询中只能查询到手工录入的信息。如果是智能邮箱导入方式申报的数据，只能在提单集装箱回执查询中查询到相关信息。提单集装箱回执查询中可以同时查询手工录入的和邮箱导入的回执信息，可以看见海关回执内容。

例316. 海关系统在哪个环节校对企业申报的"出口货物运抵报告"数据？

答：根据监管司相关规定，出口必须为有货报关，所有运抵报告必须在报关单申报之前完成发送，运抵报告的校验环节均需设在报关单的申报环节。全国所有口岸除个别口岸有特殊情况需报监管司同意外，其余均按此规定执行。

四、状态异常、错误提示集锦

例317. 我公司在申报舱单后，海关内网长时间收不到数据，该怎么办？

答：这是由于您的系统与海关之间的通信服务故障所致。请您致电数据中心客服热线010-95198，由技术支持人员查询处理。

例318. 我公司在申报舱单后，系统提示"报文发送方式代码与舱单申报不一致"，该怎么办？

答：这是由于舱单传输入代码填写错误所致。舱单部分的舱单传输代码字段需要填写海关备案号（海关代码+公司组织机构代码）。

例319. 我公司在新舱单系统生成报文后，在传输平台点击"收发"时，系统提示"文件超过限制大小"，该怎么办？

答：因为海关系统要求压缩后的新舱单系统报文大小不能超过2M，请您重新处理舱单报文。

例320. 我公司在进入舱单系统杂项运抵报告时，系统提示"预录入系统安装不完整"，无法使用，该怎么办？

答：请您确定系统设置里面舱单的运输方式为2（水路运输），如果不是，请您修改为水路运输即可。

例321. 我公司在报关单申报之后，系统提示"运抵报告被占用"，该报关单如何才能正常申报？

答：该报关单只能向海关申请走特殊通道申报。

> **小贴士** 走特殊通道可以解决问题，但是海关不会允许企业随意走特殊通道。一般情形下，现场海关会要求企业联系监管场所经营人查询运抵报告信息。如果为某一方申报数据错误，海关会要求申报数据错误的一方重新申报，而不会随意允许企业走特殊通道，情况紧急的除外。

例322. 我公司在作运抵报告暂存时，系统提示"集装箱状态不能为空，请重新输入"，该怎么办？

答："集装箱状态"栏为必填项，您应根据实际情况选择"整箱"或"拼箱"，这样可正常申报。

例323. 我公司在舱单申报子系统中选择"杂项"菜单下的出口货物运抵报告时，系统提示"您使用的预录入系统程序不完整，请您更新全部程序后再继续使用或拨打当地海关数据分中心或中国电子口岸数据中心热线"，但操作QP的其他业务均正常，该怎么办？

答：这是由于用户端的QP系统参数未进行设置导致的。操作方法：登录QP系统→系统维护→缺省值维护→舱单申报→运输方式（选择水路运输，此项为必填项，其他可不填）→点击"保存"，提示："保存成功"即可操作出口货物运抵报告业务。

例324. 我公司发送舱单时被退单，系统提示"提运单【×××××】

重复",发送删除,系统提示"舱单库中无该单",这种情况怎么处理?

答:企业发送舱单数据入 H2010 系统后,发现数据错误,联系海关直接在海关系统删除该舱单数据。由于海关端删除舱单数据后,不会产生相应的回执给数据中心,故企业新增提单会提示提运单重复,企业发送删除,入海关 H2010,H2010 无数据,故提示"舱单库中无该单。"

该问题处理方法为:企业提供船编、航次、提单、集装箱等信息,由当地数据分中心向数据中心报障,由数据中心技术人员后台删除舱单数据后,企业再重新申报。

第四节 减免税管理

减免税是指依照我国的法律法规、政策规定等,给予进出口货物减征和免征关税(含进口调节税:增值税、消费税)的优惠措施。

企业在进行征免税证明申请之前,企业须先向海关申请进行项目备案,包括项目的基本备案内容和设备及技术清单的内容。海关审核通过后,核发减免税备案登记表,企业再凭备案登记表向海关进行征免税申请。

为了便于企业开展减免税申报业务,特开发减免税申报系统。该系统于 2003 年正式上线运行,实现了减免税项目备案申请及变更、征免税证明申请及数据查询的功能。

一、减免税业务常用知识解析

例 325. 进出口征免税证明申请分为哪三类?

答:分为以下三类:

(1) 无须备案申请,没有额度控制的证明申请,即一证一表;

(2) 有项目备案,受到额度限制但不需要技术清单的证明申请,即有备案无清单;

(3) 不但有项目备案,而且还受到备案中清单限制的征免税申请,即有备案有清单。项目备案申请的表体为该项目的设备清单信息，但是在实际的业务中，表体一般都不录入。

例 326. 项目备案是否可以变更？

答：减免税项目备案有效期一般为 20 年，项目备案可以做变更。

例 327. 征免税证明是否可以变更？

答：征免税证明在 QP 系统一旦审批通过不能修改，但在 H2010 系统中可以做修改，然后将修改后的数据同步至 QP 系统。

> **小贴士** 减免税是指依照我国的法律法规、政策规定等，而给予进出口货物减征和免征关税（含进口调节税：增值税、消费税）的优惠措施。征免税证明一般有效期是半年，但不允许变更。

例 328. 什么是减免税备案申请？

答：企业在进行征免税证明申请之前，将其享受减免税优惠政策的项目的基本内容向海关申报，供海关审核和进行进一步的减免税征减免管理的业务。

例 329. 项目备案和征免税证明编号的生成规则是什么？

答：（1）有项目确认书是国家确认的项目，就有指定的项目统一编号，一般是 A、B、C 开头。

（2）无项目确认书的项目备案，会在入海关库时自动生成项目统一编号，一般是 0、1 开头的。

（3）征免税证明编号。海关入库后返给的征免税证明编号，是由数据中心统一编号后几位前补零构成的，海关是通过调这个号码进行审批，审批通过后会反馈给企业一个以 Z 开头的编号，这才是正式的征免税证明号，也是录报关单时填的备案号。征免税证明号的命名方法是 Z + 关区 + 年份 + 序列号，如：Z52004D00432。

二、系统操作常见问题

例330. 我公司在 QP 系统开展减免税业务，具体的操作流程是什么？

答：（1）请您用企业操作员卡登录中国电子口岸 QP 版预录入系统，选择减免税申报子系统；

（2）操作员在电子口岸减免税申报系统中录入征免税备案申请各项，如图3-4所示，录完后点击"申报"，即实现向海关申报，等待海关审批；

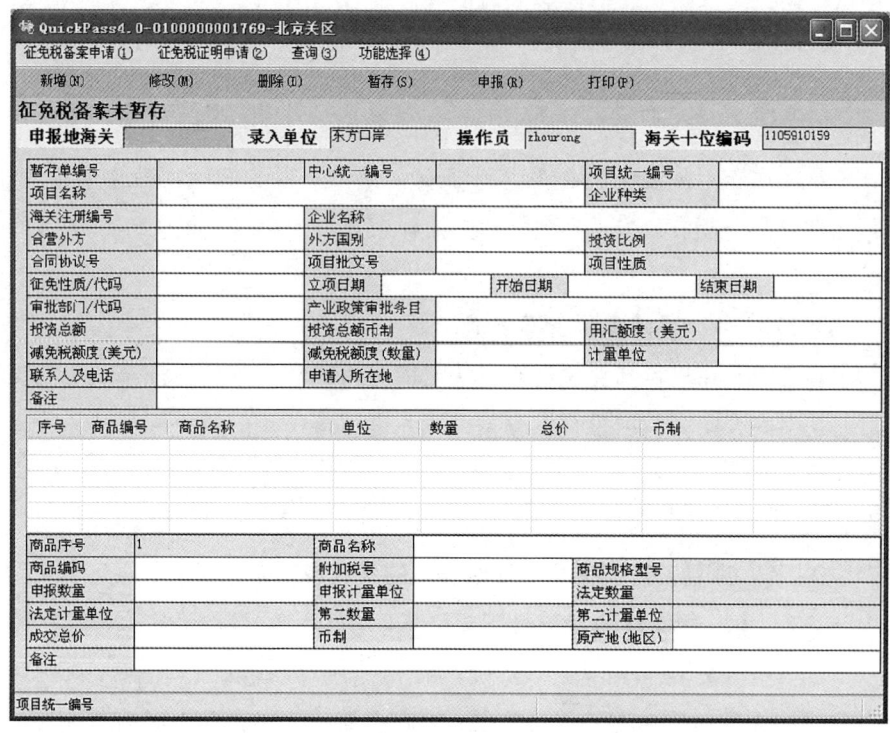

图 3-4

（3）操作员对征免税备案进行查询，当查询到征免税备案的当前状态为"海关入库"时（任何状态下都可以打印），操作员可以打印"进出口货物征免税备案登记表"；

（4）操作员录入征免税证明申请表各项，如图3-5所示，录完后点击"申报"，即实现向海关申报，等待海关审批；

图 3-5

(5) 操作员对征免税证明申请进行查询,当查询到征免税证明申请的当前状态为"海关入库"时(任何状态下都可以打印),操作员可以打印"进出口货物征免税证明申请表";

(6) 项目备案申请经海关审批通过后,如果您因故需要变更项目备案,在经过海关同意变更之后,可以通过本系统对该项目备案进行变更操作,变更操作的申报及打印流程同申报操作的申报及打印,如图 3-6 所示。

例 331. 项目备案变更应该注意些什么?

答:(1) 您须向海关做"变更登记"(一般应提交纸面材料);

(2) 海关同意企业做变更后,通过电子口岸预录入系统向海关申报变更数据。原项目备案的数据状态必须是"海关审批通过",如果项目备案数据处于其他状态,在变更时录入"减免税项目统一编号"后就无法调出项目备案数据。

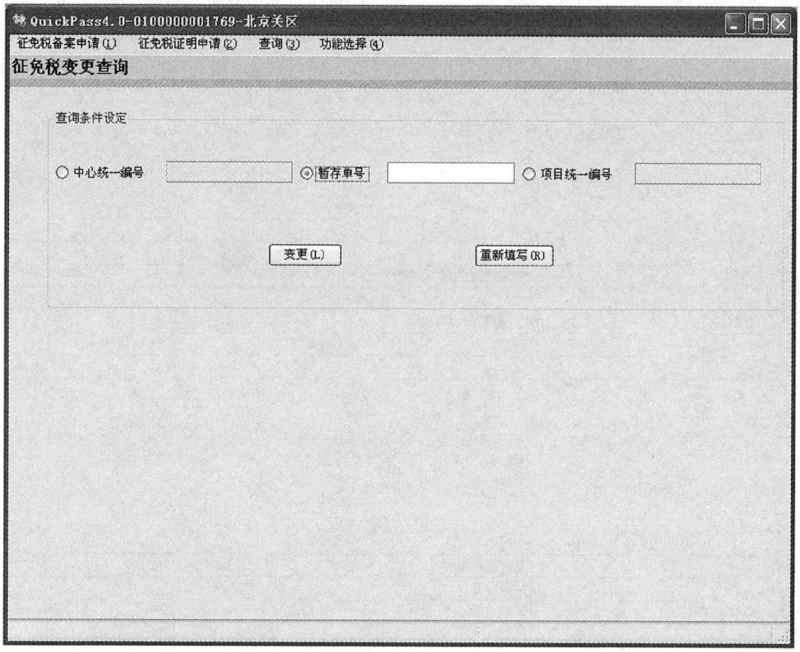

图 3-6

例332. 数据录入时出现黄色或红色录入框，如图 3-7 所示，该怎么办？

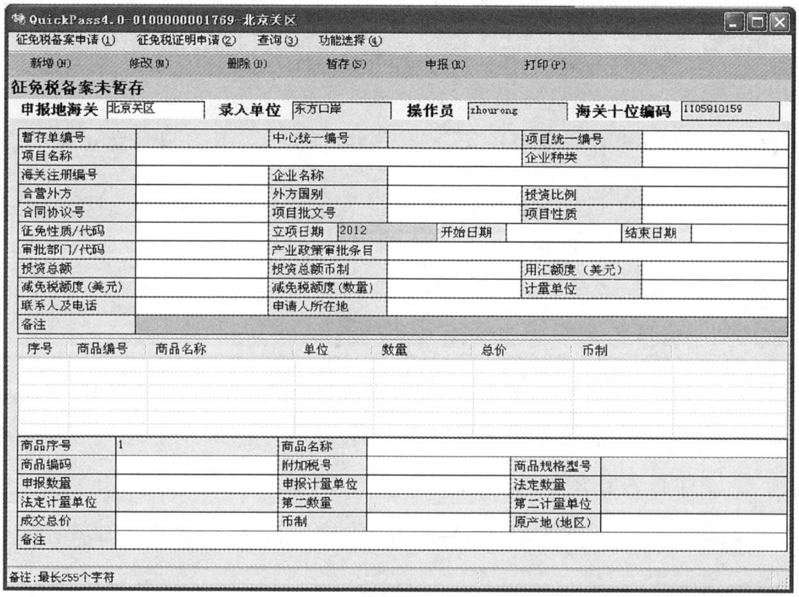

图 3-7

答：(1) 界面上出现红色警示框，表明您的该项录入违反了填制规范的相关要求，如不调整该项，您将无法正常申报该票数据；

(2) 界面上出现黄色预警框，表明您的该项数据录入超出正常范围，可能有误，申报后可能会被海关退单，但系统允许该票单据申报。

例333. 在进行减免税后续货物退运时，征免税证明录入了三项，但是我们只想退运一项，录入货物退运时输入征免税证明号调用出三项，其他两项应如何删除？

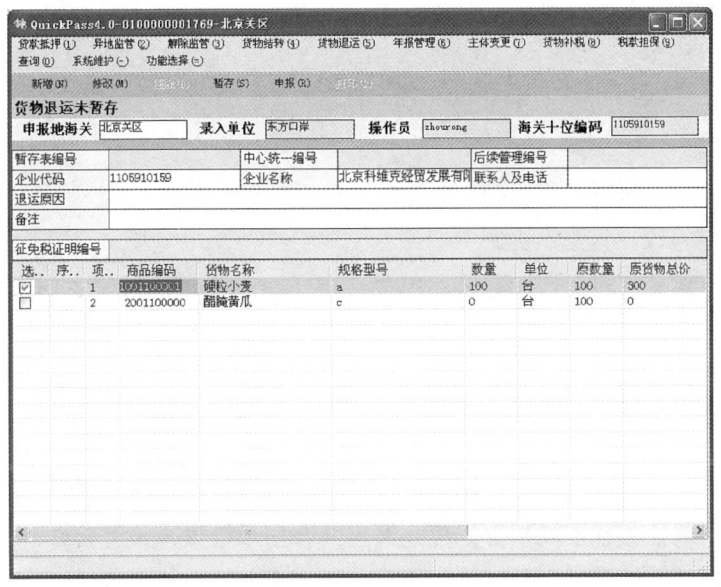

图3-8

答：您可以根据需要，在需要删除的货物项目前的"选择"栏处打"√"来选择相应的货物，可调整"商品编码"和"数量"。其中，"数量"不能超过原征免税证明中相关商品的申报数量；调整数量后，"原进口总价"将自动随着数量的变化而变化，在"选择"栏处不打"√"或者在"数量"栏输入"0"，则表示不选择该商品，如图3-8所示。

例334. 我公司的项目备案已经申报，但其数据项录入错误，该怎么办？

答：根据系统程序设定，数据申报后不能直接进行修改，请您联系海关做退单处理,但是退单后不允许数据修改,应进行修改后再重新申报。

例335. 企业端减免税项目备案,征免税证明的回执状态流程是什么?

答:正常回执状态应为:暂存→申报→入数据中心库→入海关库→审批。

小贴士 电子口岸的减免税申报都是发往海关H2010系统的。海关在H2010系统下人工对减免税申报进行审批,只有通过三审后才会发审批通过的回执。

三、状态异常、错误提示集锦

例336. 我公司进行项目备案或征免税证明申报后,发现"申报地海关"填写错误,该怎么办?

答:您不能找录错的海关做退单,因为该海关无法看到该票数据。请您联系当地数据分中心发送情况说明,加盖公章后传真至数据中心,由技术人员进行修改。

例337. 我公司录入报关单时,在备案号里输入征免税证明号,回车后会自动下载征免税证明数据,但是调出的合同号错误,该怎么办?

答:请您使用"备案数据下载"功能,重新下载备案数据,再重新录入报关单,此时调出的合同号应该是正确的。

例338. 我公司在进行项目备案和征免税证明的数据申报成功后,系统状态长时间停留在"入海关库",该怎么办?

答:请您确认项目备案和征免税证明的海关审批情况:
(1) 如果海关尚未审批,请您联系海关对此数据进行审批;
(2) 如果海关已经审批,请您联系海关补发审批通过的回执。

例339. 我公司已成功下载项目备案,但在录入有备案无清单的减免税

证明时，输入减免税项目统一编号后，无法自动调出减免税项目备案信息，该怎么办？

答：请您确认项目备案状态是否为"审批通过"，并做以下处理：

（1）如果是项目备案变更后海关还没有"审批通过"，则您须等"海关审批"通过后再录入征免税证明；

（2）如果海关已审批通过，电子口岸预录入系统内显示单据状态不是"审批通过"状态，请您联系主管海关做应急处理，同步数据状态。

例340. 我公司在进行项目备案或征免税证明申报后，海关端状态为"退单"，我们系统长时间停留在"海关审批通过"状态，该怎么办？

答：该问题一般是由于海关对该票单据做"审批通过"操作后又做"退单"操作所致。请您致电数据中心客服热线 010-95198，由技术支持人员处理。

例341. 我公司在"数据查询"中查询出的数据当前状态和在"回执查询"中查询出的回执信息不一致，该怎么办？

答：应以"数据查询"中的当前状态为准。

例342. 我公司在做项目备案变更时，被海关以"变更次数大于允许变更次数"的原因退单，该怎么办？

答：（1）如果此数据为最新下载数据，那么，该问题是由于您做变更的次数已经超过了海关允许变更的次数所致；

（2）具体退单原因需要咨询主管海关。

例343. 我公司的数据被退单，立项日期也不能修改，该怎么办？

答：立项日期不能修改，只能找海关做修改登记。

小贴士 修改登记是指海关关员直接修改海关端数据，当您遇到类似"不能修改"的提示时，该退单回执是由海关给出的，具体退单原因请您咨询海关。

例344. 我公司在做报关单退单时，系统提示"商品用汇额度超过项目备案剩余用汇额度"，该情况是由于什么原因造成的？

答：出现上述情况的原因是由于剩余用汇额度不足。您可以查询项目备案数据，如果商品用汇额度的确超过项目备案用汇额度，可联系主管海关减免税部门增加额度。

例345. 我公司在做报关单退单时，系统提示"商品用汇额度超过项目备案剩余用汇额度"，该怎么办？

答：出现该情况，请您致电数据中心客服热线010-95198，与后台技术人员联系，并告知项目统一编号、数据中心统一编号等相关信息，由技术支持人员处理。

例346. 企业单据在海关审批通过，但单据持续停留在"退单"状态，是什么原因？该怎么办？

答：该问题是由于海关曾对该票单据做过"退单"操作，企业修改后再次申报，海关在尚未收到第二次申报数据时即向企业发送"审批通过"回执，造成第二次申报数据无法入海关库所致。请您联系数据中心客服热线010-95198，转技术支持人员处理。

例347. 我公司在减免税后续管理子系统中申报解除监管，录入征免税证明编号时，系统提示"无数据"，该怎么办？

答：这是由于征免税证明不是通过电子口岸系统备案所致，因此您无法调取。若想调取，需要海关先将数据同步到电子口岸，然后您在企业端下载成功后再调取申报报关单。

例348. 我公司无法通过QP系统调取"进出口货物征免税证明"的有关数据，该怎么办？

答：这是由于征免税证明不是通过电子口岸系统备案所致，因此您无法调取。这需要海关先将数据同步到电子口岸，然后您在企业端下载成功后再调取申报报关单。

> **小贴士** 主管海关通过 H2010 系统的"应急系统数据补发管理系统"的"征免税补发功能"会向电子口岸同步数据。

例 349. 我公司在下载减免税备案数据时，系统提示"无此票备案数据"，该如何处理？

答：（1）查询数据中心没有该项目备案或征免税证明存在，可能此票数据是以前通过 H2000 或 H883 录入的，数据中心数据库中不存在该备案数据。请您联系海关，待其将该备案数据向电子口岸数据中心传输（应急处理）后，再重新下载。

（2）若您查询到数据中心有该项目备案或征免税证明存在，可能此票数据在本地库中不是"海关审批通过"状态，这样的数据必须联系海关审批后才能下载。若海关已审批通过，而数据中心端不是"审批通过"状态，则联系海关做应急处理，使状态变为"海关审批通过"即可。

第五节 公自用物品系统

公自用物品是指外交机构和常驻机构的公私用物品及车辆、留学生购买国产汽车、非居民长期旅客的私人物品以及驻外使领馆人员的进境车辆等非贸易物品。

公自用物品申报系统是为满足海关对公自用物品的监管和分析统计需要而开发的系统。按照海关监管要求，对机构及机构人员进行备案，对进出境的公自用物品和车辆进行申报，实现了对公自用物品监管的准确性。

一、公自用物品系统业务常用知识解析

例 350. 什么是常驻机构？

答：常驻机构是指境外企业、新闻机构、经贸机构、文化团体及其他境外法人经中华人民共和国政府主管部门批准，在境内设立的常设机构。

例 351. 什么是常驻人员？

答：常驻人员是指非居民长期旅客中的下列人员：

（1）境外企业、新闻机构、经贸机构、文化团体及其他境外法人经中华人民共和国政府主管部门批准，在境内设立的并在海关备案的常设机构内的工作人员；

（2）在海关注册登记的外商投资企业内的人员；

（3）入境长期工作的专家。

例 352. 什么是非居民长期旅客？

答：非居民长期旅客是指经公安部门批准进境并在境内连续居留一年以上（含一年），期满后仍回到境外定居地的外国公民、港澳台地区人员、华侨。

例 353. 什么是公用物品？

答：公用物品是指常驻机构开展业务所必需的办公设备、办公用品及机动车辆。

例 354. 什么是自用物品？

答：自用物品是指非居民长期旅客在境内居留期间日常生活所必需的《中华人民共和国海关旅客进出境行李物品分类表》所列物品（烟、酒除外）及机动车辆。

例 355. 报关的主体分为哪几种？

答：报关的主体分为两种：进出口货物的收发货人可以自行向海关申

报（自理报关），也可以委托报关企业向海关申报（代理报关）。

例 356. 什么是自理报关企业？

答：自理报关企业是指具有对外贸易经营权的企业，在海关注册登记，只为本企业办理进出口货物报关手续的报关企业。

例 357. 什么是代理报关企业？

答：代理报关企业是指报关行，只是代理进出口企业办理进出口货物报关手续，自身不从事对外贸易。

例 358. 公自用物品子系统的功能和用途是什么？

答：该系统将现有的外国驻华常驻机构及非居民旅客等非贸易物品监管工作的手工操作方式转变成为纳入计算机程序化管理的方式，提高了工作效率的同时加强了对外商、外交常驻机构公自用物品监管的准确性。

该系统主要是为满足海关对外商、外交常驻机构公自用物品监管和分析统计需要而开发的，系统包括 11 种类型单据的备案、申报/申请，分别是："外交机构备案"、"外交人员备案"、"外交机构公用物品申报"、"外交机构个人物品申报"、"常驻机构备案"、"常驻人员备案"、"常驻机构公用物品申请"、"非居民长期旅客物品申报"、"驻外使领馆人员进境车辆申请"、"旅客分运行李物品通关申报"、"留学生购车申请"。

例 359. 企业打印有附页的单据时，附页的页码会从"1"开始编号，是什么原因？

答：这是系统本身的设置，不是系统有异常。

例 360. 常驻机构备案中"机构代码"栏目如何填写？

答："机构代码"为备案海关审批通过后返回的代码，无需填写。

二、系统操作常见问题

**例 361. 我公司在进行非居民长期旅客物品申请时，退单提示"查找物品表失败",该怎么办?

答:这是由于申报的物品商品编码有误所致。请您参照海关总署公告 2007 年第 25 号(关于修订《入境旅客行李物品和个人邮递物品进口税税则归类表》及《入境旅客行李物品和个人邮递物品完税价格表》),查找正确的商品编码后再进行申报。

例 362. 我公司在进行非居民长期旅客物品申请的,退单提示"提单号不存在",怎么办?

答:这是由于航次号输入有误所致。请您根据海关要求录入全位数航次号。

例 363. 如何进入公自用物品申报界面?

答:(1)用户从 WINDOWS 进入系统,将企业的 IC 卡插入连接在电脑上的 IC 卡读卡器中,或将 IKEY 卡插入电脑的 USB 接口。从 WINDOWS 桌面上点击快捷方式"电子口岸预录入客户端",进入系统登录界面。如图 3-9、图 3-10 所示。

图 3-9

图 3–10

(2) 输入登录密码,点击确认按钮,进入系统主选界面。如图 3–11 所示。

图 3–11

小贴士 （1）进入系统的权限说明：进入公自用物品申报系统，必须使用已授权的企业操作员卡，否则无法进入系统。

（2）申报权限控制说明：所有单据申报时录入的主管海关必须与IC卡所属的关区为同一地区，即关区代码前两位相同。

（3）点击"公自用物品申报"，即可进入公自用物品申报界面。如图3-12所示。

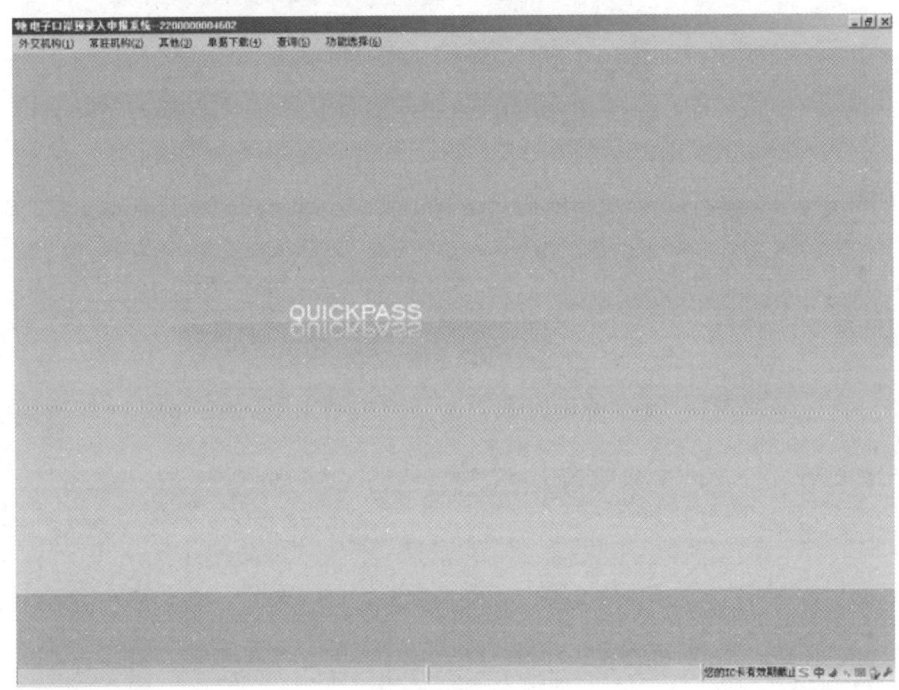

图3-12

例364. 企业申报常驻机构公用物品时被退单，系统提示"查找物品表失败"，该怎么办？

答：这是由于录入的货物商品编码不正确导致的，请用户将该种货物正确归类后再录入商品信息进行申报。

例365. 用户申报常驻机构公用物品时被退单，系统提示"舱单相关信息必填字段有错"，该怎么办？

答：这是由于"航次"和"提运单号"栏未录入相关数据导致的。如运输方式是"公路运输",尽管没有"航次"和"提运单号"的内容,但由于该栏目是必填项,因此需请用户向主管地海关咨询填制规范后进行申报。

例366. 用户在公自用物品系统中申报了一票"非居民长期旅客物品申请"被海关退单,系统提示"提运单号不存在",该怎么办?

答：出现此项错误提示一般是由于提运单的船名录入错误导致的,请用户联系船代公司修改提运单重新申报后再申报"非居民长期旅客物品申请"。

例367. 用户申报常驻机构备案后,系统提示"入海关库成功",但现场海关无法查询到记录,该怎么办?

答：企业申报备案数据后,请务必在两天内联系数据中心查询,因为超过两天后数据中心数据库中已无日志记录,无法查询。

例368. 用户申报"非居民长期旅客物品申请表"后被海关系统退单,系统提示"商品编码不存在",该如何处理?

答：这应该是商品的税号发生了变更,请用户对商品重新归类后再申报。如仍有疑问请向海关相关部门咨询。

例369. 用户在申报常驻机构车辆时被退单,系统提示"查找物品表失败",该怎么办?

答：该情况是由于录入的商品编码不正确导致的,报关企业应正确归类后再录入商品信息进行申报。

例370. 用户在申报常驻机构车辆时被退单,系统提示"舱单相关信息必填字段有错",该怎么办?

答：该情况是由于"航次"和"提运单号"栏未录入相关数据导致

的。如企业选择的运输方式是"公路运输",则航次和提运单号栏为必填项,必须录入内容方能申报。录入规范应向主管地海关咨询了解。

第六节 新企管系统

海关企业管理作业系统,是以企业为单元构筑,集海关企业管理作业与信息分析为一体的综合管理系统,是海关通关管理系统等其他业务系统的重要基础。电子口岸企业管理(新)系统作为海关企业管理作业系统的前端预录入系统,是海关开展企业管理、通关作业、实际监管以及后续管理的必要前提。

电子口岸企业管理(新)系统将分散的多个系统进行整合,实现统一界面、统一授权、统一登录,企业通过电子口岸企业管理(新)系统,可实现足不出户就完成企业注册登记、行政许可的申请、企业分类管理的申请、报关员注册登记以及查询海关审批结果等操作,彻底改变了企业多次往返海关递交材料的作业模式,给企业带来极大的便利。在方便企业的同时,该系统也协助海关规范企管作业流程,提高工作效率,防范执法风险,更好地为全国海关企业管理人员及八十多万家注册企业提供服务。

在本系统的使用过程中,我们收集了几个常见问题,在此为您分析解读。

一、新企管系统业务常用知识解析

例371. 新企管系统都有哪些功能?

答:新企管系统主要包括企业注册登记、报关企业行政许可、企业分类管理、报关员注册登记、查询统计等功能。如图3-13。

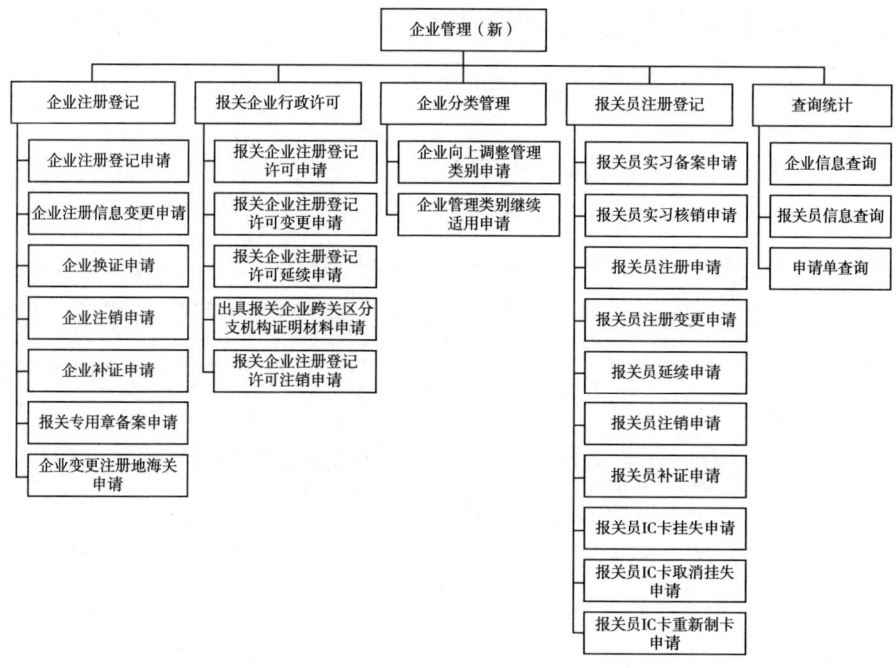

图 3-13

例 372. 企业端申报的途径有哪些?

答:电子口岸开发了两个企业端申报客户端:

(1) 企业管理(新)——预录入版,面向代理公司或者拥有 QP 改进版客户端的企业、新注册企业(企业注册登记申请、报关企业注册登记许可申请)、新报关员注册(报关员实习备案申请、报关员实习核销申请、报关员注册申请)必须通过该系统录入数据。

(2) 海关企业管理网上办事平台——网页版,面向有电子口岸 IC 卡的企业,仅限于企业办理自身业务使用,不可代理。网址:http://cas.chinaport.gov.cn/jcf/index.jsp。

二、业务办理注意事项

例 373. 可申请注册的企业类型有哪些?

答:企业类型包括进出口收发货人、报关企业、报关企业跨关区分支机构、报关企业关区内分支机构、无进出口经营权的加工生产企业、特殊监管区域"双重身份"企业、保税仓库、长期有效临时注册登记企业、7天有效临时注册登记企业。

例374. 新企业注册都有哪些流程？

答：（1）专业报关企业：报关企业、报关企业跨关区分支机构、特殊监管双重身份企业。首先，进行报关企业注册登记许可申请；其次，办理企业注册登记申请；最后，办理报关员注册申请（报关企业跨关区分支机构需要先办理出具报关企业跨关区分支机构证明材料申请，再做以上第一步的操作）。

（2）自理报关企业：临时注册企业、进出口收发货人企业可直接进行企业注册登记申请，再做报关员注册申请。

（3）无报关权企业：报关企业关区内分支机构、保税仓库、加工生产、临时注册企业可直接进行企业注册登记申请。

例375. 业务办理流程是什么？

答：企业、报关员办理海关企业管理业务，需要预录入申请信息，申请提交后，数据申报状态为"海关入库成功"时，可到注册地海关企管业务现场递交纸质资料。

例376. 当企业还没有组织机构代码时，如何进行申报？

答：报关企业注册登记许可申请和企业注册登记申请中"组织机构代码"填写为NO，系统自动生成临时组织机构代码。待企业注册登记海关审批通过后，系统将自动替换为企业的真实组织机构代码。

三、系统操作常见问题

例377. 我公司在网上办事平台上申请变更注册信息中的投资关系表，点击"申报"后，系统提示"此状态不允许申报，请技术人员协助处理"，该怎么办？

答：在进行投资关系变更时，您应该同时变更企业信息表、投资关系表、管理人员表这 3 张表，而您只变更了其中 1 张表的数据，就点击了"申报"，造成系统报错。请您联系当地海关退单，收到退单回执后，变更 3 张表的数据，暂存后再点击"申报"。

例 378. 我公司在进入新企管系统后，在企业注册登记页面内进行企业注销申请操作，输入海关编号后，系统提示"该企业信息已存在，并且其状态不允许进行企业注销申请"，该怎么办？

答：这是由于企业状态为"超期未换证"或"工商有效期超期"导致的，请企业联系注册地海关企管处，在稽查系统内做数据同步处理后再进行操作。

例 379. 我公司在进行企业注册变更操作时，数据已经暂存成功，但在查询统计申请单查询界面中找不到暂存的数据。我们又重做企业注册变更操作，想重新暂存申报。点完"暂存"后，系统提示"服务器响应信息当前状态处于变更中不允许修改"，该怎么办？

答：请您使用第一次暂存数据的企业 IC 卡进入系统后再调用数据。

💬 **小贴士** 因为系统遵循"谁暂存、谁申报"的原则，所以请企业使用上次进行录入、暂存操作的 IC 卡登录后再进行申报。

例 380. 我公司在做报关员注册登记后，在做印卡操作的时候，无法查询到报关员卡的信息，在印卡失败里面也没有找到数据，该怎么办？

答：这是由于报关员卡里的数据统一编号与备案时的数据中心统一编号不一致导致的。请您致电数据中心客服热线 010-95198，由技术人员进行处理。

例 381. 在 QP 系统企业管理（新）→"企业注册登记"→"企业注册登记申请"中录入企业注册信息时，暂存按钮为灰色无法点击，是什么原因？

答：企业注册必须填写"申报地海关"、"组织机构代码"和"经营类别"三个字段，才可对录入数据进行暂存。

例382. 在QP系统企业管理（新）→"企业注册信息变更申请"，录入企业信息后，暂存提示"无此申报企业数据"，该怎么办？

答：工商注册有效期或海关报关注册有效期过期无法做延续申请，只能做新企业注册。

例383. 企业反映在QP系统中做变更，系统提示"服务器响应信息当前状态处于变更中，不允许修改"，该怎么处理？

答：企业曾经录入过变更申请，并且该次操作并未收到海关的审核结果。企业再次录入时出现此提示，请企业先查询到之前的申请单，完成操作后再进行变更。

第四章　加工贸易项目常见问题

如果您是加工贸易型企业，那么请重点关注本章！电子口岸加工贸易应用项目主要包括QP平台下的电子账册、电子手册、无纸化手册、内销征税管理和深加工结转等子系统，您可以根据企业性质和业务需要申请相关应用系统权限。本章主要围绕上述子系统，从相关业务常用知识解析、系统操作常见问题及状态异常、数据报错提示等几个方面，解答您在使用加工贸易应用系统中可能会遇到的相关问题。

第一节　电子账册

电子账册联网监管系统是指以"海关严密监管、企业高效运作"为目标，以"海关监管系统、中国电子口岸和企业资源管理系统"为基础，海关对企业从电子账册备案、货物进出、中期核查、报核核销等方面实施全程式计算机联网管理，并与相关主管部门联网的网络系统，简称为电子账册系统。

2010年6月，国务院正式下发《中华人民共和国海关对于出口加工区监管暂行办法》，在北京、深圳、天津等地设立了15个出口加工区的试点。

出口加工区电子账册系统实现了出口加工企业加工货物、进出区的设备及特殊监管区域物流货物的监管。

出口加工区电子账册包括加工账册（H账册）和设备账册（HD账册）。

一、电子账册业务常用知识解析

例 384. 什么是账册报核?

答:账册报核实际只是一个数据核对的过程。与加工贸易手册核销不同的是,电子账册系统在报核时不需要所有的料件都已生产成成品并出口,而是根据海关要求,分时段报核(一般为半年),称之为"滚动核销"。

账册报核是利用报关单中的原始进出口数据与电子账册中实际的料件和成品的余量进行比对。若不一致,就需要企业给出解释,或到企业生产现场进行核查。

为了减少由于报核数据引用的报关单不存在而导致报核失败的情况,企业一般在正式报核之前需要进行预报核。预报核数据中包含此次报核涉及的所有报关单。

例 385. 电子账册预报核与正式报核,分别都报些什么?

答:加贸联网监管电子账册的核销可分为预报核和正式报核两个步骤。

(1) 预报核所需报送的数据,可分两种情况:

①如果没有进行过分批报送,则仅仅发送报核周期内的报关单数据;

②如果已经分批报送了报核周期内所有报关单,则预报核仅发送报核表头数据即可。

(2) 正式报核,是根据海关监管要求发送报核料件、报核成品、核算料件、核算成品数据。

 小贴士 分批报送是指部分企业因为数据量过大,在预报核之前提前向海关申报报关单数据的一种方式,但并不是每个企业都需要进行分批报核,在发送预报核数据前,可以根据海关的要求,结合自身情况进行选择。

例 386. 归并关系数据结构,包括哪几部分?

答:归并关系数据结构包括归并关系表头、归并前料件、归并前成品、BOM 表、归并后料件和归并后成品六个部分数据。

> **小贴士** (1) 归并关系需要您发送归并前和归并后两个报文,只发送一个报文无法入库。
> (2) 归并关系数据存放于数据中心(分中心)托管服务器,数据不向 H2010 系统进行转发,海关用中国电子口岸执法系统直接进行审批。

例 387. 电子账册系统中的报关单分批报送是指什么?

答:电子账册系统中的报关单分批报送,是指您在预报核之前,多次向海关 H2010 电子账册核销系统发送的核销截止日期前已审结的进出口报关单。

分批报送的内容包括表头和报关单两部分数据。海关并未规定每家企业都必须进行分批报送,可以结合自身情况进行选择。

例 388. 在本核销周期内,进行预报核后,还能进行分批报送吗?

答:根据海关主管部门要求,此类情况下,不可以进行分批报送。

例 389. HW 账册是什么账册?

答:HW 账册是海关特殊监管区域物流账册。

例 390. HW 账册的编码规则是什么?

答:电子账册号为 12 位。第 1 位为标记代码(H),第 2—5 位为关区代码,第 6 位为账册标记 W,第 7—12 位为顺序号。

例 391. 什么是单(损)耗表?

答:物化在单位成品中的料件数量称为这一料件对成品的单耗。每生产单位成品所损失掉的料件数量称为这一料件对成品的损耗。损耗在所有耗用量(即单耗和损耗之和)中所占的比例称为损耗率。一般地,人们直接称"损耗率"为"损耗",或者说在无特殊说明的情况下,所说的损耗是指损耗率。

一项成品对诸料件的耗用关系称为单（损）耗关系。用具体数据表示的单（损）耗关系称为单（损）耗表。单耗表实际是 BOM 表归并的一种结果，但由于单耗表只关心料件和成品之间的最终耗用关系，所以它与 BOM 不同，在料件和成品之间并没有多级半成品。

例 392. 什么是加工贸易？

答：加工贸易是指从境外保税进口全部或部分原辅材料、零部件、元器件、包装物料，经境内企业加工和装配后，将制成品复运出口的经营活动。包括来料加工、来料装配、进料加工、出料加工和补偿贸易等。通俗地说："两头在外"，即原料和产品均在国外，只有加工生产过程在国内的生产贸易方式。

例 393. 什么是清单？

答：报关清单是企业在实际进出口之前，需要向海关申报的料号级货物的明细清单。报关清单根据一定的归并原则生成报关单。

例 394. 什么是出口加工区？

答：出口加工区是国家划定或开辟由海关监管的专门制造、加工、装配出口商品的特殊工业区，其功能上仅限于加工贸易，区内可设置出口加工企业及其相关仓储、运输企业。在管理手段上，海关实行 24 小时监管。

例 395. 什么是电子账册？

答：电子账册俗称 E 账册，是海关以企业为单元为联网企业建立的电子底账，实施电子账册管理的联网企业只设立一个电子账册。海关根据联网企业的生产情况和海关监管需要确定核销周期，按照核销周期对实行电子账册管理的企业进行核销管理。

例 396. 电子账册的数据结构，包括哪几部分？

答：电子账册的数据结构包括："电子账册表头"、"电子账册料件"、

"电子账册成品"和"单（损）耗"共四个部分。

例 397. 什么是归并？

答：归并是把商品编码、计量单位等属性相似的多项商品表示为一项的操作。

企业在生产经营活动中对货物的管理基于料号，而海关在通关等环节中对进出口货物的监管是基于商品编码。因此，企业在向海关申报货物（商品）数据时，必须先按一定的归并条件进行归并。

例 398. 什么是归并关系？

答：归并关系是归并前料件/成品与归并后料件/成品的对应关系。

例 399. 什么是归并前？

答：归并前料件/成品的含义是指基于料号表示的料件/成品。

例 400. 什么是归并后？

答：归并后料件/成品的含义是指基于项号（商品编码）表示的料件/成品。

例 401. 一家保税仓企业可以申请多本电子账册吗？

答：电子口岸系统无限制，但企业需要向主管海关咨询了解。

例 402. 预报核时，"X 剔除核销"和"W 核销期外"的区别是什么？

答：企业分批报送申报的报关单通过以后即计入数据库，预报核时给企业一个机会去掉该报关单，使其不参加核销。预报核中出现这种报关单的申报，该报关单审核结果属于比对不成功，因此也一定不参加正式核算。该报关单在预报核时申报，申报时在预录入界面的申报标识中选择剔出核销。

某些特殊监管方式的报关单，申报时间落在核销截止日之外，但实际货物进出是在核销期内。无论从账面或实际库存，这些报关单纳入本核销期更为合理。预报核是允许企业申报这种报关单。如果通过人工审核，就参与核销。该报关单在预报核时申报，申报时在预录入界面的申报标识中选择核销期外。

二、系统操作常见问题

例403. 账册报核"表头"信息界面里面的"录入日期"是必填项吗？

答：是必填项，系统会自动返填当天日期，如图4-1所示。

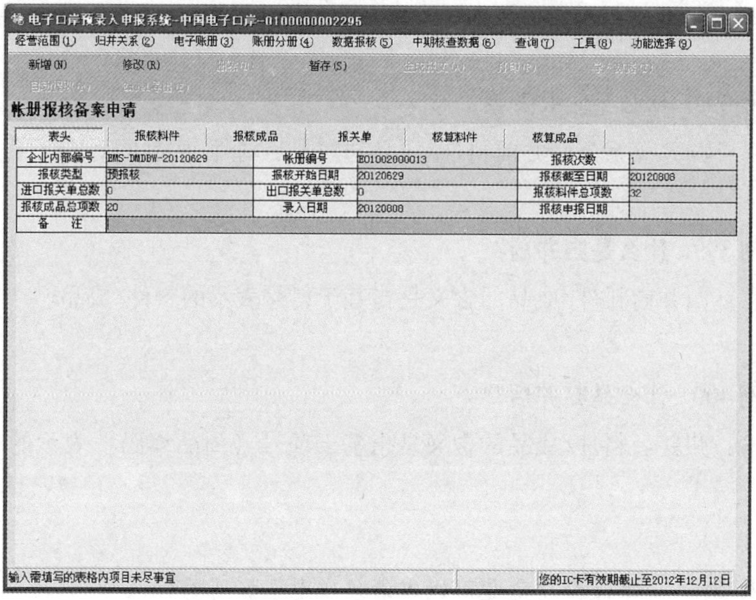

图4-1

例404. 电子账册系统如何录入内销征税联系单？内销征税如何报关？

答：您在录入电子账册内销征税联系单前，先要下载账册数据，当出现"电子账册备案数据下载成功"的提示时，说明数据成功下载，然后您就可以录入内销征税联系单。联系单由海关审核通过后，即可报关。

电子账册内销征税报关方法：请您直接进入报关单的录入界面，在备案号中输入电子账册编号，补充完报关单表头后，在备案序号中录入要内销的商品项，然后修改该商品的明细，同时录入单价、数量等（注意和内销联系单保持一致）。随附单证选择加工贸易内销征税联系单，随附单证号录入内销征税联系单号，检查无误后向海关申报。

第四章
加工贸易项目常见问题

例 405. 经营单位在做企业间授权时输入报关公司的海关代码时提示"授权成功",但是关掉页面后重新进入时却看不到授权信息,应如何处理?

答:此问题可能是由企业账册内部编号字段有中文字符导致的。

您可以联系主管海关申请修改电子账册内部编号,再由数据分中心发送传真至数据中心申请修改电子口岸端相应数据;或者您也可以直接致电数据中心客服热线,由账册管理对象单位出具情况说明并加盖公章,数据中心将安排技术人员进行处理。

例 406. 保税仓库 QP 改进版的电子账册,是否需要进行数据库备份?

答:不需要,QP 改进版的电子账册数据存放在数据中心,企业无须做备份。

例 407. 保税仓企业在申请经营范围电子账册前必须做好哪些相关工作?

答:向主管海关申请加工单位代码和保税仓的批准证号,并获得海关审批通过。

例 408. 企业在 QP 改进版系统中做电子账册预报核,报关单的进出口日期为空且无法填写,该如何处理?

答:该项为非必填项,可以不填写。

例 409. 电子账册的监管方式已经备案能否修改?

答:不能修改,监管方式一旦备案不能修改。

例 410. QP 改进版电子账册如何设置拷贝归并后数据到电子账册的功能?

答:登录系统,进入"电子账册"→"工具"→"系统设置",选择"拷贝归并后数据到电子账册",点击"确认"即可。

例 411. 保税仓企业的电子账册内部编号可以修改吗?

答:在电子账册申报后不能修改。

例412. 如何进入 HW 账册录入？

答：进入 QP4.0 或者 QP 改进版系统平台，点击"出口加工区"，再点击"物流账册"即可进入。

三、数据变更相关问题

例413. 我公司做归并关系变更时，只变更了归并前数据，归并后数据不变，电子账册是否需要变更？

答：这种情况下不需要变更。

例414. 如何变更手册中的企业名称？

答：（1）请您联系主管海关企管科重新备案，然后到制卡部门重新制卡；

（2）您还需要联系当地数据分中心，由数据分中心给数据中心发传真申请修改电子账册系统企业名称；

（3）数据中心完成数据修改后将联系您，您需要再次变更电子账册数据，并申报数据至主管海关，然后联系海关进行审批。

例415. 电子账册已有进出口记录，是否能变更品名？

答：不能变更，已经有过进出口记录的商品就不能变更品名了。

例416. 企业做电子账册归并关系变更，没有填写申报地海关，能否进行申报？

答：如果企业只对应一个海关，不填写申报地海关也可以申报。如果企业对应多个主管海关，必须填写申报地海关。

四、状态异常、错误提示集锦

例417. 我公司在使用 QP 系统时，录入数据后，点击"生成报文"时报错"生成报文前请先选择申报地海关"或"该企业配置了多个 host_id，但是此关区没有配，关区代码：0500"，如图 4-2 所示，应如何处理？

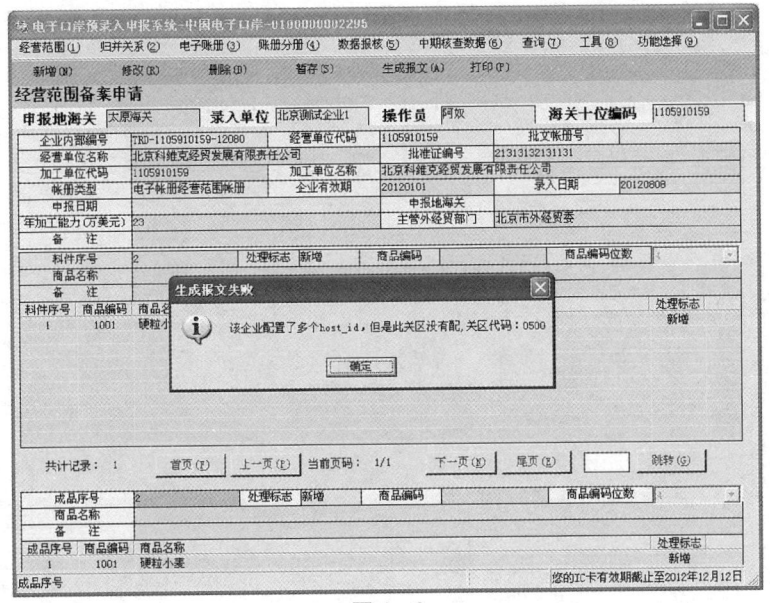

图 4-2

答：首先请您检查"申报地海关"一栏是否填写或者填写是否有误。如填写正确，请您致电主管数据分中心，申请进行 MQ 配置。由数据分中心向数据中心提出 MQ 配置申请。

例 418. 我公司做电子账册变更时，被海关退单，提示"海关已经收到账册变更预录入数据，无法接收初审数据"，应如何处理？

答：这个问题是因为您之前进行过账册变更，且申报到海关后，海关尚未审批，您再次进行账册变更时，海关就会拒绝接收新数据而导致的。从业务安全的角度考虑，请您联系海关进行退单处理，如海关看不到您申报的数据，海关可对该账册进行"大报文初始化"操作，进行强行退单。您收到退单回执后，方可重新向海关申报。

例 419. 我公司做电子账册变更时提示"电子账册：该卡无操作数据权限"（如图 4-3 所示），应如何处理？

答：目前电子账册系统引入了权限控制和授权机制。账册管理对象可以授权报关行或者其他单位对本企业申报的电子账册进行查看、修改等操

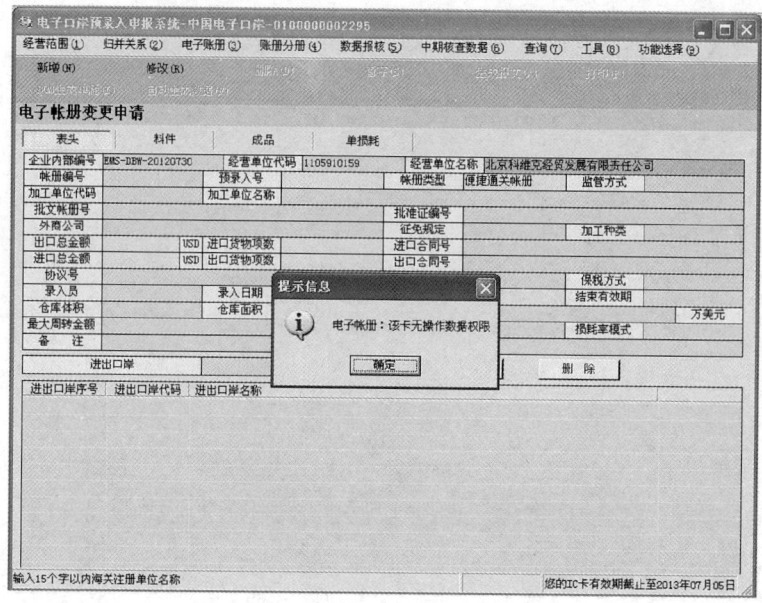

图 4-3

作权限。首先由管理对象用法人卡在加贸权限管理系统内为被授权单位进行企业间授权,然后使用被授权单位法人卡向本企业操作员卡进行企业内授权。如果已经进行过授权,请账册管理对象检查是否只为被授权企业授予查看权,而没有授予其他权限。

例 420. 我公司做归并关系变更时被退单,提示"归并前(后)报文第 n 条数据长度不足,第 $n+1$ 条发现未知数据标识",应如何处理?

答:这是因为您申报的数据内容有问题,"商品名称"字段后出现回车符。您录入"商品名称"的方式是从 Excel 文件复制、粘贴到录入界面的,Excel 单元格中带有的回车符也被复制过来。您只需手工重新录入,去掉回车符即可。

例 421. 我公司在进行经营范围变更时,提示"经营范围:该卡无操作数据权限"(如图 4-4 所示),应该怎么办?

答:请您确认经营范围备案已审批通过,且相对应的电子账册处于

第四章
加工贸易项目常见问题

"审批通过"状态。如果相对应的电子账册已经审批通过,非管理对象操作员必须经过加贸授权后才可以进行经营范围的变更。

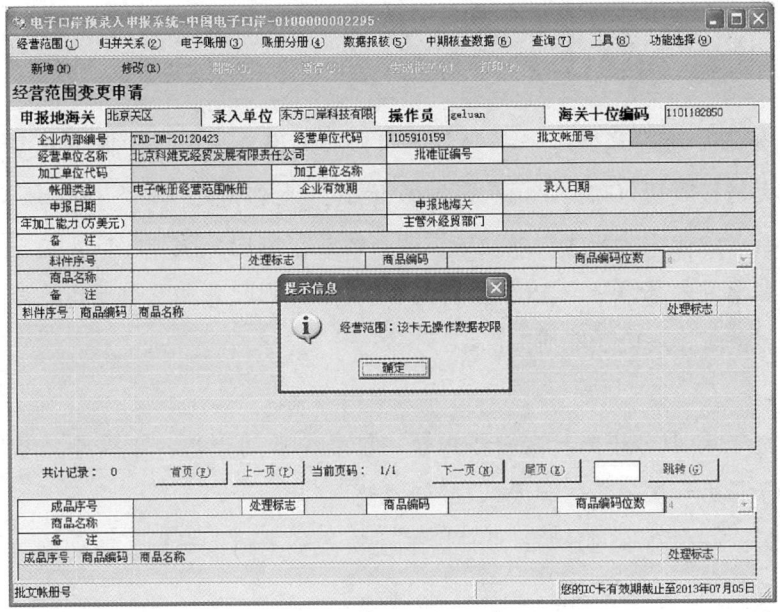

图 4-4

例 422. 我公司进行归并关系变更时被退单,提示"归并前货号×××项,无对应归并后×××项,在归并成品中无备案",应该怎么办?

答:请您按照回执提示,增加归并成品数据,再重新申报归并关系变更数据。

例 423. 我在做报文发送后被退单,提示"验签失败,请与数据中心联系",该怎么办?

答:出现该问题,可能是由以下原因所致:

(1) 可能是因为您修改了 IKEY 信息,如操作员名称、企业名称等,这种情况须在数据中心重新配置,请您联系当地数据分中心发送 MQ 配置申请表到数据中心。

(2) 可能是因为您的电脑系统注册表信息有误。请确认您的电脑注册表变量"HKEY_LOCAL_MACHINE \ SOFTWARE \ eport \ 报关行版 \ Ems3

\SendRecv\"中，RunType 的值是否与实际的运行环境一致。根据系统规定，"OFFICIAL"表示正式运行环境，"TEST"表示测试运行环境，如不正确，应进行相应调整。

如果问题仍然出现，请您致电数据中心客服热线 010-95198 咨询。

例 424. 我公司做电子账册备案时被海关退单，提示"账册已复审通过，无法接收初审数据，请检查内部编号"，应如何处理？

答：企业用的账册内部编号不能与经营范围内部编号相同。请您更改备案账册的内部编号。如已做归并关系备案，则归并关系也要重新修改内部编号备案，与电子账册内部编号一致。

例 425. 我公司第一次做预报核，被海关自动退单，原因是"报核日期大于最后一次报核后一天"，应如何处理？

答：此次报核的开始日期应晚于上次报核的结束日期。请您修改预报核开始日期和结束日期，重新申报。

小贴士 | 填写的结束日期应比周期至少提前一天。

例 426. 我公司使用 QP 系统进行电子账册预报核，在操作报关单自动提取时出错，提示"连接服务器失败"，并出现部分 HTML 信息，应如何处理？

答：此问题多是由于您所需提取的报关单数量较多，因此系统在查询报关单库时会产生异常。如遇此类问题，您可以尝试使用分批报送的形式，分批提取报关单数据。如依然存在问题，请与数据中心客服热线 010-95198 联系。

小贴士 | 在较高版本 Excel 中，有查找重复数据的功能，使用该功能就可以快速找到重复的报关单。

例427. 我公司进行报核时，在H2010系统中提示"入库失败"，原因是报核的报关单号有重复，怎么办？

答：请您检查本次报核账册表体中的报关单数据，修改重复的报关单号后重新报核。

例428. 企业输入口令提示"服务器端读IKey出错，请确认"，该怎么办？

答：原因可能是IKey、IC卡未插入或未插好，请重新插好IC卡。

例429. QP改进版系统电子账册，商品规格型号灰色无法录入，该怎么办？

答：右击规格型号，点击重新归类录入规格型号即可。

例430. 我公司在做保税仓电子账册变更时，系统提示"商品超经营范围"，该怎么办？

答：这是由于该商品未在经营范围中备案，您需先在经营范围中增加相应商品，待海关审批通过后，再申报电子账册变更数据。

例431. 保税仓库企业变更电子账册时，系统提示"该卡无操作数据权限"，该怎么办？

答：您需要先向主管海关申请虚拟法人卡授权，用虚拟的法人卡给经营单位法人卡做电子账册企业间授权，再用经营单位法人卡给经营单位操作员卡做电子账册企业内授权即可。

例432. 保税仓库企业之前已经备案过电子账册，现在想要再重新备案一本。但输入经营单位代码时，系统提示"该卡无操作数据权限"，该怎么办？

答：企业需要在录入界面先输入企业内部编号，然后再录入其他内容。

例433. 保税仓企业申报经营范围变更被退单，系统提示"加工单位通关期限超期"，该怎么办？

答：保税仓企业存在两个海关10位注册编码。其中一个是经营单位海关10位编码，企业首次办理海关注册登记时由海关注册科给予颁发；另一个是加工单位海关10位编码（第6位为字母），已办理首次注册后企业申请保税仓业务时由主管海关给予颁发。根据退单原因可以判断是加工单位编码已过期，企业应联系主管地海关办理加工单位海关10位编码的延期手续。

例434. 我公司收到海关退单回执，系统提示"海关内网退单"，该怎么办？

答：如果已经收到海关入库成功回执后，又收到海关退单回执，则根据退单回执修改报文。如有不明确的地方，请与主管海关联系，确定退单原因。

例435. 我公司在变更保税仓库电子账册时，系统提示"该卡无操作数据权限"，该怎么办？

答：请确认您使用的是否为加工单位IC卡，若加工单位无卡，请制作虚拟法人卡。

例436. 我公司在账册变更申报之后被系统退单，系统提示"数据长度不足"，该怎么办？

答：您可能是在录入时粘贴数据，输入了回车符。您需要将这次变更录入的数据删除后重新录入申报。

例437. 出口加工区企业操作电子账册报核时，在"报关单"项中自动提取完报关单信息后无法暂存，系统提示"请输入报关单号"，该怎么办？

答：自动提取完报关单号后，需选中其中一份报关单，再点击"暂存"按钮，才能暂存成功。

例438. 出口加工区企业操作电子账册预报核时被退单，系统提示

"报核开始日期大于上次核销后一天"，是什么原因？

答：这是由用户填写表头信息时，把报核开始日期填错造成的。该项应填企业电子账册被海关首次审批通过的日期。

例439. 我公司在做电子账册备案时被海关退单，系统提示"账册已复审通过，无法接收初审数据，请检查内部编号"，是什么原因？该怎么办？

答：可能是您用的账册内部编号和其经营范围内部编号相同。您将备案账册的内部编号更改即可。

💬 **小贴士** 如已做归并关系备案，则归并关系也要重新修改内部编号备案。

例440. 我公司在做备案经营范围时批准证编号填写错误，现想要变更经营范围中的批准证号，系统提示"批准证号与备案时不符"，该如何处理？

答：经营范围中的批准证编号不允许变更，建议企业重新录入经营范围，待审批通过后再变更归并关系和电子账册中的批文账册号即可。

例441. 电子账册企业报关申报时被退单，系统提示"电子账册报核时间未报核"，该怎么办？

答：这说明电子账册超期未报核。请企业联系现场海关做延期报核即可。

例442. 电子账册新增归并前料件，但该如何将其归并到某一归并后料件中？

答：在归并前料件的归并后序号中输入要归并的归并后序号即可。

💬 **小贴士** 归并前后，商品的税号等关键信息必须保持一致。

例443. 电子账册首次备案时，被 H2K 退单，系统显示"加工单位存在停设台账或停账待销联系单"，该怎么办？

答：该情况是由于企业原先对应手册的保证金台账停设未核销，按照目前 H2K 系统设置，系统已关闭对台账的再次操作，无法重新核销。因此请企业联系主管海关，由主管海关填写异常问题处理单，向信息中心申请异常数据处理即可。

例444. 经营单位在做企业间授权时输入报关公司的海关代码，系统提示"授权成功"，但是关掉页面后重新进入看不到授权信息，该怎么办？

答：这是由企业账册内部编号有中文字符造成的。请企业与数据中心客服热线 010-95198 联系，由后台技术人员处理。

例445. 在电子账册中录入同一项商品，在清单中录了两项，但是报关行下载后到报关单中变成一项了，该怎么办？

答：这是因为系统会自动归并相同的商品，这不会影响企业的正常申报。

例446. 企业备案审批通过后，电子账册不能自动从归并关系导出数据，该怎么办？

答：这是由于企业没有在预录入系统中设置电子账册自动导出。请企业在预录入系统菜单中进行如下操作："工具"→"系统设置"→"拷贝数据选项"→"归并后数据导入到电子账册"。

例447. 企业在做经营范围备案时被数据中心退单，系统提示"字符不能任意匹配"，是什么原因？

答：这是由于企业在输入的"保税仓批准证号"时字符的录入有误，例如：左边的中括号是全角字符"［"，而右边的中括号输的却是半角字符"]"。企业在输入括号字符时必须一致，才可以通过数据中心的逻辑审核。

第四章 加工贸易项目常见问题

例448. 企业做电子账册备案（变更）时，没有把归并关系数据拷贝到电子账册，该怎么办？

答：企业想把归并关系数据拷贝到电子账册中，必须在做归并关系的时候设置拷贝归并后数据到电子账册才可以。设置方法如下所示：

(1) 进入电子账册系统后，选择"工具"菜单中的"系统设置"。

(2) 选择"拷贝归并后数据到电子账册"，点击"保存"即可。

例449. 企业在录入归并关系的时候，归并前成品、归并前料件录入界面的下方归并后内容为灰色，无法直接录入，该怎么办？

答：企业应该先录入归并后数据，然后在归并前的录入界面，录入"归并后序号"，这样归并后数据就会自动调出来。

例450. 企业在做备案数据下载时，系统提示"没有相应的备案数据，请确认"，该怎么办？

答：这是由于数据中心没有该账册数据，或者该账册未通过审批。请企业记录该账册号，联系数据中心客服热线010-95198查询处理。

例451. 在用企业操作员卡下载E账册时，系统提示"企业没有权限下载此手册号备案数据，请插入您想下载手册号的所属企业IC卡下载"，该怎么办？

答：这是由于电子账册对应的管理对象单位编码与企业操作卡对应的单位编码不同导致的，企业需要插入该账册管理对象的法人卡，方可下载。

例452. 企业的报核次数不正确，该怎么办？

答：这种情况大部分是由企业误删了报核数据造成的。请企业致电数据中心客服热线010-95198，由技术人员进行手工修改。

例453. 企业电子账册预报核已审批通过，但预报核数据需要修改，是否可以重新申报预报核？

答：可以。企业需要联系数据中心客服热线010-95198，由后台技术人员将电子账册预报核修改为可申报状态。

例454. 企业进行电子账册报核时，在H2000入库失败，系统提示"报核的报关单号有重复"，该怎么办？

答：请用户检查本次报核账册表体中的报关单数据，修改重复的报关单号之后进行重新报核。

例455. 企业申报电子账册预报核时，无法提取较早月份的报关单数据，是什么原因？该如何处理？

答：为了保证系统运行效率，数据中心会定期将报关单进行移库。如企业需恢复较早前的报关单数据，需要联系当地数据分中心，由数据分中心发函至数据中心给予恢复。

例456. 企业申报后，被数据中心退单，系统提示"无电子账册企业配置信息"或"未在数据中心注册"，该怎么办？

答：上述两种情况的出现，均是由于用户相关注册信息在数据中心不存在或不正确所致。请企业联系当地数据分中心发送MQ配置申请表至数据中心，由数据中心技术支持人员处理。

例457. 企业进行申报时，系统提示"查询不到与企业相对应的host_id"，是什么原因？

答：这是因为该企业没有配置MQ所致。

 小贴士 | 保税仓库企业配置MQ后才能录入电子账册。

例458. 企业在点击"BOM生成单损耗"时，系统提示"生成失败，下列×××料件不存在"，这是什么原因？该怎么办？

答：该问题是由于BOM中的归并前料件与电子账册单（损）耗中的

料件对应关系有误所致。企业需要检查×××料件在审批通过的归并前料件和电子账册料件中是否存在。若检查不出来，请企业联系数据中心客服热线010-95198，由后台技术人员处理。

例459. 企业做账册报核后，状态一直为"成功发往海关"，但现场海关看不到该数据，应如何处理？

答：企业可以先检查申报数据数量，如数据量较大（5 000条以上），则可能是由于申报报文较大造成海关系统无法入库导致的。企业可凭报文号联系信息中心手工入库。企业也可在开始报核时使用分批报送流程，分批报送。

例460. 企业在做账册报核暂存后，再次查询时系统提示"没有查到符合条件的记录"，该怎么办？

答：这可能是由于数据异常导致的，企业需要记录账册编号、账册内部编号、海关10位编号，联系数据中心客服热线010-95198处理，处理完成之后再重新录入即可。

例461. 电子账册企业申报的电子账册变更，海关还没有审批通过，但是有归并关系要申报，该如何处理？

答：电子账册没有审批通过就申报归并关系，归并关系可以正常申报、审批，但是审批通过后企业端的拷贝归并后到电子账册功能和BOM生成单（损）耗，功能就不能用了，企业只能手工录入电子账册数据和手工录入单（损）耗。如果企业觉得单（损）耗可以自己录入的话，那么归并关系就可以申报。

例462. 企业数据被退单，数据中心回执提示"数据正在处理，不允许重复申报"，该怎么办？

答：这是因为该票数据已经申报过，而数据中心不允许重复申报操作。若海关已经接收该票数据，且数据尚未审批，请企业联系海关审批相应的数据。

第二节　电子手册

第二代加工贸易联网监管系统（又称电子手册系统）主要面向中小型加工贸易企业，以加工贸易合同管理为基础，允许一个企业同时存在多本电子手册，兼备电子账册联网监管的应用优势。

企业可以通过该系统向海关申报前期备案、中期通关（中期核查）及后期报核数据，海关对应进行前期备案审批、中期通关（中期核查）和后期核销等操作。

一、备案相关问题

例463. 什么是电子手册系统通关备案、物料备案与合同备案？三者之间有何关系？

答：（1）三者的概念区分如下：

①合同备案是企业对商务部门审批通过的加工贸易合同数据向海关进行备案；

②通关备案是企业针对此合同，向海关申报实际进口料件和实际出口成品及其真实单（损）耗等数据；

③物料备案相当于企业将本企业实际生产中所涉及的全部物料数据向海关备案。

（2）三者的关系如下：

①通关备案的表头数据除进出口总额外与合同备案表头数据完全一致，通关备案的料件和成品须在一定合同备案范围之内；

②物料备案审批通过后，企业进行通关备案时的料件和成品数据则可以直接从物料备案中调出。因为物料备案相当于企业的物料字典，因此一个企业只需要一份物料备案。

例464. 我公司进行合同备案时，可否将商品编码前4位一致的数据，备案成一项经营范围数据？

答：不能。因为企业用户进行电子手册合同备案时，要求10位商品编码一致才能备案为一项。

二、系统操作常见问题

例465. 电子手册内销征税申请表录入需注意什么？

答：（1）电子手册不需要下载，直接进入内销征税系统进行申请表备案即可；

（2）当录入内销征税申报单的内销种类为边角料内销时，表体录入应根据此边角料所消耗的商品来选择项数，且此项边角料备案的数量不能超过此项商品在手册中的备案数量。

例466. 我公司进行清单申报后，为何在清单查询中其状态仍然为"暂存未上载"？

答：不用担心！清单申报后，只要已生成清单编号，即表明该清单已经成功申报，即可进行下一步报关单操作。

例467. 我公司对某项数据进行修改后，点击"暂存"按钮，系统已提示"成功保存"，为何该数据仍会恢复到修改前状态？

答：您在修改某项表头数据时，点击"暂存"按钮即可保存成功；但修改表体数据时，必须在修改项表体的最后一个字段按回车键，再点击"暂存"按钮，系统才可将修改数据成功保存。

例468. 数据报核界面中的"导入"按钮与"文件导入"按钮有什么区别？

答：两者实现的作用不一样：

（1）数据报核界面中"导入"按钮的作用是在进行手册报核时，将该手册下已审结的报关单数据导入报核报关单表中。

（2）"文件导入"的作用是将XML文件导入料件和成品表中。

例469. 企业成功申报物料备案后，在海关端查看不到该票数据，是什

么原因?

答:这是因为海关审核时所用操作员卡的所属海关4位关区代码与企业物料备案中所填写的4位主管海关代码不一致而造成的。

例470. 电子手册,无法进行企业内授权,是什么原因?

答:企业用法人卡给操作员卡授权时,无论是选择企业内手册授权还是物料授权都无法正常操作,查看不到手册,但可以做企业间手册授权。这是因为企业已经通过"企业间授权"将手册授予了代理企业,所以不能再在企业内授权中看到该手册。

三、状态异常、错误提示集锦

例471. 我公司录入数据完毕暂存时,系统弹出提示框"无法连接企业信息数据库",该怎么办?

答:这是由于您没有在电子口岸配置数据库信息所致。请您联系当地数据分中心发送配置申请表。

例472. 我公司进行通关备案录入时,点击"调用归并"按钮,为何提示"通关备案中包含手工输入数据,不许调用归并关系"?

答:出现此情况,是因为您已经在"通关备案料件表/成品表"中手工录入了料件/成品信息。如需要调用归并,须将手工录入的料件/成品信息进行删除并暂存后,再点击"调用归并"按钮。

例473. 我公司操作物料备案/归并关系备案/BOM表备案申报后,为何一直处于"数据申报成功"状态?

答:企业申报物料备案/归并关系备案/BOM表备案后,只要处于"数据申报成功"状态,就表明该数据已成功申报。根据系统程序设定,物料和归并本来就没有回执,显示申报成功后,海关此时即可在电子手册海关端进行备案审批。

第四章
加工贸易项目常见问题

例 474. 物料备案、合同备案及通关备案海关审批通过后,为何企业在数据查询中查看不到该备案信息?

答:出现此问题,是因为备案申报时所用的操作员卡不是该备案管理对象的操作员卡。

物料备案、合同备案及通关备案在海关审批通过后,其管理对象随即生效。因此,只有管理对象的操作员卡才能查询到该备案的信息。

例 475. 海关审批物料备案时,提示"审批失败,无法连接企业信息数据库"?

答:出现此问题是由于您在未申请进行电子手册配置的情况下就申报了物料备案数据,因此您必须联系当地数据分中心申请进行电子手册配置,配置完成后再申报物料备案。

例 476. 我公司进行电子手册清单申报成功后,为何在报关申报系统单据查询界面中查询不到该清单所生成的报关单?

答:出现此情况,一般是因为单据查询时所选择的报关单类型与清单中的报关类型不一致,请您进行核实。

例 477. 我公司进行清单查询时,已选择查询"全部数据",为何仍提示"无法查询:无可用的电子手册备案数据"?

答:请您在清单查询界面的备案编号栏中,输入该清单所对应的电子手册编号进行查询。

例 478. 电子手册在海关审批通过后,不能正常授权,点击"保存"时报错"用户签名失败",该怎么办?

答:请您检查手册内部编号是否有非法字符,如汉字、空格、@、#、¥、%、*和全角英文等,内部编号应由数字和英文组成;同时保证电子口岸 IC 卡正确连接。

例 479. 企业 BOM 表备案申报后,为何在海关端查看不到该票数据?

— 149 —

答：企业 BOM 表备案的数据是自动审批通过的，无须在海关端进行人工审批。只有在企业 BOM 表变更时，才需在海关端进行人工审批。

例 480. 企业归并关系变更申报后，为何在海关端查看不到该票数据？

答：企业归并关系变更后，只要不新增或者修改归并后的数据，则归并关系变更申报后将被自动审批通过。

例 481. 企业进行了物料及归并关系备案，但在通关备案时没有调用归并。该通关备案审批通过后，能否在进行变更时再调用归并？

答：不能调用归并。企业在通关备案时没有调用归并，则该通关备案审批通过后即成为 HS 编码级电子手册。HS 编码级电子手册无法变更为料号级电子手册，企业只能重新备案，调用归并形成料号级手册。

例 482. 企业在本地成功上载报关单后，异地被授权企业为何无法下载该报关单？

答：这是因为企业在报关单下载界面中所填写的报关单统一编号有误。报关单统一编号应填写报关单成功上载后的以"0"开头的编号，而不是以"Z"开头的暂存号。

第三节　无纸化手册

纸质手册电子化系统（也称无纸化手册系统）是在加工贸易手册备案、通关和核销结案等环节采用电子手册取代纸质手册，并通过与其他部委的联网逐步取消其他纸质单证作业，实现纸质手册电子化，最终实现"电子申报、网上备案、无纸通关、无纸报核"。

企业通过该系统向海关申报前期备案、中期通关及后期报核等数据，海关对应进行前期备案审批、中期通关和后期核销等操作。

第四章 加工贸易项目常见问题

一、系统操作常见问题

例 483. 无纸化手册系统的主体操作流程是什么？

答：（1）备案资料库：包括加工贸易企业所有料件、成品的信息。海关审批通过后，返回备案资料库编号。此过程如图 4 – 5 至图 4 – 8 所示。

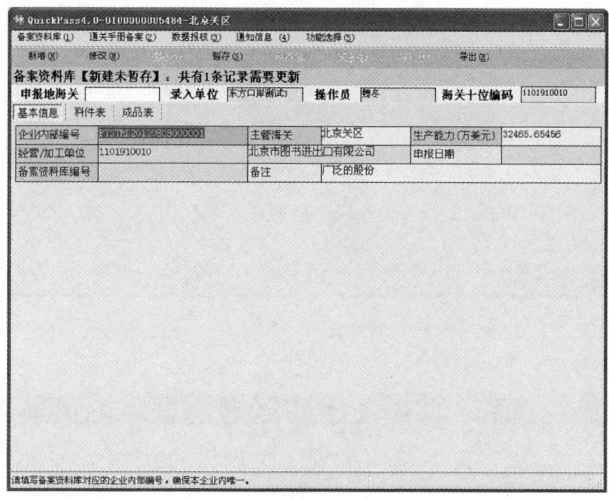

图 4 – 5

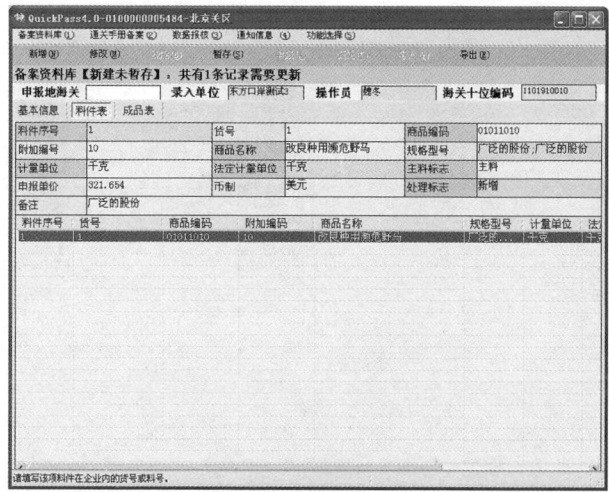

图 4 – 6

电子口岸疑难解惑800例

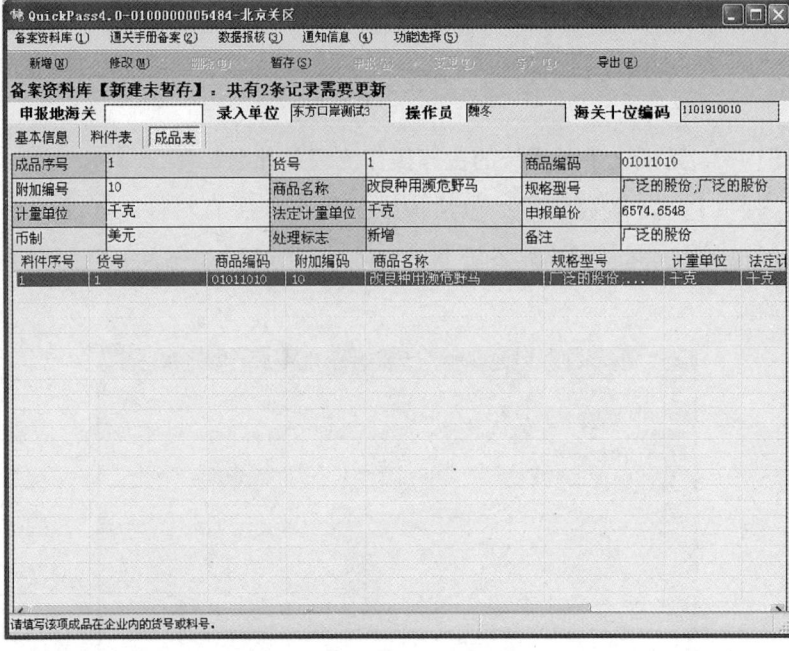

图4-7

图4-8

第四章 加工贸易项目常见问题

（2）通关手册：录入及申报通关手册表头、表体（表体的录入需要调用备案资料库数据）。海关审批通过后，返回通关手册编号。此过程如图4-9至图4-13所示。

图4-9

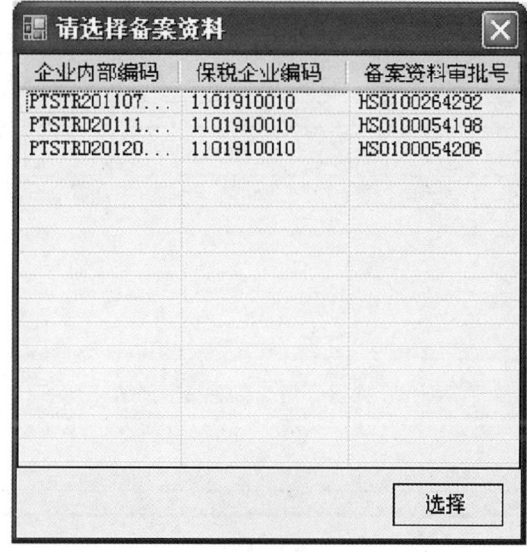

图4-10

电子口岸疑难解惑800例

图 4-11

图 4-12

第四章
加工贸易项目常见问题

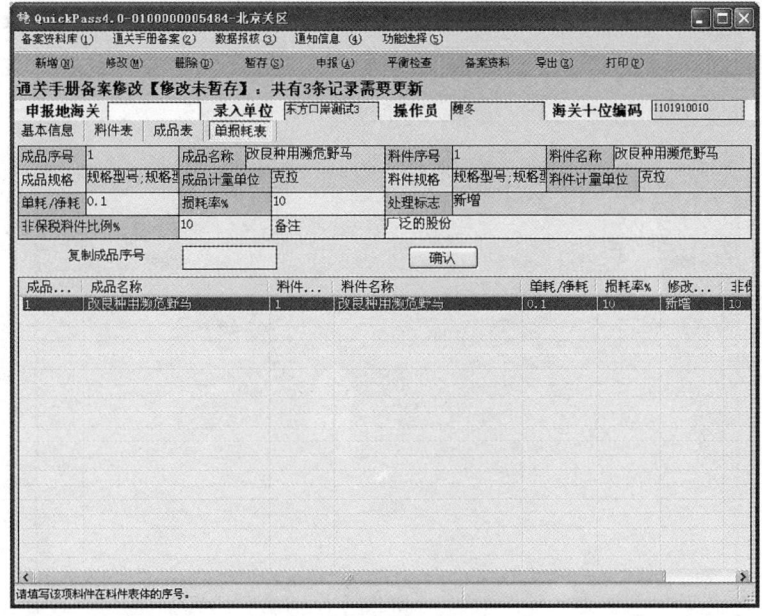

图 4-13

（3）通关：您在报关申报系统中录入报关单，向海关申报，与现有报关单流程相同。此过程如图 4-14 所示。

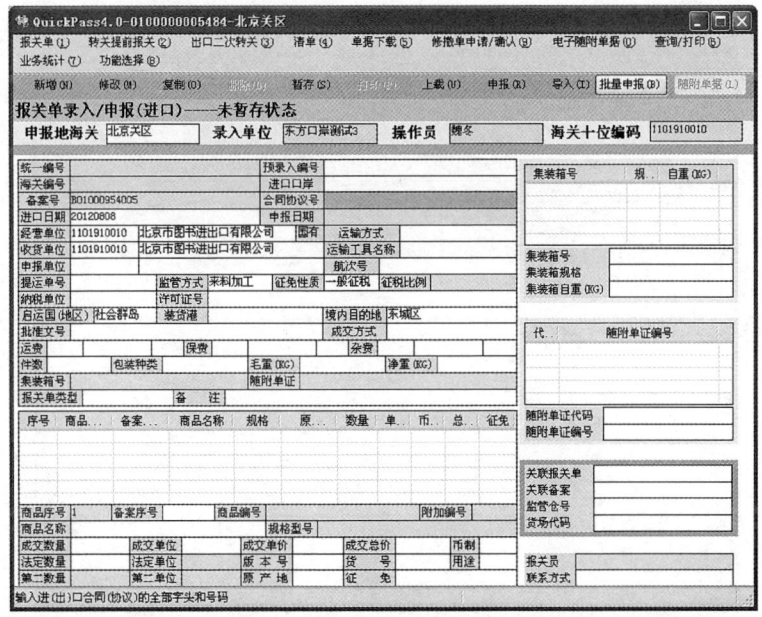

图 4-14

(4) 数据报核：您的加工贸易合同完成后，通过无纸化手册的数据报核界面，向海关进行手册的报核。数据报核、海关核算并结案后，该手册结束。此过程如图 4-15 至图 4-20 所示。

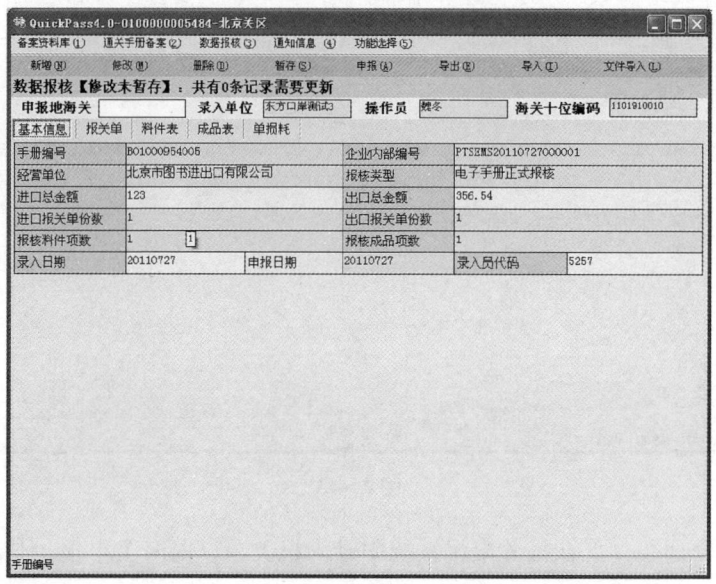

图 4-15

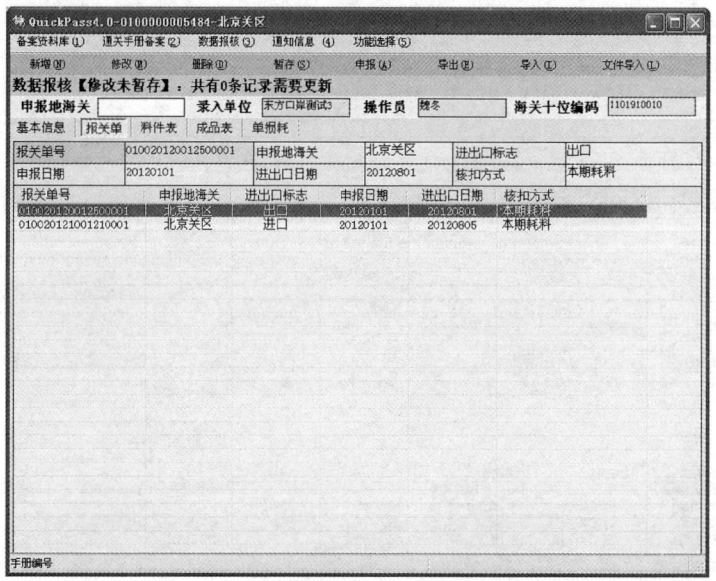

图 4-16

第四章
加工贸易项目常见问题

图 4-17

图 4-18

图 4-19

图 4-20

例484. 调用备案资料库的操作流程是什么?

答：通关手册表头各项基本信息录入完毕，将光标置于表头备注栏后敲回车键，点击"暂存"，然后在通关手册备案界面按钮栏上点击"备案资料"按钮，如图4-21所示。

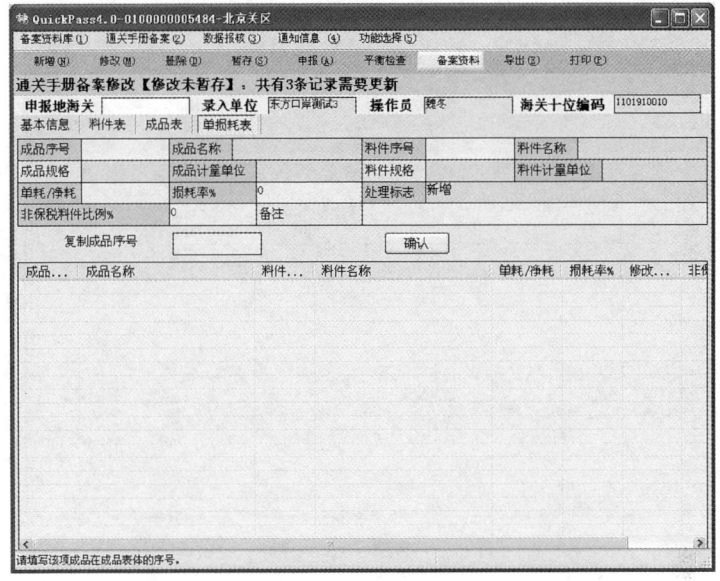

图4-21

（1）如果您只有一个备案资料库，则该资料库中的所有料件和成品将自动添加至料件和成品表下方的备案资料表中。

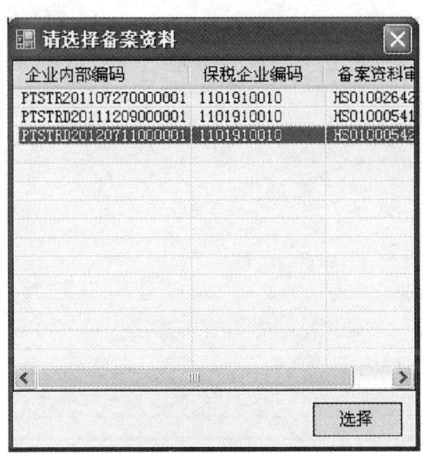

图4-22

(2) 如果您有多个备案资料库，则会弹出已审批通过的备案资料库列表供用户选择，如图 4-22 所示。手册中的料件和成品必须从备案资料库中调出，再补录其他部分。此过程如图 4-23 至图 4-24 所示。

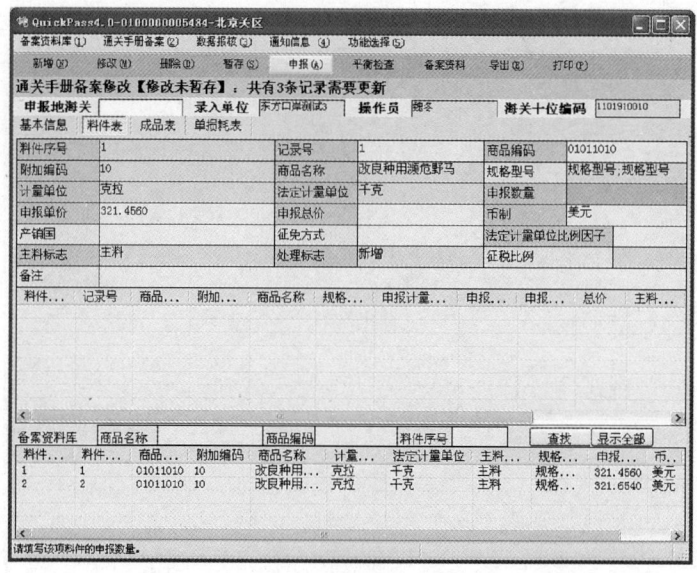

图 4-23

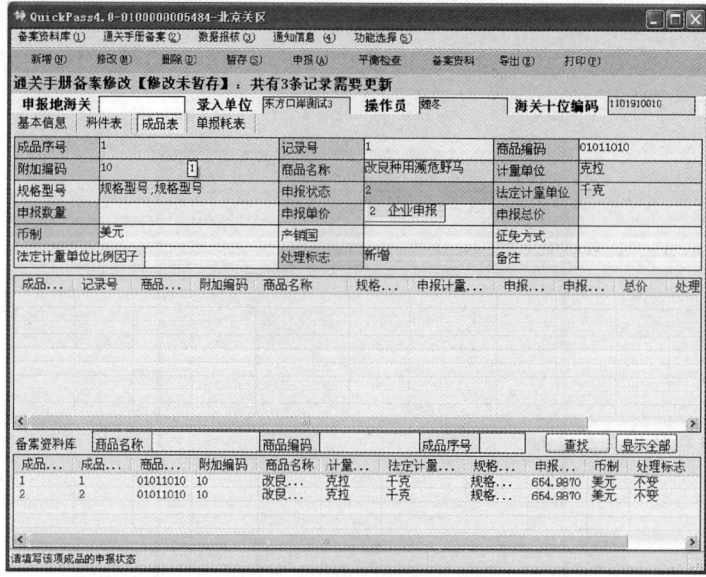

图 4-24

例 485. 料件/成品表的录入流程是什么?

答:料件/成品表中的料件/成品序号和处理标识部分由系统自动生成。

附加编号、商品名称、申报计量单位、法定计量单位在输入商品编号后由系统自动调出,您可以对其进行修改。您也可以先输入商品名称,调出相应的附加编码、商品编号、申报计量单位、法定计量单位。此过程如图 4 - 25 至图 4 - 27 所示。

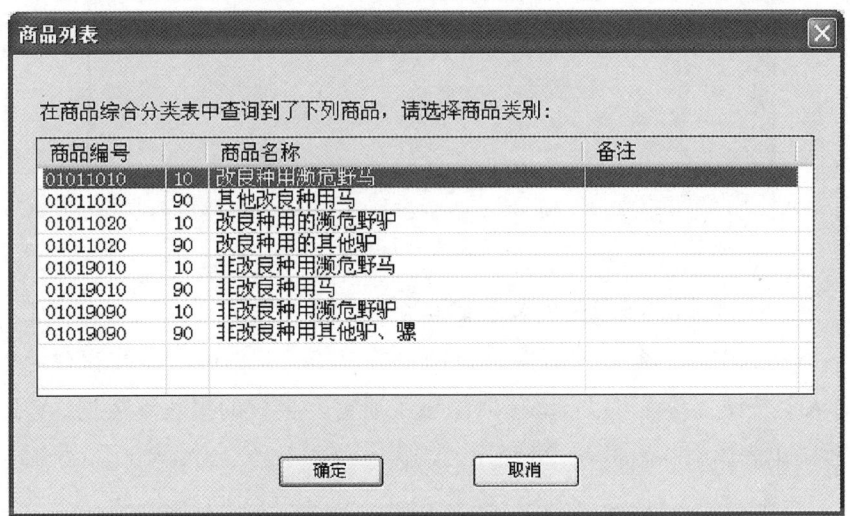

图 4 - 25

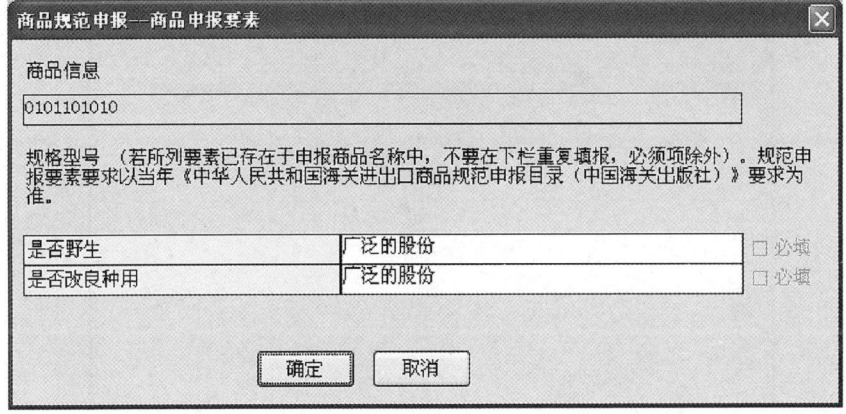

图 4 - 26

图 4-27

例 486. 数据报核报关单录入流程是什么？

答：您可以手工录入需要报核的报关单信息，也可点击按钮栏上的"导入"按钮，系统可以自动提取出该手册需要报核的报关单数据，并填入报关单表体中，如图 4-28 所示。

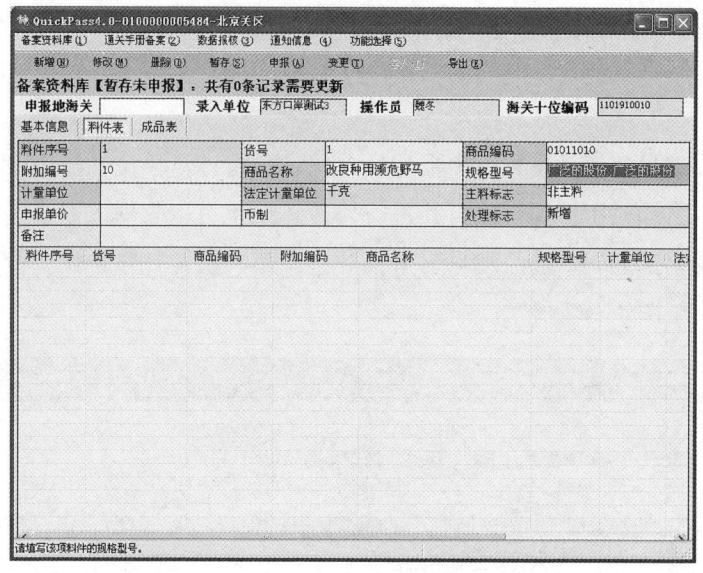

图 4-28

您也可以从报关单表体中用鼠标右键点击列表中的报关单,选择"删除一条记录",将此份报关单数据删除,如图4-29所示。

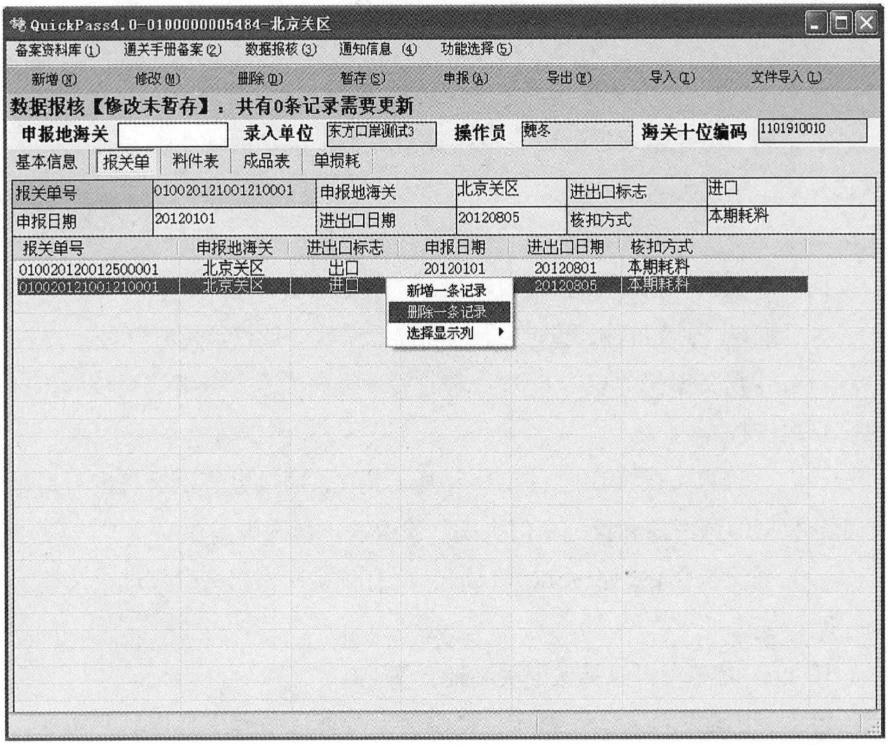

图 4-29

例487. 通过无纸化手册录入报关单的异地报关流程是什么?

答:异地报关时,本地企业将报关单录入完整后,在界面上方的按钮中点击"上载"按钮,将报关单进行上载。然后,由被授权的异地报关企业在"报关单下载"界面中,根据所上载的报关单信息输入"报关单统一编号"、"报关单预录入号"和"账册编号"项,系统将所查询到的报关单显示在查询结果列表框中。选中需要下载的报关单,进行下载后,点击"查看明细"即可进入该票报关单的录入界面。异地代理报关企业对报关单数据修改、补充后,点击"申报",即可实现报关单的申报。如果报关单被退单,且涉及修改表体商品信息,那么需要本地企业修改清单,并重新上载报关单,异地下载后重新申报。

例488. 通关手册中的进出口岸可以备案几个？

答：系统无限制，用户可以根据需要进行备案。录入的进出口岸最好使用直属海关代码，如在深圳关区某口岸报关，备案"5300"即可。

例489. 为什么海关要求通关手册以加工单位为管理对象？

答：同一个经营单位下可能存在多个加工单位，为便于海关监管，要求选择加工单位为管理对象。

例490. 电子化手册如何授权，授权的类别有哪些？

答：通过"加贸权限管理"子系统进行授权。授权类别有三种：

（1）手册备案操作权（110）：对通关手册进行通关备案、报核的申报和变更操作权。

（2）代理报关权（101）：在录入报关单时，通过电子手册备案号对电子手册数据的调用权和报关单的查询、修改、下载及申报权。

（3）备案操作代理报关权（111）：既有备案操作权又有代理报关权。

例491. 可不可以直接做通关手册备案？

答：一定要先做备案资料库，待海关审批通过备案资料库后，企业做通关手册备案时才能调用备案资料库的料件、成品信息来填写料件表和成品表。

例492. 做无纸化手册企业间授权的时候，输入手册号点击回车无法调出手册信息，该怎么办？

答：首先确认手册是否已经审批通过，预录入端是否是审批通过状态，另外，授权的时候应该使用手册管理对象的法人卡，非管理对象的法人卡无法授权。

例493. 在填完无纸化手册备案资料库内容后退出系统，数据会不会消失？

答：填完资料库内容，按"暂存"，如果暂存成功，每次进入系统，可以在"备案资料库查询"中查询到暂存的备案资料库内容。再按查询界面的"修改"按钮就能对数据进行修改、增加、继续录入。

例494. 备案资料库或通关手册的备案数据已审批通过，如果要对备案资料库或通关手册中的数据作修改或新增料件和成品，应该怎样操作？

答：用户若想对海关审批通过的数据进行修改或增加内容，可在备案查询界面查询到需修改或增加内容的备案资料库或通关手册数据（备案状态必须是审批通过）后，点击"变更"按钮，进入变更界面，增加料件及成品，再点击"暂存"后进行申报即可。

例495. 在填写"通关手册备案"基本信息时，"管理对象"一栏应该怎样填写？

答：此栏为必填项，敲空格键即可调出相应代码，选中代码即可显示相关内容（应选择"1 以加工单位为管理对象"，如果经营单位与加工单位一致情况下，可选择填写"以经营单位为管理对象"）。此项填写后，暂存数据以后不可以修改，也不能变更。

例496. 在填写"通关手册备案"成品表信息时，"申报状态"一栏应该怎样填写？

答：在2008年10月15日后，海关要进行单耗管理，在QP系统通关手册的成品表中增加"申报状态"的输入项，在"申报状态"中录入企业申报单耗的状态。该状态包括：1-企业不申报，2-企业申报。该字段为必填项，不能为空。

允许变更成品"申报状态"。如果为"2-企业申报"或者"9-已核定"，企业不能变更；如果为"1-企业不申报"，那么只能变更为"2-企业申报"。在"申报环节"为"1-备案"的情况下，"申报状态"只能为"2-企业申报"。

例497. "备案资料库"和"通关手册"的企业内部编号应该怎样填写？

答：最多20位字符，可填写英文、数字，不能填写中文、汉字。由企业自行编号，但须保证在企业内部的唯一性。每本手册的企业内部编号都不能重复，并且不能与备案资料库的企业内部编号相同。

例498. 怎样在"通关手册备案"中调用"备案资料库"中的"料件表"和"成品表"数据？

答：输入完表头"基本信息"的数据后，用"回车键"回车到料件表，点击"暂存"，显示"暂存成功"后，点击"导出"按钮旁的"备案资料"按钮，如果企业只有一个备案资料库，则该资料库中的所有料件和成品将自动添加至料件和成品表下方的备案资料表中；如果企业有多个备案资料库，则会弹出已审批通过的备案资料库列表，点击"选择"后，该资料库中的所有料件和成品将自动添加至料件和成品表下方的备案资料表中（一个加工企业只能备一个备案资料库）。

例499. 在填写"通关手册备案"基本信息时，"单耗申报环节"一栏应该怎样填写？

答："单耗申报环节"栏目中敲空格键可选择"1－备案"、"2－出口前"、"3－报核前"等申报环节。该字段为必填项，不能为空。"申报环节"允许变更为以下几种情况：一是由"1－备案"变更为"2－出口前"或"3－报核前"，二是由"2－出口前"变更为"3－报核前"，三是如果为"报核前"就不能变更为"备案"或"出口前"。

例500. 在填写"通关手册备案"基本信息时，"限制类标识"一栏应该怎样填写？

答：敲空格键即可调出相应代码，选择"2 调整后新手册"。

例501. 做"通关手册"和"备案资料库"的录入操作时需注意哪些事项？

答：（1）没有用"回车键"确定，每项输入都要按回车确认，直至看到有录入记录在表中。

（2）录入信息时，多用"空格"或"代码"来做选择。

（3）要输入小数点的时候，不要打开任何输入法的全角来录入内容。

例 502. 在填写"通关手册备案"基本信息时，"台账银行"一栏应该怎样填写？

答：企业填写企业自己相应的"台账银行"，按"空格键"可选择相关内容，如果企业的"台账银行"是中国银行，就填写中国银行，不要填写"纸质台账"。企业填写企业自己相应的"台账银行"，按"空格键"可选择相关备案银行，中国银行或工商银行。不能选择"纸质台账"。

例 503. 通关手册委托代理报关行报关时，需每次都进行授权吗？

答：未给予代理报关企业进行授权的，需要进行授权。已授权过的企业，只要授予的权限没有删除，则无须重新授权。

例 504. 加贸权限管理中的"企业间/内授权"信息能否修改、删除？

答：加贸权限管理中的"企业间/内授权"信息可以修改、删除。

例 505. 备案资料库备案时如何确认管理对象是经营单位还是加工单位？

答：当经营单位和加工单位不是同一单位时，系统会根据录入卡自动识别返填加工单位企业名称，并默认为管理对象，此处一定要注意。

例 506. 企业有多个备案资料库时在备案通关手册时如何选择？

答：通关手册的基本信息表各项录入完毕后，点击"暂存"，然后在"通关手册备案界面"按钮栏上点击"备案资料"按钮。如果企业只有一个备案资料库，则该资料库中的所有料件和成品将自动添加至料件和成品表下方的备案资料表中；如果企业有多个备案资料库，则会弹出已审批通过的备案资料库列表，点击"选择"后，该资料库中的所有料件和成品将自动添加至料件和成品表下方的备案资料表中。

例507. 使用电子化手册的企业在异地进出口货物时是否需要办理分册?

答:不需要。根据以下实际情况办理业务:如果异地口岸已使用QP4.0预录入系统,可以通过授权的方式直接申报;如果异地口岸没有使用QP4.0预录入系统,则企业需要自行打印通关手册到主管海关盖章后办理异地报关。

例508. 电子化手册中的"导入"与"导出"功能有何用途?

答:"导入"功能主要应用于通关手册的报核环节,用来提取手册已实际进出口的报关单数据。"导出"功能则可以将备案资料库和通关手册的商品信息导出EXCEL表格,保存在本地查询及核对。

例509. 电子化手册通关手册的料件表和成品表中,选中表体某项商品,右键菜单提供"恢复审批数据"的功能,该功能有何用途?

答:如变更的料件或成品只是暂存未申报或者申报后被退单,点击该商品项"恢复审批数据"功能,系统可将该项数据恢复成暂存前或申报前的状态。

例510. 电子化通关手册料件表和成品表的表体中,右键菜单有"删除一条记录"和"删除审批记录"的功能,有何作用?如何使用?

答:"删除一条记录"表示可以删除该条未申报或海关已退单的数据。"删除审批记录"表示可以删除该条海关审批通过的数据,但该功能不对企业开放,海关已审批的数据企业端无权作删除。

例511. 用报关行的卡录入、申报的备案资料库和通关手册,能否由该报关行直接再授权给其他报关行?

答:不可以。报关行为代理申报企业,无备案资料库和通关手册的调用和操作权限。

二、数据变更的相关问题

例512. 我公司进行备案资料库变更时,发现"计量单位"这一项之前可以修改,但现在为灰色,且不可修改。应该如何处理?

答:当备案资料库状态为"退单"或"暂存"时,您需要先查找备案资料库,点击界面上的"修改"按钮,才能对内容进行更改。

当状态为"审批通过"时,您也需要查找到备案资料库后,点击"变更"按钮,才能对内容进行更改。

例513. 我公司进行通关手册备案或变更时,原先共备案了20项成品,但登录预录入系统4.0查看后,发现成品第10项之后的数据都看不到了,手册当前状态为"审批通过",应如何处理?

答:请您与主管海关联系,确认该手册内成品条目数量,如果与QP系统显示数量一致,则企业变更该手册,增加剩余成品再次申报;如果与QP系统显示数量不一致,则请您致电数据中心客服热线010-95198,申请进行技术处理。

例514. 我公司在查看备案资料库时,发现查询列表里有两条一样的备案资料库记录,而且我们无法做备案资料库的变更,应如何处理?

答:该问题是由于备案资料库上次审批时,系统出现异常导致的。请您致电数据中心客服热线010-95198,申请进行技术处理。

例515. 企业海关注册名称变更后是否影响手册业务?具体的变更流程是什么?

答:影响手册业务。QP电子化手册系统不提供变更加工单位海关名称的功能,企业如需修改加工单位名称栏内容,要按以下流程申请办理:

(1)企业联系主管海关发函至数据分中心;
(2)数据分中心向数据中心转函;
(3)数据中心后台修改数据;

(4) 企业端申报变更；

(5) 联系海关审批通过后完成。

例516. 变更手册中的海关10位编码如何办理？

答：(1) 企业到海关企管部门重新备案并到数据分中心变更重新制卡；

(2) 企业找主管海关变更海关10位编码；

(3) 企业联系主管海关发函至数据分中心；

(4) 数据分中心向数据中心转函；

(5) 数据中心后台修改数据。

例517. 当备案资料库审批通过后，想对备案资料库数据进行变更，该怎样操作？

答：到"备案资料库查询"中查询审批通过的备案资料库，选择这条数据，按查询窗口下的"变更"按钮进入变更界面，对"备案资料库"的数据进行变更。

例518. 备案资料库审批通过后，要修改料件或成品的商品名称，要怎样操作？

答：备案资料库审批通过后，是不能变更商品名称的，只能在变更的界面新增一条正确的记录后再申报，然后让海关审批。

例519. 要变更"通关手册"里的料件或成品的商品编码，应该怎样操作？

答：要先变更"备案资料库"料件或成品的商品编码，"备案资料库"审批通过后，再变更"通关手册"中的料件或成品的商品编码。如要变更"通关手册"中第1项料件的商品编码，"记录号"为5，即"通关手册"第1项料件是调用"备案资料库"的第5项料件，就要先变更"备案资料库"中的第5项料件的商品编码，申报后且审批通过了，才可以变更"通关手册"中第1项料件的商品编码，否则，直接变更手册的商品编码后，申报后会出现系统退单，显示"超过备案资料库"的退单原因。

三、状态异常、错误提示集锦

例520. 我公司进行无纸化手册的通关手册变更或者备案时被退单，提示"电子手册正审核，无法接收初审数据"，应如何处理？

答：请您先联系主管海关确认该手册是否仍处于待审状态，如果是待审状态，则请海关进行审批；如果不是待审状态，请与数据中心客服热线010－95198联系，申请进行技术处理。

例521. 我公司进行通关手册备案或变更时，发送数据后企业端显示"成功入海关库"，企业与海关确认已经审批通过了，应如何处理？

答：如果海关刚刚审批通过，请您耐心等待。如果长时间仍未收到海关回执，请您与数据中心客服热线010－95198联系，申请进行技术处理。

例522. 我公司进行通关手册变更时，发送后被退单，提示"超出备案资料库"。我们查询到调出的资料库不是本企业的，应如何处理？

答：请您将正确的备案资料库号码、企业海关10位编码、手册内部编号、手册号提供至数据中心，由技术人员进行处理。

例523. 我公司进行通关手册备案或者变更时，发现状态一直是"成功入海关库，联系海关"，但海关看不到企业信息，应如何处理？

答：请您与该电子手册的主管海关联系，由主管海关联系海关总署信息中心，确认手册的状态。

例524. 通过手册变更，在暂存时提示错误，内容为"PRE_PTS_EMS_HEAD：0：DECLARE_CODE：数据越界（10）"，应如何处理？

答：这是因为企业的海关10位编码处于双号并存状态，造成暂存报错。请您前往当地数据分中心制卡窗口，将暂不使用的海关编码删除后再次操作（该海关编码在需要的时候可再添加）。

例 525. 我公司进行备案资料库变更时,新增加第 5 项料件,申报后被退单。退单提示"数据已存在,不允许变更",应如何处理?

答:请您联系主管海关查询在海关系统内该备案资料库第 5 项料件是否存在。如存在,请您联系数据中心客服热线 010 - 95198,申请进行技术处理,技术人员将第 5 项料件的处理标识修改为"修改"后,企业重新向海关申报即可。

例 526. 我公司进行通关手册备案或者变更时,企业端显示状态为"入数据中心库失败,数据中心处理结果,当前接收不符合逻辑",应如何处理?

答:此问题多是因为您在上次申报数据海关尚未审批时又再次申报数据。请您联系数据中心客服热线 010 - 95198,申请进行技术处理。

例 527. 企业进行手册变更申报后被退单,系统提示"无此加工企业代码/加工企业未年审",该怎么办?

答:此情况一般是企业在海关注册超期或被布控。请企业联系注册地海关查询处理。

例 528. 企业在无纸化手册录入过程中将某项料件或成品误修改,处理标识变成"修改",该如何恢复?

答:在料件或者成品列表里面,点击选中该料件或者成品信息之后,点击右键,再点击"恢复审批记录",就可以恢复到上次审批的记录。

例 529. 企业进行无纸化手册报核时,提取报关单不完整,是什么原因?该如何处理?

答:(1)主要有两种原因:
①该报关单不是在 QP 系统中申报的;
②该报关单由于申报时间较早,已被数据中心进行了数据清理。
(2)处理方法:
①如果数量较少,请企业手工录入即可;

②如果数量较大，请企业联系数据中心客服热线 010-95198 处理。

例 530. 企业调用无纸化手册录入报关单时，法定计量单位无法调出且呈现灰色不可填写，是什么原因？

答：一般是由于此商品编码的《税则》变更后，手册没有变更。变更备案资料库、无纸化手册后，再报关即可。

例 531. 企业在做备案资料库或通关手册的备案操作时，料件表和成品表的"规格型号"字符太长不能保存，该怎么办？

答：系统中企业料件表和成品表的"规格型号"栏只能填写 50 个字符。请企业与当地海关加贸业务部门沟通，并在"规格型号"栏尽量填写，然后在"备注"栏内填写"规格型号详情请见附件"，这里的附件是纸制的，在海关审批时，一起交上附件去审批即可。

例 532. 企业在做备案资料库或通关手册备案申报后，状态为"成功入海关库"，但当地海关收不到企业的备案资料库资料，是什么原因？该怎样解决？

答：这可能是因为用户在备案资料库或通关手册备案的"主管海关"一栏中填写错了海关代码造成的。请企业重新做一个资料库备案后，再重新申报即可。

如果确认主管海关没有填写错误，请企业联系数据中心客服热线 010-95198 查询。

例 533. 在"通关手册备案"中，表头"批准文号"一项，填写完后，回车到料件表，做"暂存"时，系统会出现"数据越界（20）"的错误提示，为什么会出现这样的错误？应该怎样填写？

答：此项只能填写 20 个字符，中文占两个字符，标点符号数字英文占一个字符，如用输入法全角输入，也是占两个字符。如果"批准文号"超过 20 个字符的就要缩短批文号的内容。

例534. 在通关手册备案查询中查询出已审批的通关手册，查看手册明细时，不小心点击了"暂存"按钮，状态显示此手册为暂存状态，那会不会影响手册通关？

答：不会影响，因为海关系统已默认此手册审批通过，暂存数据只会在数据中心有储存，只要不在系统中再次申报此暂存数据，数据就不会发往海关，所以此手册仍可以作报关申报。

例535. 企业在做通关手册备案申报时，系统自动退单，而且显示一个手册编号，但这个手册编号是一个以HS开头的资料库备案的编号，而且它的退单原因是"资料库类型错误，没有填写加工生产能力"，遇到这样问题该怎样解决？

答：出现这个问题的原因是企业做通关手册备案时，填写"基本信息"表中的企业内部编号，填写了之前做过的备案资料库中"基本信息"表中的企业内部编号，导致申报数据有错。一般企业内部编号有重复数据填入的时候，会显示"此数据已存在，请修改相应的企业内部编号"的错误提示，且不能暂存，但不知何原因，偶会出现上述情况。（做资料库或通关手册备案操作的时候，企业内部编号不能重复填写，要是唯一的标识。）

例536. 在填写"通关手册备案"基本信息时，"经营单位"自动返填与加工单位一致，暂存数据后，想修改此项，修改不了，应怎样操作？

答："经营单位"一栏，如果要修改需要在未暂存手册备案数据时做修改，手册的经营单位与加工单位不一致时，就要对"经营单位"一栏进行修改。

例537. 在做通关手册报核时，做完基本信息，暂存后，按"导出"，出现导出的报关单的明细数据与基本信息的显示的报关单份数不一致，怎么办？

答：选择报关单列表任意一条数据再重新按"导入"，此时明细与基本信息的报关单份数就会一致。

第四章 加工贸易项目常见问题

例538. 无纸化手册料件表中的"征税比例"栏目以前可以录入内容，现在是灰色的，无法录入任何数据，是什么原因？

答：该栏目现在已经作废，企业无须填写。

例539. 企业变更无纸化手册商品规格型号，右击"重新归类"，系统提示"请先录入商品信息"，是什么原因？

答：企业手册中此项商品的商品编码只有8位，附加编码为空，需要先把商品编码录全才可。

例540. 企业插卡登录QP改进版系统，无纸化手册模块是灰色，是什么原因？

答：QP改进版系统做了权限控制，若该卡没有无纸化手册权限即显灰色。

例541. 新手册备案，海关已经开出台账，但是台账状态一直停在已发送至电子口岸，银行无法接受台账信息，该怎么处理？

答：这是因为台账信息没有经数据中心传至银行，在台账信息上，记录着企业的手册号、手册内部编号、海关10位编号、台账银行，此情况请联系数据中心客服热线010-95198查询处理。

例542. 新手册备案，海关已经开出台账并且企业已在银行交台账，但是报关时退单提示"台账未登记"，这是什么原因？

答：这是因为企业已交台账的信息没有发送到海关，在台账信息上，记录着企业的手册号、手册内部编号、海关10位编号、台账银行，此情况请联系数据中心客服热线010-95198查询处理。

例543. 新手册备案申报之后被退单，系统提示"某项成品或者料件未备案不允许变更"，发现此项商品的处理标识变成"修改"，该如何处理？

答：这是因为此项商品的数据修改过的状态变成了"修改"，可以联系数据中心改成新增状态再申报即可。

例 544. 表头单耗申报环节填报"出口前",成品表中单耗申报状态为"企业申报",还可以修改单耗吗?

答:不可以。一旦单耗申报状态为企业申报,即不允许修改单耗了。

例 545. 无纸化手册报核时,单耗表录入单耗处理标识默认为"修改",且不可变更,是什么原因?

答:手册报核时单耗表只需要录入单耗变更的单耗,所以系统默认处理标识为"修改"。

例 546. 无纸化手册备案或者变更时被退单,系统提示"成品××超过备案资料库,料件××超过备案资料库,加工企业代码与批准证不符,加工企业名称与批准证不符",该怎么处理?

答:一般是因为调用的备案资料库不是本企业的。如果是手册备案,可以重新录一本手册;如果是手册变更,请联系数据中心客服热线 010 - 95198 处理即可。

例 547. 录入报关单,系统提示"无权调用该手册",该怎么办?

答:预录入预录报关单前,需要先取得该本手册的操作权限。此工作分两步进行:

(1)管理对象先进行企业间手册授权将操作权限授予代理单位;

(2)被授权单位再进行企业内手册授权将操作权限授予本单位操作员。

确保企业进行了以上两步操作,且输入的相关信息(授权企业代码、手册号等)无误。

例 548. 备案资料库中的商品没有备案规格型号,录入无纸化手册时调用出的商品规格型号灰色,无法修改,该如何处理?

答:右击"规格型号"→"重新归类",修改规格型号即可。

例 549. 企业进行无纸化手册备案时,规格型号录完后,发现里面有很多分号,这是怎么回事?

答：商品规格型号各要素间用分号分开，若某一要素不录入就会显示几个分号连在一起。

例550. 企业备案进料加工手册，入海关库生成的手册和海关审批后得到的手册号不一致，是否有问题？

答：入海关库后系统会自动生成一个预录入号，预录入号只是一个暂时号，供您联系海关审批时用。海关审批通过之后会给您一个正式手册号，后续业务均使用正式手册号。

例551. 无纸化手册报核，海关结案后又取消结案，手册再如何修改？

答：企业在QP系统已经无法作任何操作，只能在海关系统修改。

例552. 通关手册的管理对象成功进行了企业间授权，代理报关企业在企业内授权时系统仍无法对该手册的数据进行授权？

答：如果确认已完成企业间授权，超过一天仍然无法操作企业内授权的，可联系数据中心查明原因。

例553. 通关手册变更被退单，退单原因"第3项料件退单，超过备案资料库"，该怎么办？

答：这是由于该项料件未在备案资料库中备案所致，新增商品时需在备案资料库中先备案，待审批后再在通关手册中进行备案。

例554. 备案资料库备案经海关审核通过后，使用管理对象的操作员卡查询时，系统提示"无法获取企业海关十位编码"，是什么原因？

答：有两种可能性：
（1）管理对象企业制卡时未备案海关端信息；
（2）备案的海关信息未审批通过。

例555. 备案资料库数据已被海关删除，但在用户端QP系统上仍显示"海关审批通过"的状态，是什么原因？

答：海关删除数据后不会将删除回执发送到电子口岸，因此企业端状态不会改变。

例556. 通关手册报核被退单，系统提示"料件第一项商品实际进口数量为0，成品实际出口数量为0"，该怎么办？

答：电子口岸系统并无"料件实际进口数量"和"成品实际出口数量"栏目。因此出现以上退单问题，用户需要联系海关查询原因。

例557. 通关手册申报变更后被海关电脑审核退单，系统提示"单耗申报状态为已申报或已核定的成品对应的单耗不能修改"，该怎么办？

答：由于通关手册中的成品或料件对应的单耗处理标识变成"修改"，导致已进出口过的商品单耗不能进行修改。需数据中心恢复处理标识为"不变"。

例558. 企业申报通关手册备案/变更数据后，主管海关根据企业递交的纸质单证，即在QP系统打印的手册表头数据中"备案进口总额"一栏与海关系统的电子数据不符，人工给予退单，主管海关要求企业咨询电子口岸原因，该如何处理？

答：QP系统企业端的手册表头中"备案进口总额"一栏与海关端查询到的数据不是同一数据值，海关系统中显示的总额为该本手册发生实际进口的累计金额，而电子口岸企业端数据为企业新增录入数据。因此该情况非电子口岸数据传输异常，企业应向主管海关说明情况并重新申报数据申请审批。

例559. 备案资料库备案被退单，系统提示"没有批准证编号"，而备案资料库编号在企业端显示的却是手册号，该怎么办？

答：该情况建议企业重新录入申报备案资料库数据。

例560. 通关手册多次申报变更都被退单，系统提示"入数据中心库失败，审核结果：处理失败，当前申请不符合接收逻辑"，该怎么办？

答：企业可以自查变更的内容中是否含有空格、回车等特殊字符；也可填写处理单联海关总署数据中心查询处理，待其将空格、回车等删除后再重新申报。

第四节　内销征税管理

加工贸易内销征税管理系统以加工贸易企业已备案的加工贸易手册、电子账册、电子手册为数据基础，通过手工录入或全自动导入方式方便、高效地调取企业手册（账册）中已备案的归并前（料号级）、归并后（项号级）数据进行内销数据的备案申报。主管海关通过 H2010 系统对企业内销数据进行审核，从而实现企业内销业务信息化和海关内销征税审核的规范化，有力提高了企业内销申报业务和内销通关业务效率，降低了企业内销业务成本。

一、内销征税业务常见问题

例 561. 加工贸易内销分为哪几个种类？

答：加工贸易内销分为：折料件内销、边角料内销和成品内销三种。

（1）折料件内销：加工生产企业生产出的成品（一般为残次品、半成品等）折算为料件后改为在国内销售。

（2）边角料内销：加工生产企业在生产过程中剩余的、没有完全消耗掉且无法再用于加工成该合同中成品的料件改为在国内销售。《中华人民共和国海关法》相关条例将边角料内销的概念表述为：加工贸易企业从事加工复出口业务，在海关核定的单耗标准内、加工过程中产生的、无法再用于加工该合同项下进出口制成品的数量合理的废、碎料及下脚料。

（3）成品内销：成品不复出口，改为在国内销售。

例 562. 加工贸易内销征税业务，必须基于什么进行操作？

答：必须基于电子账册、电子手册、无纸化手册、加工贸易手册进行操作。

内销征税是指企业在加工贸易活动中保税进口的料件及加工的成品等，因故不能出口，改为在国内销售时，海关对内销的上述产品征收关税、进口环节增值税等的行为。因此只有加工贸易企业才能进行内销征税，而加工贸易企业必须通过上述账册、手册进行通关业务操作，所以内销征税也必须基于上述手册、账册进行操作。

例563. 加工贸易内销征税联系单的编码规则是什么？

答：手册或账册号码＋N＋流水号（例：E37106000014N0002）。

例564. 加工贸易内销征税中，申报单与联系单的区别和联系是什么？

答：申报单与联系单为同一票数据，进行初次录入及申报等操作时称为申请单，海关审批通过之后称为联系单。

例565. 加工贸易内销征税的统一编号是几位数字，编码规则是什么？

答：加贸内销征税的统一编号是18位数字，手册或账册号码＋P＋流水号（例如：E37106000014P0001）。

例566. 电子账册料件做内销业务，应录入进口清单还是出口清单？

答：应录入进口清单。

例567. 无纸化手册录入内销征税联系单项号级还是料号级？

答：无纸化手册企业做项号级数据录入。

二、系统操作常见问题

例568. 加工贸易内销征税数据申报后，需要经过哪几个步骤？

答：需要经过入海关库、电子审核、人工审核三个步骤：

（1）入海关库：说明H2010成功接收申报单数据并已成功入库。

（2）电子审核：海关入库成功后，申报单数据转为海关电子自动审核，如果审核通过，系统反馈"电子审核通过"回执，并转入人工审核；如果审核未通过，则反馈"电子审核退单"回执。

（3）人工审核：电子审核通过后，申报单数据将转入人工审核，如果审核通过，系统反馈"人工审核通过"回执；如果审核未通过，则反馈"人工审核退单"回执。

例569. 我公司进行内销征税联系单录入时，手册中商品有法定单位，但是录入内销征税联系单时调不出法定单位，是什么原因？

答：这是因为该商品的《税则》已经发生了变更，但该手册中还是旧编码或者旧的法定单位。请您变更无纸化手册后再录入内销征税联系单。

例570. 怎样利用内销征税联系单，进行报关单的录入？

答：在报关申报系统中的报关单预录入界面"随附单证"栏内，录入内销征税联系单编号，系统可调取联系单内容，如图4-30所示。

在报关单表体输入项号后，系统自动将联系单表体内容返填到报关单表体，且不能修改。

例571. 料号级申报单如何录入？如何生成项号级申报单？

答：请您根据已经备案的账册/手册号，调出该账册/手册中的料号级商品数据，进行内销征税申报清单的录入及申报。

内销征税申报清单申报时，系统根据账册/手册的归并关系将料号级申报清单归并为项号级申报单，然后由企业向海关申报项号级申报单。

例572. 我公司进行电子手册边角料内销录入清单时，边角料没有在手册中备案，该如何调用？

答：当您将贸易方式选择为边角料内销后，就可以手工录入商品，不

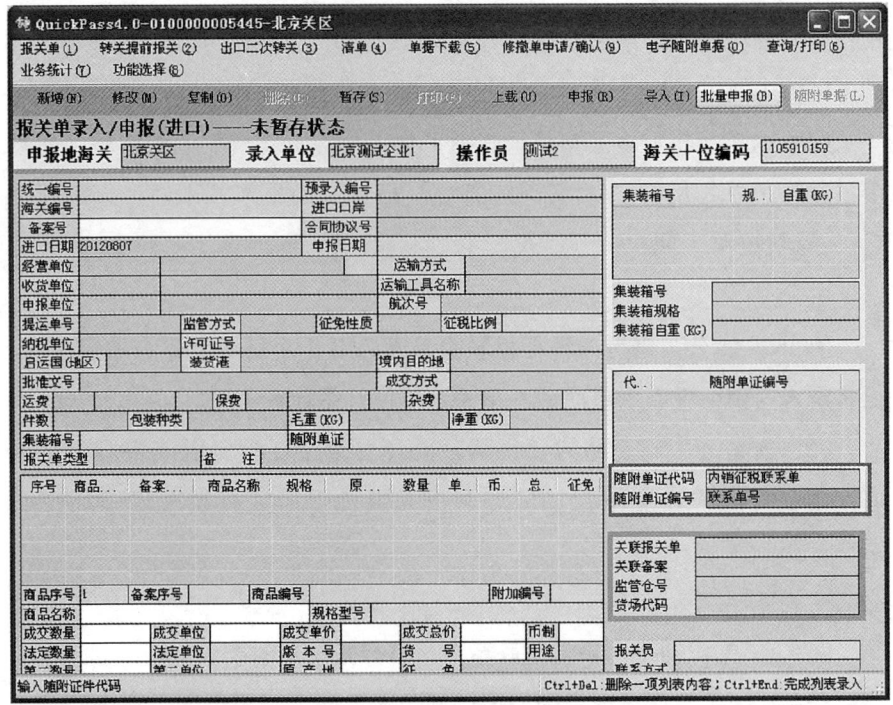

图 4-30　利用内销征税联系单录入报关单

需要从手册中调用。

例 573.　进行电子账册内销征税申请表录入时有哪些注意要点？

答：（1）纸质手册要使用加工贸易系统中的数据下载，进行手册下载。尤其注意，下载时要使用企业操作员卡，在代理预录入企业栏中填入预录入单位组织机构代码。

（2）无纸化手册、电子手册不需下载，直接进入内销征税系统进行申请表备案即可。

（3）使用报关行版或第三方电子账册系统的，需使用备案数据下载进行账册的下载。

（4）当录入内销征税申报单的内销种类为边角料内销时，在表体录入时，应根据此边角料所消耗的商品来选择项数，且此项边角料备案的数量不能超过此项商品在手册中的备案数量。

例 574. 内销征税系统是否可以操作成品内销的业务？

答：不可以。目前加工贸易内销征税管理系统只提供了"0245 来料料件内销"、"0644 进料料件内销"、"0844 进料边角料内销"及"0845 来料边角料内销"四种料件内销的监管方式，目前无成品内销的监管方式。成品内销业务目前仍按原有模式办理。

例 575. 电子账册如何录入内销征税联系单？如何报关？

答：报关行版电子账册在做内销征税联系单之前，首先要下载账册数据，当出现电子账册备案数据下载成功的提示时，说明数据已成功下载，可以做内销征税该单，该单在海关审核通过后，即可报关。

电子账册内销征税报关方法：企业直接进入到报关单的录入界面，在备案号中输入电子账册编号，补充完报关单表头后，企业在备案序号中录入要内销的商品项，然后修改该商品的明细，同时录入单价数量等（注意和内销联系单保持一致）。随附单证选择加工贸易内销征税联系单，随附单证号录入内销征税联系单号，在检查无误后向海关申报。

例 576. 申报内销征税的手册如何完成授权？

答：手册为纸质手册（B、C 手册）的，使用用户操作员卡进入 QP 系统"加工贸易"栏目，进行手册的下载和授权，下载的同时完成授权；对于 E 账册或者电子化手册，请使用企业法人卡进入 QP 系统"加贸权限管理"子系统进行授权。

例 577. 在一份内销征税联系单内，一个备案序号的原产国与单价不相同的，能否录入多项？

答：同一份联系单内，同一个备案序号只能录入一项商品。

例 578. 内销征税联系单申报后，哪些状态下可以进行修改变更？

答：（1）企业录入申报内销申报单后，只有被电子审单退单或者人工审单退单的，可以进行修改，且只能修改被退单的商品项目。

(2) 内销联系单人工审单通过后，尚未录入报关单的可以进行变更。

例579. 系统中的"联系单"号，是何时生成的？

答：企业第一次做备案，并由海关进行人工审批通过后，系统将返填（生成的）内销联系单号。

例580. 内销征税联系单是否需要海关人工审核？

答：需要。内销征税联系单分两步审核，首先由 H2010 逻辑校验电子自动审核，再由现场海关关员审核。

例581. 怎样利用内销征税联系单，进行报关单的录入？

答：在报关申报系统中的报关单预录入界面"随附单证"栏内，录入内销征税联系单编号，系统可调取联系单内容。

在报关单表体输入项号后，系统自动将联系单表体内容返填到报关单表体且不能修改。

例582. 内销征税系统中"联系单下载"功能是何用途？为什么企业端下载后无法在本地系统查找到数据？

答："联系单下载"是指将数据从数据中心端服务器下载到 QP 端服务器，下载成功的数据只能在 QP 系统中调取查看。

三、错误提示集锦

例583. 我公司申报内销补税联系单时，退单提示"缓税利息计算错误"，该怎么办？

答：您需要在备注栏填写"活期"两个字，如图 4-31 所示。

例584. 我公司申报内销征税联系单时，退单提示"法定单位不正确"，但是联系单上法定单位确实是《税则》规定单位，是什么原因？

答：这是由于您企业的手册或者账册备案的法定单位不是《税则》规

第四章
加工贸易项目常见问题

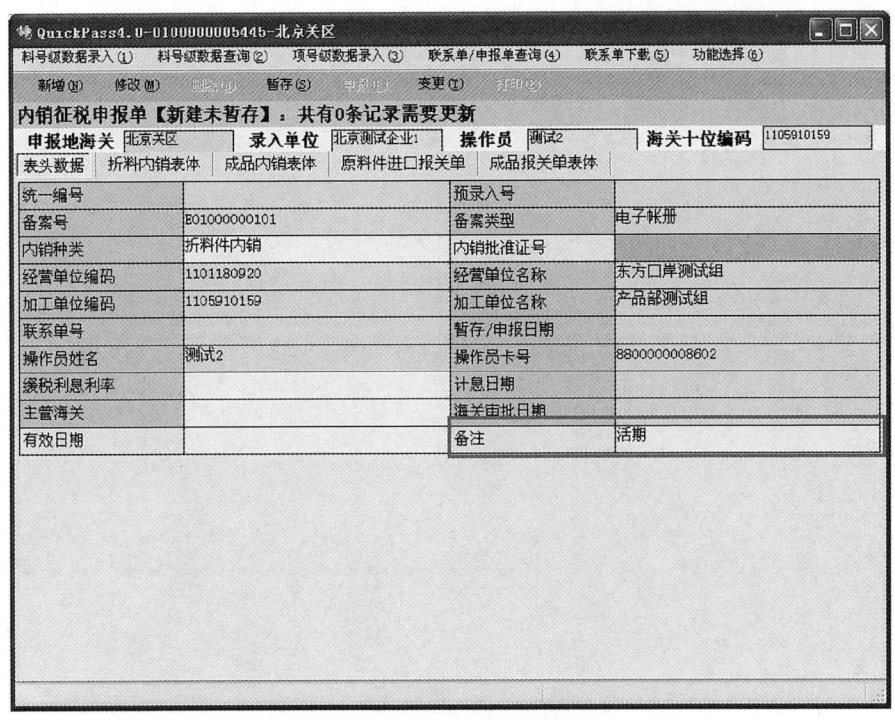

图 4-31 缓税利息计算错误解决办法

定的单位,请变更手册或者账册。

例 585. 我公司申报内销征税联系单时,退单提示"同一料件项号中原产国重复",该怎么办?

答:这是由于一份内销征税联系单同一项料件录入了两次所致,如图 4-32 所示。出现此情况需要删除一条料件数据,或者分两票内销征税联系单录入。

例 586. 企业做内销申报单申报后,状态长时间处于"申报发往数据中心",但其他单均无异常,该如何处理?

答:一般情况下是由于内销申报单录入环节含有异常(如回车等)字符所致,企业需要联系数据中心客服热线 010-95198,由技术人员处理。

例 587. 企业的内销征税联系单表头数据申报审批后,"缓税利息利

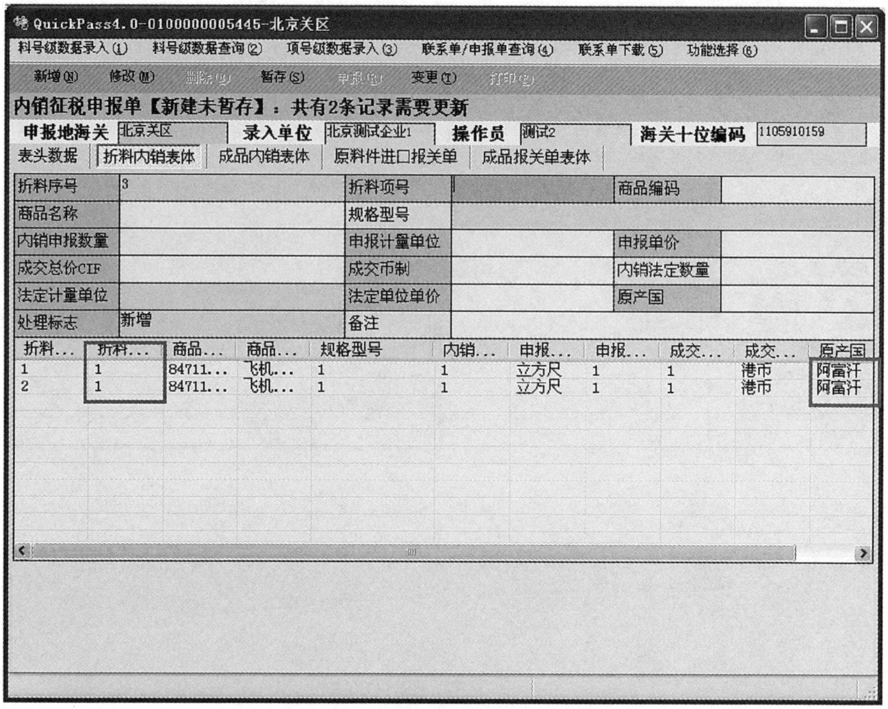

图4-32 同一料件项号中原产国重复原因

率"栏自动生成"活期",无法进行修改,是什么原因?

答:"缓税利息利率"项为不可填项。项号级数据经海关审批通过后,由系统自动返填该字段。分别有"贷款"和"活期"两种利率。

例588. 申报单被退单后,企业将退单商品项作了删除操作,但删除的商品在系统中仍有显示,且处理标识为"删除",是什么原因?

答:处理标识为"删除"的表示该项商品已被删除成功,已删除的商品在系统中不会清空,该情况属系统正常情况,不影响企业继续操作该份申报单。

例589. 企业在做电子化通关手册申报内销征税申报单时被退单,系统提示"商品法定单位与备案时不符",该怎么办?

答:通关手册备案的商品法定单位需与海关系统参数保持一致。企业需要变更通关手册数据后,再申报内销征税申报单即可。

例590. 企业的内销征税申报单一直为入海关库成功,但长时间无海关电子审核回执,是什么原因?该怎么办?

答:内销征税申报单入海关库后在36个小时内进行电子审核均属正常。如超过36小时仍未通过电子审核的,企业可联系数据中心客服热线010-95198查询处理。

例591. 企业在做内销征税联系单时被退单,系统提示"账册首次进口日期为空",该怎么办?

答:这是由于联网监管电子账册"首次进口日期"字段为空导致退单。企业需联系主管海关变更电子账册(将进口日期字段补录),同步数据到电子口岸,再重新下载账册数据后,录入申报内销征税联系单即可。

第五节 深加工结转

加工贸易深加工结转是指加工贸易企业加工生产的成品、半成品不直接出口,而结转给下一家加工贸易企业进行再加工后出口的加工贸易业务。

深加工结转系统实现了加工贸易深加工结转的新管理模式,体现了"网上备案、动态监控、分别报关、自动对碰、重点核查"的特点和要求,实现了结转申报表审批备案和结转收发货单的自动备案,以及相关的逻辑检控、预警、分析、统计、评估等功能。企业可随时通过电子口岸向海关申请深加工结转,并在规定的期限内及时向海关申报收发货情况;海关能够及时掌握企业结转的动态情况,对结转企业、手册、商品开展重点核查。

一、深加工结转业务常见问题

例592. 深加工结转的报关步骤是什么?

答:深加工结转的报关步骤如下:

(1)转出企业在转出地海关申领海关加工贸易保税货物深加工结转申报表,填写本企业的相关资料并加盖企业印章后,与加工贸易登记手册、购销合同或协议一并交转入地海关办理结转申请手续。

(2)转入地海关对企业递交的海关加工贸易保税货物深加工结转申报表、加工贸易登记手册和购销合同或协议与转出地海关传输的结转内容进行核对;确认无误后,根据结转给企业的实际情况签注是否同意分批发送货物的意见,办结审批手续后,将海关加工贸易保税货物深加工结转申报表第二联留存,第三、四联交企业凭此办理结转报关手续。

(3)企业按海关加工贸易保税货物深加工结转申报表内容进行实际送货后,凭双方加工贸易登记手册、海关加工贸易保税货物深加工结转申报表第三、四联和购销合同或协议统一在转入地海关办理形式进出口手续,即转出企业报出口,转入企业报进口,分别进入出口和进口报关程序。

例593. 深加工结转业务如何分类?其主要区别是什么?

答:深加工结转分为出口加工区货物深加工结转和一般保税货物深加工结转两种。

两者的主要区别在于:出口加工区内企业只能作为转出方,而一般保税货物深加工结转企业既可以是转出方,也可以是转入方。

例594. 结转申报表与企业及手册的对应关系是什么?

答:(1)一份结转申报表对应一个转出企业和一个转入企业;

(2)一份结转申报表对应转出企业一本手册(包括电子账册、电子手册、无纸化手册和加贸手册),转入企业也只能对应一本手册。

例595. 同一个企业两本手册能否做深加工结转?

答：不能，深加工结转必须是两个企业之间的结转。

例 596. 一份结转进口报关单可以对应多份结转出口报关单吗？

答：不可以。一份结转进口报关单对应一份结转出口报关单，两份报关单之间对应的申报序号、申报表编号、价格、数量（或折算后数量）应当一致，报关单所填写的关联手册号及关联报关单号应相互对应。

例 597. 深加工结转申报表和申报表有何区别？

答："申报表"即为"深加工结转申报表"。2014 年，系统将"深加工结转申报表"修改为"申报表"。

例 598. "深加工结转申报表"的审批顺序是什么？

答：（1）一般保税货物深加工结转：需要转出地海关先审批，待审批通过后转入地海关才能审批。

（2）出口加工区货物深加工结转：需要转入地海关先审批，待审批通过后转出地海关才能审批。

例 599. 办理深加工结转报关手续有何规定？

答：（1）转出、转入企业根据结转申报表电子数据可以逐批或者多批次合并办理报关手续。每批结转货物实际收货后，转入企业应当在 40 日内办理该批货物的申报手续。

（2）转入企业根据实际收货情况，在转入地海关办理结转进口报关手续，并将报关情况通知转出企业。

（3）转出企业自转入企业申报结转进口之日起 10 日内，向转出地海关办理结转出口报关手续。

例 600. 电子化手册和纸质手册之间能否进行深加工结转业务？

答：电子化手册和纸质手册之间可以进行深加工结转业务。

例 601. 结转申报表、收发货单、报关单中的商品，如何关联？

答：(1) 一个结转申报表，可以对应多个收发货单；

(2) 一票报关单只能对应 1 个结转申报表；

(3) 一个结转申报表可以对应多个报关单；

(4) 本次可报关的数量（申报表可报关剩余数量）＝实际收发货累计数量－已报关数量。

> 小贴士 本次报关的数量应该小于等于申报表可报关剩余数量。

例 602. 收发货过程中可以退货吗？

答：通常退货都是收货方提出的。如收货方决定退货，操作流程如下：

收发货单都审批通过，但还未报关，收货方录退货登记。审批通过后，发货方在备案数据下载中下载对应退货单，然后点开收退货登记，录完后申报审批。

个别情况，发货方录完发货单审批通过，收货方尚未录收货单时，发货方决定不出货，发货方可以进入发货单，点击"撤销"做撤销发货单操作。

例 603. 如何操作授予深加工结转的"代理预录入"权限？

答：深加工结转转出和转入都可以实现代理录入申报，用转出/转入企业的法人卡进入 QP"加贸权限管理"子系统，选择"代理预录入"模块，做"企业间代理预录入授权"，授予权限类别为"代理深加工结转/外发加工备案权"；报关行再使用法人卡对操作员卡授予"代理预录入"的"企业内代理预录入授权"。

二、系统相关表格表体及编号规则

例 604. 收发货单表体包括哪两部分内容？它们各自的属性是什么？

答：收发货单表体分为商品明细和归并后信息两部分：

（1）商品明细由企业录入，根据主管海关的要求，可按手册/账册的料号或 HS 编码录入收发货数据。

（2）归并后信息则只供企业查看，不能录入及修改。如果企业按料号录入商品明细数据，那么归并后的信息根据其归并关系自动生成归并后信息数据。无归并关系的手册/账册中，一条商品明细数据对应一条归并后信息数据，系统将归并后信息中的数据向海关发送。

例 605. 收发货单编号的规则是什么？

答：收发货单编号为 17 位，编号规则是：申报表编号（12 位）+收发货标识（1 位）+顺序号（4 位）。

例 606. 申报表电子口岸统一编号及申报表编号，是在什么条件下生成的？

答：（1）申报表电子口岸统一编号在申报表成功录入数据中心库后产生；

（2）申报表编号在申报表成功入海关库后产生。

例 607. 一般保税货物结转申报表的编号规则是什么？

答：一般保税货物结转申报表编号为 12 位，编号规则是 X（1 位）+年份（2 位）+顺序号（9 位）。

例 608. 出口加工区货物结转申报表的编号规则是什么？

答：出口加工区货物结转申报表编号为 12 位，编号规则是：P（1 位）+年份（2 位）+顺序号（9 位）。

例 609. 外发加工申报表的编号规则是什么？

答：外发加工申报表编号为 12 位，编号规则是：G（1 位）+年份（2 位）+顺序号（9 位）。

例 610. 申报表转入和转出前四位商品编码一致，后四位不一致，可以

做结转吗？

答：不可以做结转。转出转入申报表上的商品编码前八位必须一致。

例611. 深加工结转申报表和收发货单能否变更？

答：结转申报表审批通过后在收发货前可以变更，收发货单不能变更。

三、系统录入、申报相关问题

例612. 出口加工区货物深加工结转预录入的操作方法是什么？

答：出口加工区货物深加工结转只能作为转出方，一般保税货物不允许结转进出口加工区，其总体操作流程如下：

（1）转出企业在结转申报表转出备案界面后，录入结转申报表转出方数据，申报成功入数据中心库。

（2）数据中心入库成功，返回给转出企业结转申报表的电子口岸统一编号，转出企业将此编号通知转入企业。

（3）转入企业在备案数据下载界面根据电子口岸统一编号下载转出企业申报的结转申报表。

（4）转入企业在结转申报表转入备案录入界面根据电子口岸统一编号调出转出企业申请的申报表数据，录入结转申报表转入方数据并申报。

（5）转入企业申报的数据入数据中心库后，转出、转入企业申报的数据同时向海关转发，海关审批通过后，深加工结转申报表建立，返回给转出、转入企业结转申报表编号，结转企业可进行收发货操作。

（6）转出企业在收发货单的发货登记界面根据申报表编号调出结转申报表信息，录入转出方发货登记数据，并向海关申报。

（7）当转出企业发货登记被主管海关审批通过后，如果需要对此发货登记进行撤销操作，则转至（8）；如果不需要对此发货登记进行撤销操作，在收到卡口放行回执后则通知转入企业收发货单编号，转至（9）。

（8）查询到被海关审批通过（包括已过卡口和未过卡口）的发货登记，确认需要撤销此发货登记，点击"撤销"按钮，录入发货登记撤销原因，确认后发送发货登记撤销申请，海关审批通过后，发货登记撤销成功。

（9）转入企业在备案数据下载界面根据收发货单编号下载转出企业申报的发货登记。

（10）转入企业在收发货单的收货登记界面根据收发货单编号调出转出企业申报的发货登记，录入收货信息并向海关申报，海关审批通过后，此票收发货操作完成。

（11）转入、转出企业在报关申报系统内申报进、出口报关单。

（12）转入企业在退货单的退货登记界面根据申报表编号调出结转申报表信息，录入转入方退货登记数据，并向海关申报。

（13）当转入企业退货登记被主管海关审批通过后，如果需要对此退货登记进行撤销操作，则转至（14）。如果不需要对此退货登记进行撤销操作，则通知转出企业退货单编号，转至（15）。

（14）查询到被海关审批通过的退货登记，如确认需要撤销此退货登记，点击"撤销"按钮，录入退货登记撤销原因，确认后发送退货登记撤销申请，海关审批通过后，退货登记撤销成功。

（15）转出企业在备案数据下载界面根据退货单编号下载转入企业申报的退货登记。

（16）转出企业在退货单的收退货登记界面根据退货单编号调出转入企业申报的退货登记，录入收退货登记，并向海关申报，海关审批通过后，当出口加工区卡口放行后，此票退货操作完成。

（17）在结转申报表经海关审批通过后，企业如果需要变更申报表，可以在申报表查询界面查询出该票申报表，选中后点击"变更"按钮进行数据变更。

例613. 收发货单的数据录入及使用规范分别是什么？

答：（1）只有当申报表审批通过后，才能申报收发货单。

（2）一票申报表可以对应多票收发货单，一票收发货单只能唯一对应一票申报表。

（3）收发货单的货物申报数量不得超过申报表申报数量。

（4）当转入企业录入收货单前需要在系统的"其他功能"中的"备案数据下载"进行收（发）货单的数据下载，且收（发）货单此时必须审批通过。

（5）在发货单海关审批通过以后，收货企业进行收货登记（申报）前，发货企业可以对其申报的发货单进行撤销操作；在发货单海关审批撤销通过后，该次发货撤销成功。

例614. 我公司录入深加工结转报关单时，除需要按报关单系统的录入规范填制相关内容外，还需要录入哪些内容？

答：企业除按《中华人民共和国海关进出口货物报关单填制规范》录入报关单的相关内容外，对深加工结转的报关单还必须填写如下内容：

（1）随附单证代码：输入K（表示深加工结转）。

（2）随附单证编号：填写此报关单所对应的审批通过的结转申报表编号。

（3）关联备案号：录入此报关单所对应的转出（转入）企业备案的手/账册号。

（4）关联报关单号：仅在出口报关单中录入。录入所对应的进口报关单的报关单号。

例615. 系统中企业内部编号的录入要求是什么？

答：系统中的企业内部编号为必填项。由企业自行定义，只能包含大写英文和数字，同时还须保证在企业内部的唯一性。

例616. 结转申报表申报的数据流转是怎样的过程？

答：（1）转出企业先录入转出备案；

（2）转入企业下载转出申报表再录入转入备案；

（3）数据中心必须收到转出和转入两方面申报的数据后，才发往对应的海关进行审批。

例617. 加工结转收发货单的申报流程是什么？

答：（1）转出企业先录入发货单，申报发往转出企业所属海关审批；

（2）转出海关审批通过后，转入企业录入收货单，申报发往转入企业所属海关审批。

例618. 结转申报表的不同状态，对数据的影响有哪些？

答：（1）当转入企业申报的结转申报表转入备案数据状态为"成功入数据中心库"时，数据中心才将转出、转入双方申报的结转申报表备案，同时向海关审批系统转发；

（2）当状态为"成功发往海关"时，转出、转入企业才能看见对方的状态，否则只能看见本企业的状态。

例619. 发货单录错了，但是海关审批通过，该如何操作？

答：收货方在收货确认前，发货方可以进行发货单撤销操作。点击"查看明细"，"撤销"，输入撤销原因即可。

例620. 结转申报表录入使用什么卡？

答：结转申报系统需使用电子口岸IC卡进行录入操作。

结转申报表自理录入时需要使用转出企业、转入企业操作员卡分别录入。

委托代理企业录入结转申报表的，电子化手册（无纸化手册）、电子账册、电子手册需要进行相应手册的企业间、企业内授权后，代理企业方可录入。

例621. 结转申报表有效期多长？

答：一般保税货物结转申报表从转入地海关审核通过之日起生效，出口加工区保税货物从转出地海关审核通过之日起生效，有效期均不能超过对应转出手册的有效期或核销截止日期，逾期不能申请收发货和退货操作。

例622. 结转申报表转出方海关审批通过后，转入方限制在多长时间内审批？

答：对结转申报表转出方审批通过的，转入方需在3个月内进行审批。

例 623. 企业在录入申报表时，如果涉及的手册/账册是在 CS 系统里录入的，需在本系统中先操作什么？

答：录入申报表时，如果涉及的手册/账册是在 CS 系统里录入的，必须先在系统内的"备案数据下载"中下载相应的手册/账册。

例 624. 企业做结转备案申报表时，商品明细中无法调出转出手册/账册号，该怎么办？

答：企业备案深加工结转申报表时，在商品明细中无法自动调出账册号，可能是因为企业账册没有通过 QP 申报，而深加工结转只能在 QP 系统上使用，因此在申报转出/转入申报表的时候必须先进行备案数据下载。

例 625. 结转申报表的转出方海关和转入方海关都审核通过的申报表能否进行修改和删除？

答：如申报表删除必须符合以下条件：

（1）保税货物结转转出数据已审核通过，但转入数据未通过海关审核，由转出方海关删除；

（2）出口加工区货物结转转入方数据审核通过，但转出方未经审核，由转入方海关删除；

（3）结转申报表允许变更，但是只允许变更新增表体数据，不允许变更、修改已审批数据。

例 626. 企业的收发货单已经录入并且海关审批通过，但是数量录错了，该如何处理？

答：先做相应数量的退货登记和收退货登记，再重新录入收发货单即可。

四、错误提示集锦

例 627. 我公司下载发货单时，提示"转出企业的状态不满足下载条件，不能下载"，该怎么办？

答：有可能是因为发货方录入的发货单不是审批通过状态，或者发货企业录入的转入企业代码有误。

例628. 我公司的报关单被退单，原因是"……结转申报表超期"，但是申报表中没有有效期，该怎么办？

答：在海关的审批结转表界面，申报表有效期是必填项，在海关审核时可以修改，在审核通过环节确定该申报表的有效期，有效期默认为转出、转入方所涉及手册最短的手册有效期。如手册超期并已延期，则申报表也可以做相应的延期，在申报表查询菜单中查询到申报表后进行变更，海关审批通过即可。

例629. 我公司的申报表被退单，提示"转出企业有超期未报核手册，手册号×××"，该怎么办？

答：请您联系所属海关加贸科查询所列手册是否超期未报核。

例630. 我公司录入申报表时，转出备案被退单，提示"转出备案第×××项料件与转出备案的商品规格型号不一致"，该怎么办？

答：由于申报表中的料件规格型号都是由手册/账册中调出的，因此需要您修改手册/账册中的规格型号，使转入转出对应的规格型号保持一致。一般来说，规格型号都是自动调出的。

例631. 当转出企业申请了"结转申报表"备案数据后，转入企业收不到数据，是什么原因？

答：（1）当转出企业申报的结转申报表数据状态为"成功入数据中心库"时，转出企业须及时将"电子口岸统一编号"通知转入企业，转入企业下载后方可进行结转申报表转入备案。

（2）当转入企业申报的结转申报表转入备案数据状态为"成功入数据中心库时"，数据中心才将转出、转入双方申报的结转申报表备案，同时向海关审批系统转发。

（3）当状态为"成功发往海关"时，转出、转入企业才能看见对方的状态，否则只能看见本企业的状态。

例632. 企业申报结转申报表时被退单，系统提示"计量单位不一致，无换算标准"，是什么原因？

答：这是由于转出/转入的申报单位不一致被退单（如：转出的申报单位是"千克"，转入的申报单位是"个"）。按照结转业务规范，转出/转入企业的申报单位必须一致。

例633. 企业做深加工结转申报表时无法暂存，系统提示"转出申报企业名称数据越界"，该如何处理？

答："转出/转入申报企业"栏是系统自动读取企业电子口岸操作员卡中公司名称，如企业名称长度超过30个字符，需自行修改该字段，将公司名称长度控制在30个字符以内，再进行暂存、申报，或者委托代理预录入办理。

例634. 企业做收货单被退单，系统提示"收货日期小于申报表审批日期"，该怎么处理？

答：收货单的日期必须大于等于结转申报表的审批日期，企业可修改后重新进行申报。

例635. 企业做收货单暂存时系统提示"表头数据：错误的日期格式"，"转出企业填写"栏目的发货日期不能自动返填，该如何处理？

答：该情况是由于企业端时间/日期的设置格式有问题。企业可打开"控制面板"——"区域和语言选项"——"自定义"——"日期"——"短日期格式"应选为"yyyy－mm－dd"。

例636. 企业下载发货单，系统提示"转出企业的状态不满足下载条件"，不能下载，是什么原因？

答：这有可能是发货方录入的发货单不是审批通过状态，或者发货企业录入的转入企业代码有误。

例 637. 企业在录入完成表头、表体信息后,单击"生成报文"按钮,系统提示"数据加签失败,申报不成功",原因是什么?

答:此问题是由于录入过程中换卡造成的,企业换回原来的卡即可解决问题。

例 638. 转出方已申报结转申报表,状态一直处于"成功入数据中心库",该如何处理?

答:转出企业需将结转申报表的电子口岸统一编号通知转入企业,转入企业下载结转申报表录入转入方信息后申报,申报成功后结转申报表数据同时往转出、转入海关发送,待成功入海关库后联系主管海关审批。

例 639. 转出企业做好"发货登记"备案申报,而且"发货登记"已审批通过,此时要修改,应该怎样操作?

答:只能撤销此份"发货登记",再重新做一份,撤销操作具体如下:

(1)先进入"发货登记查询"界面,查询"审批通过"的发货登记信息;

(2)点击"查看明细"进入查看明细界面,点击右上角"撤销"按钮;

(3)发货企业输入"撤销原因",如确认,则单击"确认"按钮,撤销发货数据即向海关发送;

(4)在数据查询中可查询到撤销发货的状态。

第六节　保税物流管理系统

保税物流中心、保税仓库、出口监管仓库等保税监管场所是现代物流业发展的重要载体,是海关保税监管工作的重要内容。随着保税物流业的快速发展,各类保税监管场所今后将陆续增加,业务量将不断增长,功能也将不断整合及拓展升级,这些对海关的管理提出了更高要求。为了构建统一的保税场所管理系统,整合监管资源和技术资源,提高海关监管效能,促进海关统一执法、规范管理,中国电子口岸数据中心以现有的保税仓库管理系统为基础,综合考虑保税物流中心、出口监管仓库的业务特点和监管特性，按照整合、优化、统一的思路，通过对原有保税仓库管理系统功能进行优化、拓展和升级，开发了保税物流管理系统。

一、业务常识解析

例 640. 保税物流管理系统都有哪些功能？

答：电子口岸保税物流管理系统能够实现账册的录入、申报及查询，核增/核扣表的新增、录入、修改、删除、查询、生成报关单等功能。仓储企业在货物入仓时填写核增表，出仓时填写核扣表，实现申报数据的规范管理。如图 4-33。

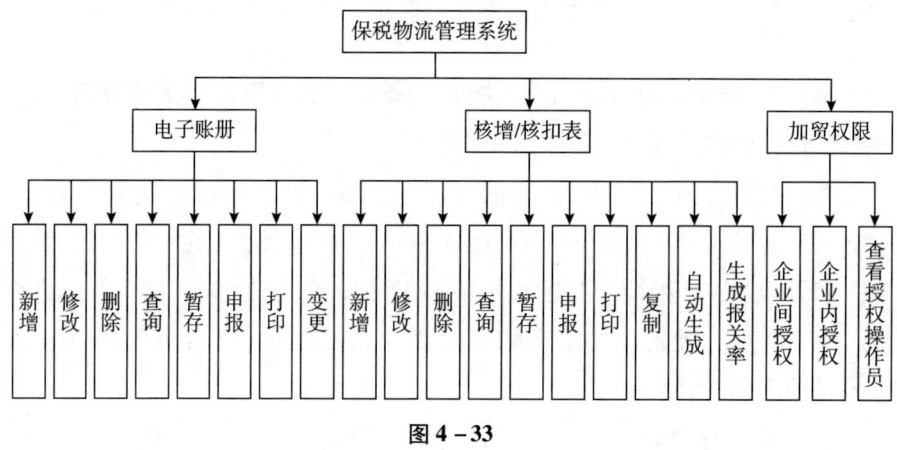

图 4-33

例 641. 用虚拟法人卡如何授权？（出口加工区保税仓）

答：用虚拟的法人卡给经营单位法人卡做电子账册企业间授权，再用经营单位法人卡给经营单位操作员卡做电子账册企业内授权即可。

例 642. 保税物流园区的定义？

答：保税物流园区是指经国务院批准，在保税区规划面积内或者毗邻保税区的特定港区内设立的、专门发展现代国际物流的海关特殊监管区域。

例 643. 企业用操作员卡给出口加工区保税仓库的电子账册授权，系统提示"非企业法人卡不允许授权"，该怎么办？

答：操作员卡不能做电子账册授权，用虚拟法人卡之后的操作员卡授权即可。

例644. 出口加工区保税仓库企业变更电子账册时，系统提示"该卡无操作权限"，该怎么办？

答：需要先向主管海关申请虚拟法人卡授权，然后进行企业内部授权后才能变更账册。

二、各地区保税物流系统常见问题解析

（一）黄埔保税物流系统

例645. 录入出区总清单，输入账册序号，系统提示"不能修改，法定第一数量应大于0"，该怎么办？

答：企业到通关现场联系使用黄埔关外挂系统的账册查询功能查询，将查询到的结果与企业发送的数据进行对账，通过对账判断是企业自己录错，还是系统上少了对应的清单库存。如为清单库存异常，则用企业通关现场使用的申报溢余清单方式来修改库存。

例646. 保税物流园区系统如何修改已申报的清单的净重？

答：企业到通关现场联系使用黄埔关外挂系统的账册查询功能查询，将查询到的结果与企业发送的数据进行对账，通过对账判断是企业自己录错，还是系统上少了对应的清单库存。如为清单库存异常，则用企业通关现场使用的申报溢余清单方式来修改库存。

例647. 保税物流园区企业报障货物进区出区时显示："报关单尚未审结"，不能关联到总清单，该怎么办？

答：该问题是由于后台服务处理报文失败造成的，运维人员重启服务器能够解决。若报文积压严重，可联系卡口监管科启用特殊通道实现现场通关。

例648. 东莞虎门港保税物流园区，车辆进区刷卡报"数据异常03"，该怎么办？

答："数据异常03"表示分清单对应的报关单在 ENTRY_ FLOW 表里找不到或者审结标识不是1，请检查对应报关单是否已经审结。如果已经审结，可以联系现场通关科补发预订数据。

（二）中山保税物流园区系统

例649. 海关发送保税仓电子账册的变更手续，回执出现两项入库成功，海关反馈"未能看到公司申报的信息"，该怎么办？

答：请企业记录该账册号，联系数据中心客服热线010-95198，由技术人员处理。

例650. 中山保税物流园区系统的报关单出问题，该怎么办？

答：中山保税物流园区系统的报关单是通过 QP 改进版申报的，所有处理办法可参照一般报关单的处理方式处理。

（三）珠澳跨境园区系统

例651. IKEY 卡登录珠澳跨境园区系统时，系统提示"初始化 IKEY 失败"，是什么原因？

答：卡芯片问题或者电脑 IKEY 卡控件问题都有可能导致该问题。

例652. 珠澳跨境园区系统申报电子账册备案申请，生成报文时，系统提示"查询不到企业对应 host_ id"，是什么原因？

答：该问题是因为企业未办理珠澳跨境园区系统的相关手续。

例653. 珠澳跨境园区系统里的报关单出问题，该如何处理？

答：因珠澳跨境园区系统是在原来 QP2.0、CS 系统的模式下开发的，所以如果系统申报的报关单出现异常，可以参照 QP 系统的报关异常情况处理。

例 654. 珠澳跨境园区系统里的电子账册问题,该如何处理?

答:因珠澳跨境园区系统是在原来 QP2.1、CS 系统的模式下开发的,所以如果系统发送的电子账册出现异常,可以参照其他电子账册的异常情况处理。

(四) 青岛物流系统

例 655. 使用物流园区系统申报某类清单,返回回执"申报失败,清单禁止操作",该怎么办?

答:这是因为海关在物流园区系统的海关端禁止了该类型清单的申报,需要企业联系现场海关取消禁止。

例 656. 保税物流园区企业申报清单,系统提示"预录入号对应多份报关单",该如何处理?

答:记录清单编号、报关单号、经营单位编码以及业务类型,联系数据中心客服热线 010-95198 处理。

例 657. 录入清单无法调出正确的料件号,该怎么办?

答:保税物流信息系统以料件号为管理单位。系统自动将相同料件号的商品按照第一次录入的商品编号进行累加。所以,不同商品不能使用同一个商品料件号。

例 658. 二线业务出口入区,报关单放行,但是清单一直是"可录入入出区信息"状态,应该是库存核扣完成,该如何处理?

答:遇到此类问题请企业记录报关单号、清单编号、经营单位海关编码,联系数据中心客服热线 010-95198 处理。

例 659. 园区企业申报清单,系统提示"清单申报失败",该怎么办?

答:在清单的表头部分有三个单位,分别是经营单位、申报单位与收(发)货单位,其中:

(1) 经营单位是指在保税物流园区信息系统备案的对应仓库的经营单

位。该字段根据账册备案时录入的经营单位名称返填，但可以根据实际情况进行修改。

（2）申报单位是指清单的申报单位。

（3）收（发）货单位是指该批货物的实际收货或者发货单位。该字段根据账册备案时录入的仓库代码与仓库名称返填，但可以根据实际情况进行修改。如果在转出清单中录入的经营单位与在转入清单中录入的经营单位不一致，保税物流园区信息系统不允许进行相应货号下的货物转出操作。

（4）此类问题需按照填单规范填写工作单，联系数据中心协助查询处理。

例 660. 园区企业进行二线业务区外企业报关后，在保税物流园区信息系统中进行清单申报时，系统提示"清单申报失败"，该怎么办？

答：可能会有如下三种情况造成上述错误：

（1）没有按照二线业务区外企业报关情况下清单的填制规范录入清单内容，在清单表头的报关单主体中选择不生成报关单，对应报关单号中填入 18 位的报关单编号。

（2）没有按照区外企业报关时申报的报关单内容录入清单信息，比如：成交方式、监管方式、规格、商品编码等内容。

（3）在二线业务区外企业报关的情况下，归并方式均为手动归并，此时，清单表体中的归并需要为必填项（具体的填写方式，请参见青岛保税物流园区海关监管信息系统企业子系统的操作手册）。

（4）若检查无误，则您需按照填单规范填写工作单，联系数据中心热线填写工作单转由技术人员处理。

例 661. 企业无法下载相应类型的手册，怎么办？

答：园区企业或者园区外企业选择 C：\ quickpass \ bin \ requestdata.exe 程序，登录后，录入相应类型的账册备案号进行下载即可。

例 662. 园区企业使用企业操作员卡登录保税物流园区海关监管信息系统后，无法进行清单的申报，但可以进行查询等操作，该如何处理？

答：请园区海关协助检查进行仓库备案中的账册编号是否符合录入规

范(账册编号的规则为 k+关区代码+4 位组号+3 位流水号)。

(五) 前海湾保税港区

例 663. 企业反映登录前海湾保税港区信息系统报错,系统提示"服务器不能创建对象",该怎么办?

答:请您将 IE 浏览器"工具"菜单下"安全"设置中的应用程序全部设置为"启用",安全级别选择"低级"。

例 664. 企业反映在"出入库单管理"中无"归并"功能按钮,如企业需要操作归并业务应如何处理?

答:企业可向数据分中心办公室申请授予"报关单预处理"服务(该服务主要实现信息系统向 QP 系统导入报关单的功能),经数据分中心领导审批后方可给予该项操作功能。

例 665. 出入库单录入无法暂存成功,如何处理?

答:这可能是由于企业录入的航次号含有特殊字符"-"导致,该栏目为非必填项,企业可以不填写直接保存申报。

例 666. 录出入库单时,业务类型选择"公路跨境出区",运输方式选择"公路运输","跨境快速清单号"栏应如何填?

答:"跨境快速清单号"栏目为必填项,填写跨境快速通关系统中申报的载货单号。

例 667. 什么是 TCS?

答:TCS 是贸易协同服务平台的简称。目前有深圳招商局海运物流有限公司和深圳市外代仓储有限公司两家大型仓储与物流企业正在使用该系统。TCS 是分中心第一个基于商务服务的系统,TCS 实现了有关物流与通关单据的自动传输和加工处理,大大提高了物流与通关业务的自动化处理程度。

例 668. 出入库单已成功委托,但运输企业端无可承运的单证,无法承运,该如何处理?

答:仓储企业将出入库单的委托关系删除后再重新委托即可。

例669. 出入库单(出库)被退单,系统提示"电子底账中的企业编码与出入库单中的企业编码不一致",该如何处理?

答:因出入库单(出库)中录入的"仓库使用企业"与当时入库的出入库单的"仓库使用企业"不一致导致被海关系统退单,按照海关要求,出库的出入库单与入库的出入库单的"仓库使用企业"必须一致。

例670. 保税港区企业登录QP出口加工区子系统申请电子账册备案时,申报地海关录入为"5349(深关前海)",但是数据申报后申报地海关变成了"5339(深加工区)",主管海关无法查询到数据审批,该如何处理?

答:在出口加工区子系统申报电子账册的企业必须在账册备案前联系分中心申请MQ配置,出现以上情况是由于MQ配置企业主管海关为"5339(深加工区)",业务人员需要联系数据分中心办公室向数据中心传真企业MQ配置申请表重新配置。

第五章 区域项目用户常见问题

本章是一些地区性项目的常见问题解答,主要是面向保税监管平台、深圳公路口岸系统用户,将系统应用过程中的疑难问题进行了分类,通过举例方式进行一一解答。

第一节 保税监管平台

保税仓库是指经海关批准设立的专门存放保税货物及其他未办结海关手续货物的仓库。保税仓库按照使用对象不同可分为:公用型保税仓库和自用型保税仓库。公用型保税仓库由主营仓储业务的中国境内独立企业法人经营,专门向社会提供保税仓储服务。自用型保税仓库由特定的中国境内独立企业法人经营,仅存储供本企业自用的保税货物。

为了将北京保税仓库纳入海关总署统一管理,同时又适应北京海关的监管要求,由中国电子口岸在原北京保税监管平台的基础上开发了基于QP框架的"北京保税仓QP2.0版电子账册系统"(以下简称北京保税仓QP2.0版)。

北京保税仓项目于2004年正式运行,实现了保税仓库企业将保税货物在保税仓中进出存情况等数据向仓库海关申报的功能,加强了海关对保税仓的货物进行监管,提高了企业货物进出保税仓库的效率。

一、保税监管业务常用知识解析

例671. 保税仓中的"归并"是什么意思?

答：根据海关监管原则要求，将小清单中的多项货物按照一定的原则合并成报关单清单中的一项或多项货物的过程，其中小清单与报关清单间的合并关系，称为归并关系。

例 672. 保税仓中的"拆分报关单"是什么意思？

答：企业向海关申报的清单最多 200 项，按照归并关系合并成报关清单后，如超过 20 项，则无法填写到一份报关单上，必须分别在多张报关单中体现。清单数据被分为多份报关单的过程，被称为"拆分报关单"。

例 673. 保税仓的 15 种出入库方式是什么？

答：保税仓的 15 种出入库方式分别是：新件入库、寄售出库、维修出库、其他出库（新件放弃）、其他出库（旧件放弃）、维修出库（修理物品）、其他出库（新件销毁）、其他出库（旧件销毁）、其他出库（租赁）、保税间货物出库、无代价抵偿出库、安装件出库、新件归还与新件退运出库、旧件退运出库、简单加工出库。

例 674. 什么是"大清单"？

答：大清单是指货物进/出口时，企业都需要填写的（即进/出口清单）归并、拆分前的报关清单。

例 675. 什么是"小清单"？

答：大清单拆分后的报关清单称为小清单，其与报关单是一一对应的，以反映报关单中每项归并后货物与归并前各项货物的对应情况。

例 676. 什么是集中报关？

答："集中报关"是指企业定期将保税仓库中已出库未归还货物的出库清单分组成大清单，再归并、拆分为报关单向海关申报。

例 677. 保税仓库电子账册的分类？

答：保税仓库电子账册分为："备案式电子账册（K 账册）"和"记账

式电子账册（J账册）"。

例678. 北京保税仓系统中，哪些字段是必填项？

答：（1）用户在进行仓库备案时，录入"企业内部编号"和"经营单位代码"后直接点击"暂存"，即会有提示框提示哪些字段不能为空的系统提示信息；

（2）用户在进行清单录入时，录入"申报地海关"和"仓库账册号"后直接点击"申报"，即会有提示框提示哪些字段不能为空的系统提示信息。

例679. 企业向海关申请删除清单的条件是什么？

答：企业向海关申请删除清单的条件，根据清单类型的不同，做如下区分：

（1）报关清单（进/出口清单、集中报关清单），海关删除清单的规定为：

①"预审删除"中可以被删除的报关清单对应的状态应为：清单审核通过，且报关单未申报、报关单被退单或报关单被删单时，其中报关单删单后，其对应的报关清单为预审通过的状态。

②"终审删除"中可以被删除的报关清单对应的状态应为：清单复核通过，且报关单被删单时，对于进口清单，该清单还须没有出库、出口、简单加工出库等操作记录；对于集中报关清单，该清单还须没有其他出库（旧件销毁）、其他出库（旧件退运）、旧件退运出库的记录。报关单删单后，其对应的报关清单状态为终审通过的状态。

③海关端删单后，系统自动删除企业端该清单数据，此时企业端查询不到该清单，对于集中报关清单，企业端自动取消分组。

（2）入出库清单：不可删除。

（3）简单加工清单：

①"预审删除"中可以被删除的简单加工清单对应的状态应为：清单审核通过，且报关单未申报、报关单被退单或报关单被删单时，其中报关单删单后，其对应的简单加工清单回到预审通过（清单审核通过）可删单

的状态。

②"终审删除"中可以被删除的简单加工清单对应的状态应为：清单复核通过，且报关单被删单时，报关单删单后，其对应的简单加工清单状态为终审通过可删单的状态。

例 680. 货物信息的简便录入方法是什么？

答：货物的"币制"、"产销国"、"征免方式"、"用途"字段录入一次后，系统即默认上一次的录入值，无须重复录入。

例 681. 条形码无法正常打印，怎么办？

答：（1）该问题由于安装系统时使用的系统安装盘版本较旧，安装内容不包括 AdvHC39b 字体所致；

（2）请用户获取新版本安装盘后重新安装即可解决。

例 682. 我公司是否可以修改出库清单的货物单价？

答：系统对企业端出库清单表体数据的修改并无控制，但修改后在海关端审核时会有提示，所以能否修改单价在于海关。若海关同意，您可以自行修改。

二、仓库基本信息备案及操作员备案

例 683. 公共保税仓库是否需要对外商逐一备案？

答：对于同一仓库经营单位，若需要对外商的货物进行分别管理，则每家外商都须单独做仓库备案。不同外商备案时用"企业内部编号"的后 3 位加以区分，比如 BZ16001、BZ16002 等。

例 684. 保税仓企业操作员卡分为几种？权限分别是什么？

答：根据保税仓库类型不同，有以下几种分类：

（1）如果企业为公共型保税仓，则操作员卡分为录入员卡和货主卡两种：

①录入员卡：可以录入、查询本仓库内所有企业的数据。

②货主卡：只能录入、查询仓库内本企业的数据。

（2）如果企业为非公共型保税仓，则操作员卡只有录入员卡，可以录入、查询本仓库的数据。

例685. 同一保税仓企业可否办理多张操作员卡？

答：同一保税仓企业可以办多张操作员卡。

> 小贴士 北京保税仓系统没有多人同时录入数据再合并申报的功能。是否办理多张操作员卡，企业应视自身情况而定。

例686. 我公司领取操作员卡后，如何才能使卡生效？海关进行组号授权的规则是什么？

答：（1）企业用户到数据分中心或制卡代理点制作并领取企业操作员卡后，还须到主管海关现场由海关关员完成组号授权操作，才能使卡生效。

（2）组号授权的编号规则是：

①如果企业为公共型保税仓：

A. 录入员卡的组号为仓库编号；

B. 货主卡的组号为仓库编号＋货主企业在仓库中的"顺序号"。

> 小贴士 "顺序号"共3位，从001开始编号，不能重复，由仓库录入人员确认生成并统一管理。

②如果企业为非公共型保税仓，则组号为仓库编号。

例687. 企业如何修改报关单表体中的"附加编号"？

答：（1）企业在报关单表体列表框中选中欲修改的记录，该记录即进入下方的表体录入框中；

（2）此时"附加编号"为灰色字段，无法修改。若想修改该字段，应在"商品名称"字段上点击右键并选择"归类"，"附加编号"即变成可修改状态。

三、清单报关单填写规范及保税仓备案

例 688. 申报地海关、进出口岸的填写要求是什么？

答：根据货物的性质，有以下分类：

（1）如果为本地报关的货物，填写规范为：

①在仓库备案、出库清单、入库清单、集中报关清单中，申报地海关填写保税仓的北京关区主管海关；进出口岸与申报地海关一致。

②在进口清单、出口清单中，申报地海关填写北京关区内货物实际入出境海关；进出口岸与申报地海关一致。

（2）对于转关的货物，填写规范为：

①在仓库备案、出库清单、入库清单、集中报关清单中，申报地海关填写保税仓的北京关区主管海关；进出口岸填写货物实际入出境海关。

②在进口清单、出口清单中，申报地海关填写北京关区内货物实际入出境海关，进出口岸填写货物实际入出境海关。

例 689. 商品货号、规格型号的填写规范是什么？

答：（1）商品货号必填项：

①对于零配件，填写元件号；

②对于整套设备，填写外包装箱和货物上能看到的唯一的规格型号；

③对于某些特殊商品如药品，填写批号。

（2）规格型号：一般情况下该字段为非必填项，但当企业申报的计量单位与法定单位不一致时，必须在该字段里标明两者之间的换算关系。比如，某种商品为布匹，企业的计量单位为卷，法定单位为米，则必须在该字段里注明 1 卷等于多少米。

例 690. 报关单与对应的报关清单的经营单位、收货单位、申报单位是

否可以不一致?

答:可以不一致。报关单里的经营单位、收货单位、申报单位分别调用报关清单里的经营单位、仓库单位、申报单位,其中报关单中的收货单位代码为空,收货单位名称为"报关清单中的仓库单位代码+仓库单位名称"。您从清单回执查询中进入报关单界面,若实际报关时经营单位等有变化,可按实际情况修改内容。

例691. 我公司进行仓库备案时被退单,系统提示"无此加工企业",该怎么办?

答:此问题应该是企业未在企管处做电子备案造成的,请企业与海关企管处联系,并在海关系统中做电子备案。

例692. 我公司进行仓库备案时,提示"该企业尚未在数据中心注册",被退单,该怎么办?

答:此问题应该是企业未在所在地海关企管处做电子备案造成的,请企业与所在地海关企管处联系,并在海关系统中做电子备案。

例693. 我公司进行仓库变更时,提示"该卡无权操作该仓库数据",该怎么办?

答:请您在仓库变更中进行正确操作或填写相关条件。正确操作步骤如下:

(1)输入申报地海关;

(2)输入正确的企业内部编号;

(3)回车确认上述操作,随后输入经营单位代码,回车后将返填出经营单位名称;

(4)回车确认上述操作,系统提示"数据应进行变更",点击"是"之后,即可进行变更操作。

如系统仍然提示无权操作,请您致电数据中心客服热线010-95198,由技术人员解决。

例694. 在北京保税仓系统中，报关单的"备案号"该如何填写？

答：北京保税仓系统的报关单"备案号"字段，当货物实际进出境时，必须填写；货物非实际进出境时，形式出口报送单必填。

例695. 仓库备案时，表体变更修改的方法是什么？

答：（1）在"仓库变更"界面表头中输入"企业内部编号"和"经营单位代码"，调出欲变更的数据；

（2）保存表头内容后，进入表体（元件表）界面，在表体中输入欲修改商品的"货号"，调出该项货物数据；

（3）对货物数据进行修改、保存，并申报即可。

四、系统操作常见问题

例696. 预录入号是否可以修改？

答：根据业务规定，保税仓系统中报关单的预录入号是不能修改的，所以您在录入预录入号时，千万不要录错！

例697. 系统中某字段录入完毕后变为红色，该怎么办？

答：这是由于系统以此方式提示该字段录入存在逻辑错误，请您检查确认是否有录入错误。

例698. 我公司在录入清单表头数据后退出系统，该如何继续录入表体数据？

答：在清单单据查询中输入相应的查询条件找到该票单据，在点击"查看明细"进入清单明细界面后，可以继续录入表体数据。

例699. 出库清单征免方式的修改方法是什么？

答：在集中报关时，进入集中报关清单明细界面对征免方式字段进行修改。

例700. 我们在进行仓库备案时，修改表体变更的方法是什么？

答：（1）在仓库变更界面表头中输入企业内部编号和经营单位代码，调出欲变更的数据；

（2）保存表头内容后，进入表体（元件表）界面，在表体中输入欲修改商品的货号，调出该项货物数据；

（3）对货物数据进行修改、保存，并申报。

例701. 录入入库清单的条件是什么？

答：您在出库清单状态为"清单审核通过"时，才能填写入库清单（新件归还清单）。

例702. 我们在录入进口清单时，如果没有分运单号，该怎么办？

答：提运单号是在清单生成报关单时自动生成的，但您是可以修改的。目前进口清单的分运单号为必填项，填写时可以填成与主运单号一致，也可以任意填写（主运单号和分运单号字段总和不得超过30个字符）。当清单生成报关单后，您可以在报关单录入界面中将提运单号中"_"后的分运单号去掉，使提运单号与其他单证号（如舱单号）一致。

例703. 集中报关清单发票号如何修改？

答：根据集中报关清单发票号字段所在位置，有以下几种区分：

（1）如果为集中报关清单表头的发票号，则可直接修改，但必须与报关单一致；

（2）如果为集中报关清单表体中的发票号，则是调用的进口清单的发票号，不能修改。

例704. 保税仓系统中，是否有转关功能？

答：保税仓系统中有转关功能，可以从回执查询中进入报关单明细界面时，选择"提前报关"即可。

例705. 预录入号录错如何操作？

答：（1）企业录错预录入号，请不要点击暂存，退出该报关单界面，重新进入即可重新填写预录入号；

（2）如果企业已经点击暂存，企业可将报关单对应的报关清单复制，再与海关联系删除该报关清单，重新申报复制的清单，清单审核通过，即可生成报关单。

 小贴士 | 该预录入号不可再用。

例706. 企业用户在出库清单为何种状态时才能录入入库清单？

答：企业用户在出库清单状态为"清单审核通过"时，才能填写入库清单。

例707. 退出系统后，应如何继续录入表体数据？

答：请企业在"清单单据查询"中输入相应的查询条件找到该票单据，再点击"查看明细"进入清单明细界面后，继续录入表体数据即可。

例708. 我在修改申请中找不到出库清单，该怎么办？

答：这是由于该出库清单已被分组生成了集中报关清单所致，因为只有当清单审核通过且没集中报关时才能进行出库清单的修改申请。

您可以通过以下方式操作来解决这个问题：

（1）通过报关清单查询，进入集中报关清单明细界面，删除该份未申报的集中报关清单；

（2）如果为维修出库清单，还应确保其集中报关设置已取消；

（3）集中报关清单删单后再用"修改申请"修改出库清单。

例709. QT查询时，仓库账册号无法录入，该怎么办？

答：这是由于该企业已设置"仓库编号"作为查询条件所致。因为仓库编号与仓库账册号为包含关系，所以不能同时以这两项为查询条件。

例710. 企业用户使用 QT 查询工具查询到新件库存总金额报表数据后，导出至 Excel 表格中打印时无法正常打印。该怎么办？

答：用户报表应在"报表管理"菜单中进行打印，这样才能保证打印出的报表格式满足海关的要求，而不要导出至 Excel 表格中再打印。

例711. 如果在清单审核通过后要对清单进行修改，应使用什么功能？

答：如果在清单审核通过后要对清单进行修改，只能用"修改申请"子菜单进行修改。

例712. 集中报关无法查找到出库清单，不能进行分组，该怎么办？

答：（1）有可能该出库清单尚未处于"清单审核通过"状态，只有清单状态是"清单审核通过"时，才可以进行集中报关分组，请企业联系海关审批该清单。

（2）"维修出库"清单尚未做"集中报关设置"，出库方式是"维修出库"的清单集中报关前，需要做"集中报关设置"，告知企业进入集中报关/集中报关设置，选中该清单保存设置即可。

注意：只有"维修出库"清单才需要进行"集中报关设置"。

（3）企业曾经做过集中报关分组操作，请企业调出该备案变更数据，进行操作申报即可。

操作方法如下：
①进入"查询/打印"，选择报关清单；
②根据货号查询（或其他查询条件），找到一个暂存未上载的数据；
③查看明细，即可继续进行集中报关。

五、状态异常处理及错误提示代码

例713. 我公司在进行出库清单时，提示"保存该单失败：商品列表

第 1 项商品的申报数量（100000000） > 可出库数量 100000"，如图 5 – 1 所示，无法申报，产生原因是什么？该怎么办？

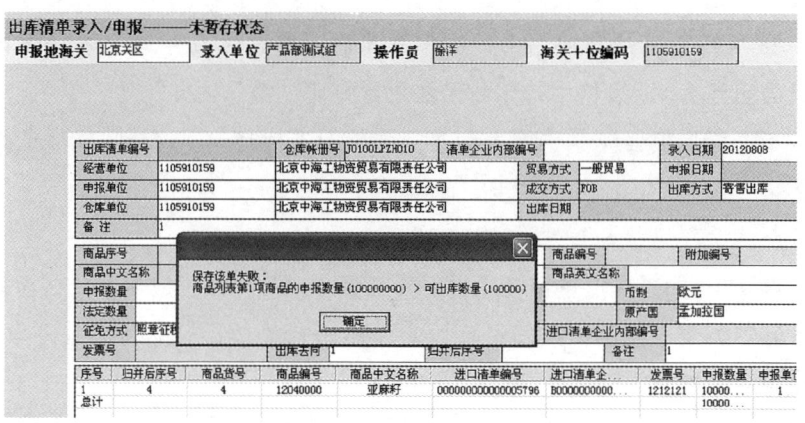

图 5 – 1

答：出现这种情况可能的原因及处理办法如下：

（1）可能是由于您申报的出库数量大于其库存数量，请您首先核实其库存数量，如果申报的出库数量大于其库存数量，则会出现该提示；

（2）如果您核实库存数量后，发现出库数量小于其库存数量，请您通过货号查询是否存在另一票"暂存未上载"的出库清单，找出并删除该清单，即可进行申报操作；

（3）可能是由于您录入的入库清单或是进口清单没有通过终审所致；

（4）可能是由于对应的新建入库清单或归还清单在数据分中心端未写入。

如果不是以上四种情况，但依然报错的，请您致电数据中心客服热线 010 – 95198，由技术支持人员处理。

例 714. 我公司进行清单申报后，状态长时间提示"上载申报发往数据中心"，该怎么办？

答：这是由于您该票单据回执处理失败所致。请您致电数据中心客服热线 010 – 95198 提供清单号、账册号等信息，由技术人员处理。

例715. 我公司进行清单申报后，状态长时间提示"等待审批"或"转人工审核，等待审批"，该怎么办？

答：处理方法如下：

（1）该问题一般是由于海关尚未审核所致，请您首先联系海关做审批操作。

（2）如果联系海关后发现，海关无法看到该票数据，无法做审批，则请您致电数据中心客服热线010-95198，提供清单编号、账册号、仓库海关审单操作员卡卡号等信息，由技术人员处理。

例716. 我公司进行清单申报后，被自动审核退单，回执提示"禁止操作"，该怎么办？

答：这是由于海关对该仓库业务设置了"操作控制"，暂时不允许该仓库开展业务所致，请您联系海关了解情况。

例717. 我公司在进口清单初审中已经通过，但在库存查询中没有相应数据，该怎么办？

答：进口清单应该复核通过后才算正式入库，库存查询中才有数据。您的进口清单查询状态为"清单审核通过"，只是初审通过，所以在库存查询中还查不到数据。

例718. 为什么我公司在报关单申报时，总是提示"录入错误"？

答：这是由于报关单中部分内容录入有误，如录入的监管方式与征免性质、征免方式不对应等，请您依据错误提示进行修改。

例719. 在集中报关的报关单没有申报前，删除了该份报关单，应如何继续操作？

答：对于已删除的报关单，系统不能再由清单重新生成报关单。请您向仓库海关申请，删除原集中报关清单。重新进行集中报关清单分组、申报，再由清单生成报关单后，录入并申报报关单。

例720. 我公司在进行集中报关时，出库清单查询不到，如图5-2所示，该怎么办？

图5-2

答：（1）只有清单状态是"清单审核通过"时，才可以进行分组。如果该出库清单状态尚未显示"清单审核通过"，请您联系海关审批该清单。

（2）"维修出库"清单，进行集中报关设置后，才可以进行分组。如做过"维修出库"清单，尚未做集中报关设置，请您进行集中报关设置。操作方法：选择"集中报关"，进入"集中报关设置"，选中该清单并保存设置。

（3）出库清单曾经做过集中报关分组操作后，不能进行再次分组。请您调出该票集中报关清单数据，录入完整后再申报。

操作步骤如下：

①进入查询/打印；

②选择清单/回执类型选择报关清单；

③根据货号（或其他查询条件）查询；

④找到该票暂存未上载的集中报关清单；

⑤点击"查看明细"，即可继续进行集中报关。

第五章 区域项目用户常见问题

例721. 我公司在集中报关清单申报时，发现表体数据录入有误，但这些数据无法修改，该怎么办？

答：您不能直接删除出库清单。请您在集中报关清单界面删除该票集中报关清单，再用"修改申请"修改集中报关清单对应的出库清单。当修改的出库清单状态为"清单审批通过"时再进行集中报关操作。对出库清单重新分组，生成集中报关清单后再申报。

例722. 我公司的工具查询到新件库存总金额报表数据，导出至Excel表格中打印，不能正常打印，该怎么办？

答：请您在报表管理菜单中进行打印，这样才能保证打印出的报表格式满足海关的要求，而不要导出至Excel表格中再打印。

例723. 我公司在清单审核通过后需要对清单进行修改，应使用什么功能？

答：如果在清单审核通过后要对清单进行修改，只能用修改申请子菜单进行修改。

例724. 海关已做删单处理，我公司系统清单状态仍为"清单审核通过"，该怎么办？

答：（1）请您先联系仓库海关确认是否已经删单成功；

（2）如果企业确认海关已经删除成功，且海关再无法看见该票单，则请企业书写企业情况说明（在情况说明中需写明清单号、账册号等信息），并由仓库海关签字后，联系当地数据分中心，再由数据分中心向数据中心发函解决。

例725. 企业重装系统后，进行仓库备案查询，系统提示"动态链接库加载失败"，该怎么办？

答：该问题多是由于重装系统时少装了flex8程序所致。请用户获取新版本安装盘后重新安装即可解决。

例 726. 企业用户申报的出库清单状态为被退单,回执提示"找不到对应的进口清单"或"申报数量大于可出库数量",该怎么办?

答:该问题是由于系统运行速度慢,导致对进口清单的核扣尚未到位造成的。请您准备清单号、账册号等信息,联系数据中心客服热线 010 - 95198,由技术人员协助处理。

例 727. 企业在报关单"备案号"中填入手册号,系统提示"非法的加工贸易手册号",该怎么办?

答:(1)请用户首先确认该手册号是否录入有误;

(2)如果用户录入无误,则再确认是否未用"QP 备案数据下载"对审批通过的加工贸易手册进行下载。

正确下载操作步骤如下:

①在电脑桌面上双击"QP 备案数据下载";

②进入明细界面后,点击"加工贸易"菜单,进入手册备案数据下载界面;

③选择以"手册编号"或"合同编号"为查询条件,在输入框中输入"手册编号"或"合同编号";

④查出数据后,点击"备案数据下载"按钮,即可实现加工贸易手册下载。

第二节 公路口岸

深圳海关公路口岸自动核放系统是深圳海关为适应快速增长的深圳口岸通关业务发展要求,以有效监管下的快速通关为目标自主研究开发的通关管理系统。该系统以企业提前申报为基础,通过安装在汽车前挡风玻璃上的车辆电子识别卡和司机 IC 卡的自动读写,调阅海关数据库的通关数据,从而自动控制通道电子栏杆的开启。

一、公路口岸业务常用知识解析

例 728. 什么是附重空车?

答:附重空车是指载运有可以多次往返使用的容器或起固定、防止碰撞等作用的相关辅件的车辆。

例 729. 解除承运的条件是什么?

答:清单在进行承运确认操作后即可解除承运,报关单必须在收到海关同意承运(可过境)回执后方可解除承运。异常解除是指该单据、车辆状态本身不具备解除承运的条件,由于状态异常需要向海关发送申请解除的指令。一般是数据中心端状态为已解除(未承运),海关端状态仍未解除(已承运)时,需要使用异常解除。车辆已过境,但由于海关未发送过境回执而没有自动解绑时,请您联系海关重传过境回执,不要进行解绑操作。异常解除和正常解除的关系是前者包含后者,如图 5-3 所示。

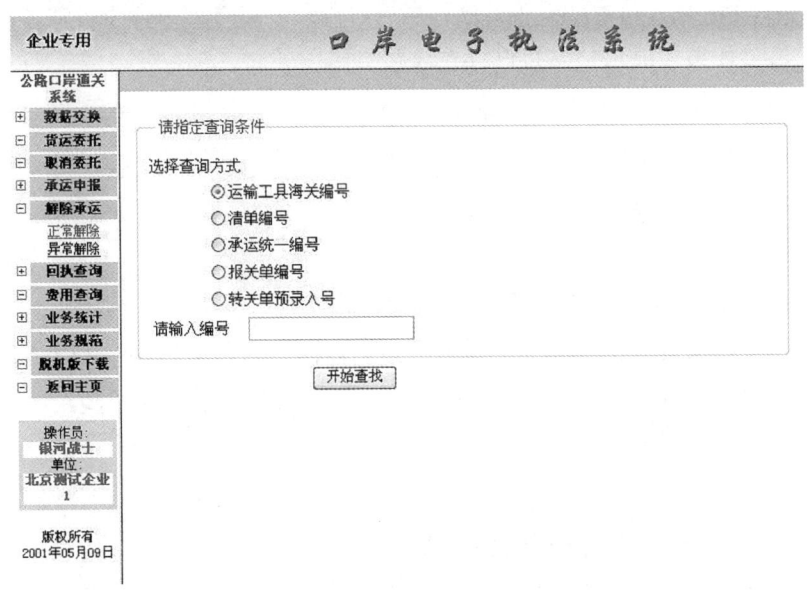

图 5-3

例 730. 一辆车可以捆绑多少清单,有什么条件?

答：一辆车最多可捆绑98个清单，但一个清单不可分多个车来承运。您如果需要多个清单使用一车承运，清单货运委托时必须填入相同的统一载货清单号，在承运时才可输入统一载货清单号来调阅出清单数据，否则无法实现一车多单。

例731. 不纳入自动核放通道验放的车辆包括哪些情况？

答：一单多车、附重空车、承载鲜活商品的重车、临时车等车辆。

二、系统版本与登录问题

例732. 公路口岸脱机版为记事本模式，我公司无法正常录入，该怎么办？

答：这是由于您将脱机版程序选择用"记事本"的打开方式导致的，打开方式应选择为"Internet Explorer"。

例733. 我公司重新安装公路口岸脱机版后，原有的数据是否会丢失？

答：如果在提示"发现已存在公路口岸业务库，是否要覆盖"时，选择"是"，那么原来暂存在本地未申报的清单就全部删除，清单暂存号也要重新计算。如果覆盖了原来的业务库，之前下载的手册数据也被删除，需要重新下载。所以，建议您选择"否"。

例734. 如何删除公路口岸脱机版的数据？

答：如果在"清单申报"中能看到不需要申报的清单，希望将其删除，可将C:\localdb目录下的dbsrt.odb文件删除后重新安装脱机版，或在重新安装脱机版时选择覆盖业务库。

三、异地企业使用系统问题

例735. 我们是异地关区的企业，如何签订公路口岸承运申报传输服务费的扣款合同书？

答：异地企业可以与招商银行深圳新洲支行签订"委托银行代收电子报关数据传输服务费合同书"，您须在深圳市内的任意银行开立账户，并带相关公司证明和公章到招商银行深圳新洲支行办理。

例 736. 我们是异地关区的企业，应该如何缴纳数据传输服务费？

答：异地企业缴纳数据传输服务费有两种选择：一是在深圳开立银行账户，签订"委托银行代收电子报关数据传输服务费合同书"，委托银行自动扣款；二是每月扣款日之后到银行柜台缴纳现金。

例 737. 我们是异地企业，在做公路口岸车辆承运业务时，已与深圳的招商银行新洲支行签订协议，招商银行在录入我们企业资料时系统出错，提示"RA 库中无该企业"，无法备案，该怎么办？

答：这是由于您在电子口岸入网时未备案工商部门信息导致的。工商部门的备案信息是银行系统在录入数据时必须调取的用户备案数据之一，因此您须到当地制卡部门申请备案后方可申请委托银行扣款业务。

四、数据录入与申报问题

例 738. 我公司在业务统计功能中，无法选择本年年份或月份，如图 5-4 所示，该怎么办？

答：这是由于系统日期与当前日期不符所致。请您修改电脑的系统日期，将其调整到当前日期。

例 739. 公路口岸清单中的总重量有小数点，我们应该如何填写？

答：总重量是货物的毛重，必须是整数。如果是小数，则必须四舍五入。

例 740. 转关车承运中的牵引托架的编号和规格、重量的填写方法是什么？

答：拖架编号应输入拖架本身的编号，这个编号在拖架上都有显示，您可以按实际填写，拖架规格按照拖架自重与标号对照表对应填写。比如，拖架规格为"20 尺，单用骨架"，录入 001 即可。重量会自动返填，

图 5-4

您可以在 200 公斤范围内修改，如图 5-5 所示。

图 5-5

例 741. 我们是一家企业，如果用一车拖两个 20 尺的货柜，其中一个柜有货物，另一个柜是空柜，在做转关车过境申报时，空柜要不要也录入集装箱号？

答：空柜也要录入集装箱号，因为空柜有自重。

例 742. 我公司在录入清单时,未录入统一载货清单号或录入了错误的统一载货清单号,该怎么办?

答:在货运委托界面表头的统一载货清单号处,可录入正确的统一载货清单号,并在表体勾选所要委托的单证号,点击"申报"。此时,系统提示"您输入的委托统一载货清单号与清单的统一载货清单号不一致,委托后会将清单的统一载货清单号替换为委托的统一载货清单号,是否确认"?点击"确认",系统会将原清单的统一载货清单号替换为委托的统一载货清单号。

例 743. 我公司在录入进出口清单时,如果遇到备案商品的序号和商品名称、规格是一致的,只是原产国不同,是否可以同时录入备案序号相同的商品?

答:可以,根据原产国的不同分别备案。

例 744. 一份清单暂存号申报后生成两份内容相同号码不同的清单,该怎么办?

答:这是由于用户在操作时双击了"申报"按钮导致的。只选择其中一份清单进行报关,另一份清单取消委托后待海关自动作废或向海关申请手工作废。

例 745. 加工贸易手册正在变更过程中,我公司是否可以通过电子口岸申报清单?

答:不可以,须等主管海关审核通过后才能申报清单。

例 746. 我公司在公路口岸申报的进出口清单,具体什么时候可以核扣手册(账册)数量?

答:进口清单在审核通过后核扣手册(账册)数量,出口清单在过境后核扣手册(账册)数量。

例 747. 公路口岸的审结/过境回执在系统中保留多少天?

答:清单审结/过境回执在系统中保留 100 天,如图 5-6 所示。您可以通过设定起止时间来查询并打印35天内的过境清单列表，如图5-7所示。对于超过100天的清单审结/过境回执，您只能指定清单号码查询。

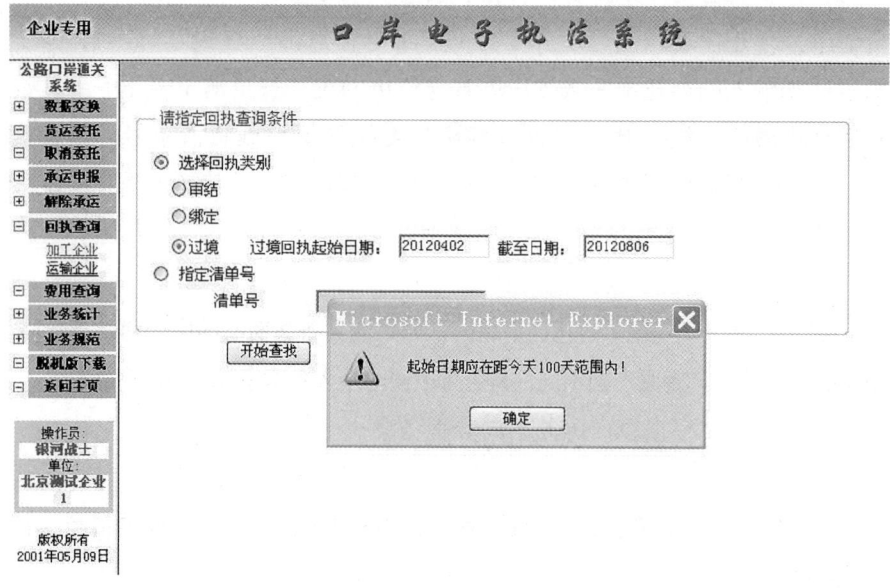

图 5-6

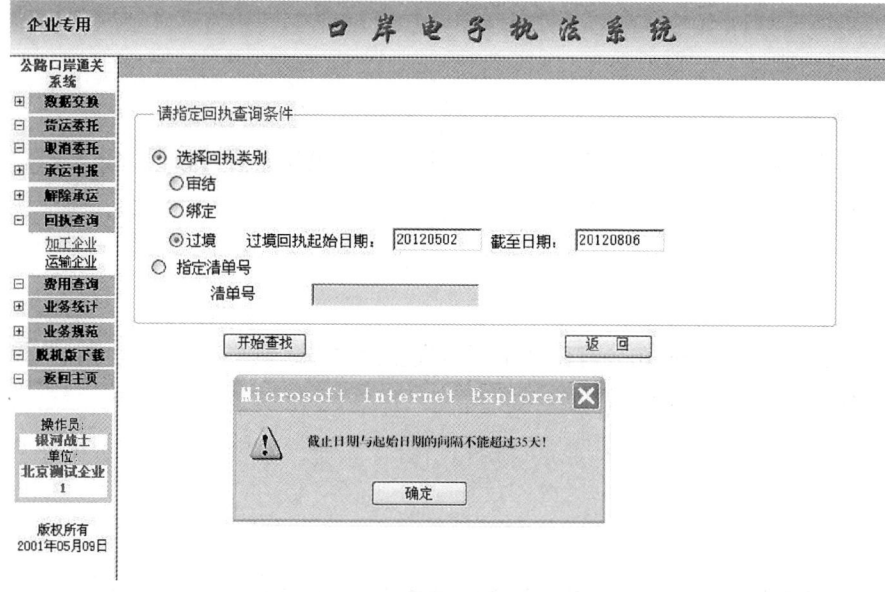

图 5-7

五、承运相关问题

例 748. 公路口岸清单申报及车辆承运晚上什么时间无审核回执?

答：清单申报 24 小时均有审核回执，承运申报在晚上 24:00 至次日凌晨 5:00 无审核回执。

例 749. 我公司进行申报出口清单时，车辆在境外，是否可以用该车辆进行承运操作?

答：请您不要用该车辆进行承运操作，因为车辆还没有空车过境记录，此时进行承运可能会影响企业的过境数据。

例 750. 我公司在进行新备案时，车辆无法操作承运，分中心查询到该车辆的备案信息中组织机构代码栏为空，该怎么办?

答：这是由于车辆备案信息中组织机构代码为空导致无法操作承运，您须联系梅林海关将车辆备案组织机构代码添加后重新发往数据分中心。

例 751. 我公司的清单已审核，但在货运委托里查不到该票清单，该怎么办?

答：加工企业在脱机版录入时输入了"承运企业编号"和"统一载货清单号"，会自动做货运委托，在"取消委托"里可以查到，如图 5-8 所示。

六、错误提示代码集锦

例 752. 我公司报关单在公路口岸无法承运，在热线查询的单据状态为"错误〈承运标识 1，但状态表中不存在记录〉"，该怎么办?

答：有两种处理办法：
（1）您可以联系海关重新发送放行数据，接收成功；
（2）您也可以致电数据中心客服热线 010-95198 解决。

图 5-8

例 753. 我公司在公路口岸下载手册时，系统提示："您的企业编号与手册中的企业编号不一致，没有权限下载"，如图 5-9 所示，该怎么办？

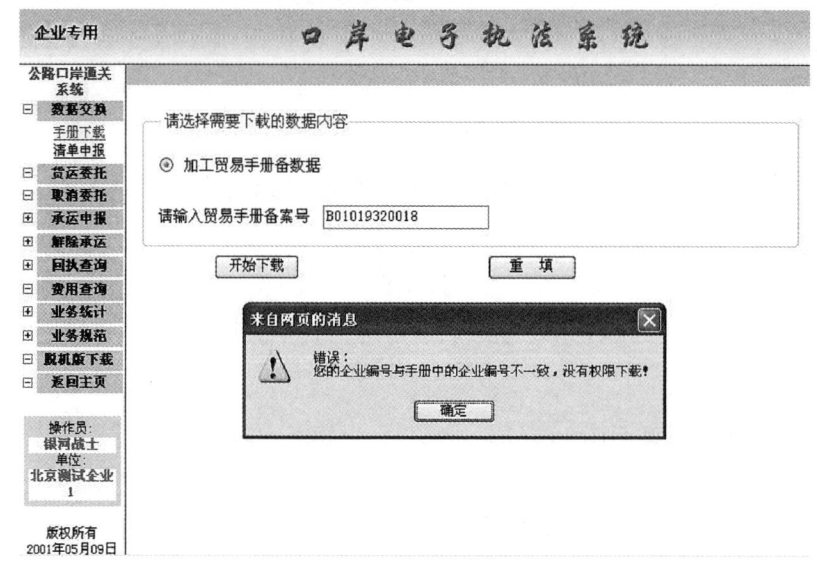

图 5-9

答：这是由于您单位的海关 10 位注册编码已变更，应与主管海关联系办理手册的变更手续，或与当地数据中心制卡窗口申请变更电子口岸卡的备案数据。

例754. 我公司在下载公路口岸手册时,系统提示"程序出错,请拨打数据中心客服热线010-95198",该怎么办?

答:以上情况分为两种:

(1) 下载的手册是电子化手册;

(2) 下载的手册是纸质手册,手册字母没有大写。

例755. 我公司已在公路口岸下载手册,并在脱机版中录入清单,申报后被退单,系统提示"没有备案手册",该怎么办?

答:请您联系主管海关查询手册备案的情况。

例756. 我公司在清单暂存时,系统提示"系统无法确定该清单类别属于料件还是成品,操作失败",该怎么办?

答:这是由于您未输入监管方式,或者输入的监管方式是中文所致,如图5-10所示,应输入监管方式代码,待返填中文后重新申报。

图 5-10

例757. 我公司在申报清单时,系统提示"错误,手册B530×××××××××不能做清单集中申报,请使用报关单在主管海关进行逐单申报",该怎么办?

答:这是由于海关对您的手册做了权限控制,具体原因您可以联系主管海关了解。

例758. 我们是江门的企业,在做转关车申报时,输入江门车场的代码后,系统提示"无此代码",该怎么办?

答:请您更新参数库。

例759. 我公司在做清单申报或承运申报时,系统提示"已经欠费,限制申报",在银行缴纳现金后,仍无法正常申报,该怎么办?

答:这是由于银行未将缴款成功回执发往数据中心,请您联系银行重新发送。

例760. 我公司在做转关车承运时,系统提示"转关单号码重复",该怎么办?

答:这是由于该转关单预录入号已经被其他车辆使用,请您核实后重新操作。

例761. 我公司在操作承运申报业务时,系统提示"错误状态:已承运,但不存在捆绑关系",该怎么办?

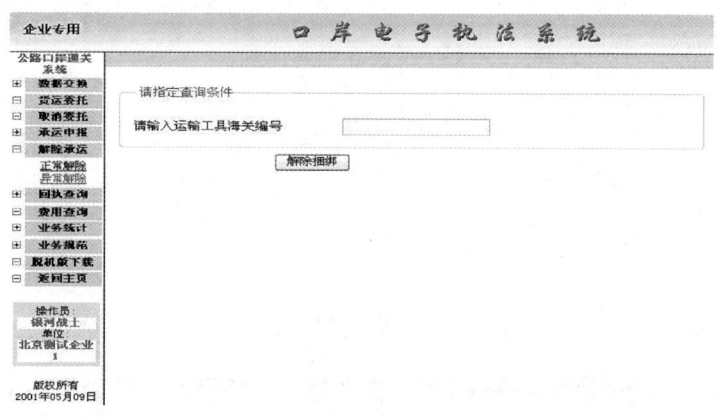

图 5-11

答：请您在"异常解除"中进行解除捆绑操作，解除成功后重新操作承运申报，如图 5-11 所示。

例 762. 我公司在公路口岸脱机录入中输入手册号时，系统提示："无此号码！"如图 5-12 所示，该怎么办？

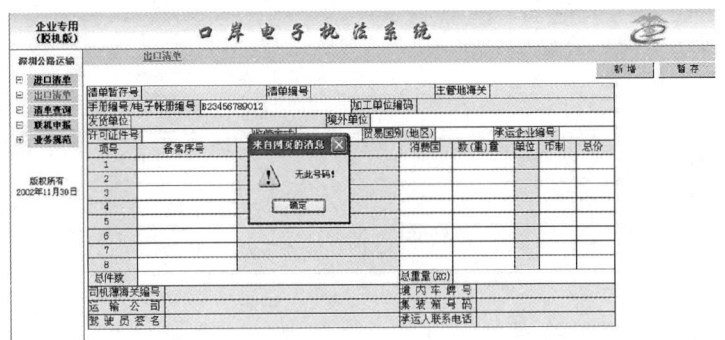

图 5-12

答：（1）可能是由于您录入前没有下载该手册。请您确认是否已成功下载该手册。

（2）请您将 C:\localdb 目录下的 dbsrt.odb 文件删除后重新安装脱机版（如果原数据需要保存，请先备份）。如问题仍存在，请您重新安装电子口岸客户端软件。

例 763. 我公司在操作清单承运申报时，系统提示"一次只能绑定进口或出口一种单据"，无法成功申报，该怎么办？

答：由于您承运的一份载货清单里有进口和出口两种类型的电子申报单，因此无法承运。清单货运委托时不校验载货清单是否对应进出口类型，如对进口清单委托出口载货清单或出口清单委托进口载货清单，在承运时就会出现以上情况。

例 764. 我公司在运输承运捆绑时，系统提示"报关清单预录入点只能代理清单申报，不能代理承运申报"，该怎么办？

答：多家运输公司用一台电脑进行操作时，如果在做承运时中途换卡，需要从中国电子口岸网站主页重新登录，否则就会出现以上的错误。即换一张卡，就需要重新登录一次。

例765. 我公司的报关单被海关查车后，操作车辆已经解除承运，海关回执为"不同意解除"，该怎么办？

答：这是由于您的车辆仍被海关布控，因此您无法操作解除承运，车辆须在解除布控后方能解除承运。

例766. 我公司的清单被退单，退单提示"该电子口岸清单重号或写库不成功"，该怎么办？

答：这是由清单号重复导致的，请您重新录入新的清单暂存再申报。

例767. 我公司的清单被退单，退单提示"商品编码不符，必须修改"。该怎么办？

答：这是由于商品的《税则》发生了变更，请您依次做以下操作：
（1）到主管海关变更手册，并向电子口岸同步变更后数据；
（2）在电子口岸重新下载手册数据；
（3）在电子口岸下载最新参数库安装。

例768. 我公司的清单被退单，退单提示"商品编码与备案时不同"，该怎么办？

答：海关在变更商品编码后，须将手册数据发送到电子口岸，请您重新下载后录入并申报清单。

第六章 热点解答

您的企业是否还在为不能进行区域通关而苦恼？你是否还在为居高不下的通关成本而烦心？单位的报关人员是否还要在属地海关和口岸海关之间来回奔波？

您是否还会在每天早上顾不得吃早饭便匆匆赶往口岸海关报关大厅，只为能排在报关队伍的最前面？您是否还在为了完成关税支付而在海关和银行之间来回奔波？您是否还在为忙着在公司打印一摞摞的报关资料而感到焦头烂额？

其实，随着海关近年来各项作业模式的改革，在口岸通关环节中，企业向海关申报已经不再局限于传统的模式，区域通关一体化、通关作业无纸化等措施将在极大程度上减轻企业的负担，促进区域经济协同发展。接下来就让我们了解一下关于京津冀海关区域通关一体化和通关无纸化的相关知识吧！

第一节 京津冀海关区域通关一体化改革

2013年5月，习近平总书记提出京津"双城记"发展战略后，海关总署立即着手研究京津海关通关一体化改革，并于2013年12月专门召开了京津海关合作专题会议，首次明确提出"京津海关业务一体化"的改革思路和方向，并成立了北京、天津海关联合组成的改革研究课题组。2014年3月，习近平总书记进一步提出了京津冀协同发展的区域发展战略，海关总署随即将京津海关通关一体化改革的范围，扩大到石家庄关区，确定实施京津冀海关区域通关一体化改革,正式推出了《京津冀海关区域通关一体化改革方案》,以执法为民为出发点和落脚点,简政放权、转变职能,深化改革、不断创新,使市场在资源配置中起决定性作用,更好地发挥政府作用,努力为广大进出口企业创造更加公平公正的进出口环境,推动实施京津冀协同发展,提高海关把关服务效能,实现严密监管与高效运作的统一。

一、京津冀海关区域通关一体化相关政策解读

例769. 京津冀海关区域通关一体化推广的基本原则是什么?

答:(1)执法统一。统一执法规范,统一作业流程,统一参数设置,统一验放标准,提供标准化的监管和服务,规范自由裁量权。

(2)严密监管。依托京津冀海关各自监管优势,发挥海关监管资源实效,各尽其职,联防联控,形成各领域各环节运行协调,严密有效的监管链条,构建扎实严密的区域海关监管工作体系。

(3)简便高效。落实简政放权,简化流程、简便手续,有效降低通关成本,促进贸易便利。保护守法企业合法权益,尊重企业自主选择,满足企业合理诉求。

例770. 京津冀海关区域通关一体化改革对企业进出口物流有哪些促进作用?

答:京津冀海关实现通关一体化后,三地海关都可以放行所在地区企业在这些口岸进出境的货物,使得进出口物流更顺畅。这种通关的一体化,将为生产要素跨区域自由流动创造更加便捷的条件,进而为三地形成区域间产业合理分布和上下游联动机制,创造了良好的海关监管服务条件。

例771. 京津冀海关区域通关一体化改革后企业通关会有哪些便利?

答:京津冀海关实现通关一体化后,跨区域通关变得更为便捷,三地企业可以根据自己的需要,自主选择申报的海关,除了需要查验的货物要

在实际进出境地海关办理验放手续外，可以实现跨关区的放行。

比如天津企业在首都机场进境的货物，在一体化通关模式下，企业可以直接向天津海关申报货物进口，而不必再到北京向首都机场海关申报；天津海关可以直接对货物进行放行处理，首都机场海关则根据天津海关的放行指令放行货物；货物放行后，企业可以直接将货物运输到厂，不必再通过地面航班的运输形式周转至天津机场后，再运输到厂。

例772. 京津冀海关区域通关一体化改革当中的统一申报平台是指什么？

答：统一申报平台是指在京津冀口岸通关的企业在获取舱单信息后，通过中国电子口岸，可以自主选择申报口岸向海关提交报关信息。

例773. 京津冀海关区域通关一体化改革共包括几种通关方式？

答：在区域通关一体化改革中，为企业在京津冀口岸通关提供了口岸清关、转关、"属地申报、口岸验放"、"属地申报、属地放行"、"一体化通关"等多种通关方式，企业可以根据物流需要自主选择通关方式。

例774. 京津冀海关区域通关一体化与口岸清关模式相比有哪些优势？

答：京津冀海关区域通关一体化模式下企业可以自主选择在企业注册地或货物进出境地海关办理通关手续；而口岸清关模式下，企业必须在货物进出境地海关办理通关手续。

例775. 京津冀海关区域通关一体化与传统转关模式相比优势有哪些？

答：转关是指进口货物由进境地入境后，在海关监管下运往指运地海关办理进口通关手续；或者出口货物在启运地海关办理通关手续后运往出境地，由出境地海关监管出境。企业须使用海关监管车辆进行转关运输，海关对运输过程实施监管。

京津冀海关区域通关一体化模式下企业可以自主选择接单现场，并据此办理申报、接单、征税、放行等通关手续。对于已在现场办结海关手续的货物，企业可以自主选择运输车辆，而不必使用海关监管车。

例 776. 京津冀海关区域通关一体化与"属地申报、属地验放"模式相比有哪些优势?

答:"属地申报、属地验放"是指符合管理类别企业的货物进出口时,可向属地海关申报,并在属地海关办理货物放行手续。"属地申报、属地验放"对企业类别有要求并需要经海关批准才能使用,而京津冀海关区域通关一体化适用企业不需向海关申请。企业可以自主选择接单现场,办理申报、接单、征税、放行等通关手续。

二、区域通关一体化业务操作相关问题

例 777. 京津冀海关区域通关一体化改革的适用企业范围是什么?

答:在一体化通关模式下,京津冀地区的企业都被视为一个关区的企业,都能享受一体化通关待遇,即各种类别的企业都可以适用一体化通关模式。

例 778. 京津冀海关区域通关一体化改革后可以任意选择申报海关吗?

答:不可以,企业可以选择向企业注册地海关或者货物进出境地海关申报,不得向第三方海关申报。例如:天津企业通过首都机场海关空运进口货物,可以选择在北京海关或者天津海关申报,不能在石家庄海关申报。

例 779. 京津冀海关区域通关一体化改革后,对于需要人工干预采取特殊申报操作的报关单电子数据,应如何向海关提出申请?

答:对需要人工干预采取特殊申报操作的报关单电子数据,企业应向申报口岸现场海关或审单处提出书面申请。

例 780. 京津冀海关区域通关一体化改革后在通关过程中报关单被退单、挂起,如何与海关联系?

答:企业可以在"通关管理系统"→"公共服务平台"→"海关信息查询功能"模块中查询到报关退单、挂起时海关发出的操作信息及联系方式。

例781. 京津冀海关区域通关一体化改革后涉及修改撤销的报关单，企业应向哪个海关递交申请？

答：对于涉及报关单修改撤销的，企业向接单现场海关提交报关单修改撤销纸质申请材料。

例782. 京津冀海关区域通关一体化后企业与海关进行通关作业无纸化签约是否只与一个海关签约就可以了？

答：通关作业无纸化签约仍然是由企业与需要采用通关作业无纸化方式申报的海关分别签约。

例783. 京津冀海关区域通关一体化改革后，舱单修改、删除向哪个关区申请？

答：京津冀海关区域通关一体化实现后，企业应向接受舱单的海关发送该舱单修改、删除申请。

例784. 不适合口岸查验的货物，如何办理查验手续？

答：对于特种设备等不适合口岸查验的特殊货物，企业提出在属地海关实施查验申请，经海关同意后，由口岸海关按进口转关运输方式将货物转往属地海关，属地海关实施转关运输途中监控、货物查验。

三、异地加工贸易相关问题解析

例785. 什么是京津冀异地加工贸易？

答：京津冀异地加工贸易是指注册地在北京、天津、石家庄海关的加工贸易经营单位将进口料件委托这三个直属海关中的另一个直属海关关区内的加工生产企业开展的加工业务。

例786. 经营单位开展异地加工贸易，须提供哪些材料？

答：企业须凭所在地外经贸主管部门核发的"加工贸易业务批准证"和加工企业所在地外经贸主管部门出具的"加工贸易加工企业生产能力证

明",以及经营单位与加工企业双方签订的符合《中华人民共和国合同法》规定的"委托加工合同",到加工企业所在地主管海关办理加工贸易手册设立手续。

例787. 经营单位能否委托 D 类管理的加工企业开展异地加工贸易?

答:经营单位不得委托按 D 类管理的加工企业开展异地加工贸易。

第二节 通关无纸化

通关作业无纸化是指海关以企业分类管理和风险分析为基础,按照风险等级对进出口货物实施分类,运用信息化技术改变海关验核进出口企业递交纸质报关单及随附单证办理通关手续的做法,直接对企业通过中国电子口岸录入申报的报关单及随附单证的电子数据进行无纸审核、验放处理的通关作业方式。

下面,就为您系统地介绍一些海关通关作业无纸化的知识,以及企业在通关作业无纸化模式下应该做哪些准备,让您对这一通关模式有个详细的认知,以便更好地完成通关环节。

一、业务常用知识解析

例788. 通关无纸化适用哪些关区?

答:(1)试点阶段范围:2012 年 7 月,海关总署下发 2012 年第 38 号公告,决定自 2012 年 8 月 1 日起海关总署在北京、天津、上海、南京、宁波、杭州、福州、青岛、广州、深圳、拱北、黄埔 12 个海关的部分业务范围内启动试点。

(2)深化阶段范围:2013 年 4 月 10 日,海关总署发布 2013 年第 19 号公告《关于深化通关作业无纸化改革试点工作有关事项的公告》,决定在前期通关作业无纸化改革试点的基础上,在全国海关深化通关作业无纸化改革试点工作。北京、天津、上海、南京、杭州、宁波、福州、青岛、广州、深圳、拱北、黄埔首批 12 个海关将试点范围扩大到关区全部业务现场和所有试点业务。上述 12 个海关以外的其余 30 个海关各选取 1 至 2 个业务现场和部分业务开展通关作业无纸化改革试点。

例 789. 通关作业无纸化适用哪些企业?

答：海关总署 2013 年第 19 号公告将通关无纸化企业试点企业范围扩大至海关管理类别为 B 类及以上企业。其中，对于经海关批准且选择"通关作业无纸化"方式申报的经营单位管理类别为 AA 类企业或 A 类生产型企业的，申报时可以不向海关发送随附单证电子数据，通关过程中根据海关要求及时提供，海关放行之日起 10 日内由企业向海关提交，经海关批准符合企业存单（单证暂存）条件的可由企业保管。对于经海关批准且选择"通关作业无纸化"方式申报的经营单位管理类别为 A 类非生产型企业或 B 类企业的，应在货物申报时向海关同时发送报关单和随附单证电子数据。

表 6-1　海关通关无纸化适用企业范围

企业类别		是否适用通关无纸化	是否需要即时发送随附单证电子数据
AA 类		√	×
A 类	生产型企业	√	×
	非生产型企业	√	√
B 类		√	√
C 类			
D 类			

例 790. 企业参与通关作业无纸化的基本流程是什么?

答：根据通关作业无纸化海关监管要求，企业参与通关作业无纸化的基本流程主要包括签订三方协议、报关单录入与传输随附单证电子数据、通关无纸化回执打印、货物查验与放行以及报关单删改等环节。其主要流程示意图如图 6-1 所示。

例 791. 什么是通关作业无纸化三方协议签约?

答：通关作业无纸化三方协议签约的三方是指企业、海关、电子口岸。其中，申报单位和经营单位都要分别与海关、电子口岸签约。企业用

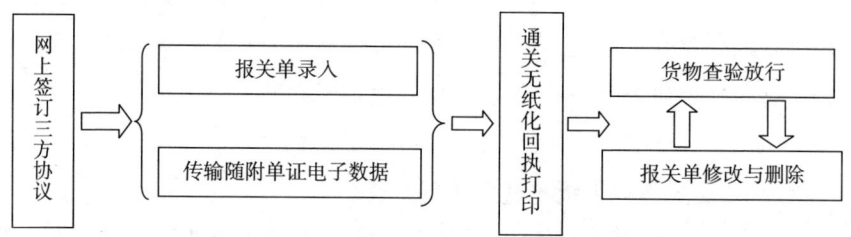

图6-1 企业适用海关通关无纸化流程

户必须使用企业法人卡签约。此外，值得关注的一点是同一家企业可以与多个关区（报关单申报地）签约。如图6-2所示。

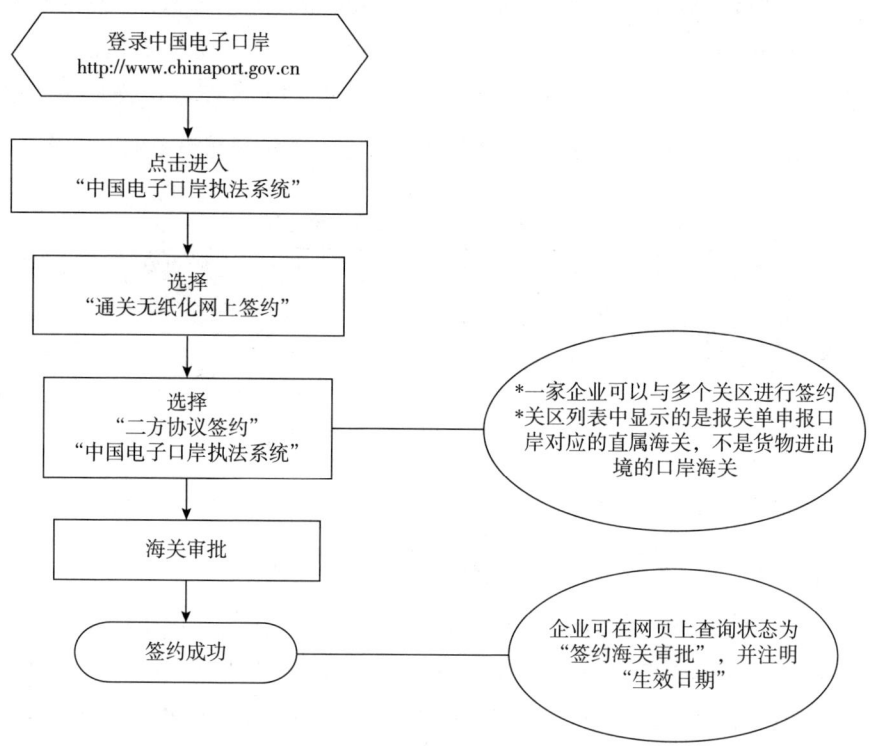

图6-2 通关作业无纸化三方协议签约基本流程

例792. 通关作业无纸化企业网上签约环节的注意事项是什么？

答：（1）签约三方是指企业、海关、电子口岸。申报单位和经营单位都要分别与上述三方签约。

（2）签约时系统是按照海关 10 位编码识别的，不是按照组织机构代码（9 位）识别的。

（3）同一家企业可以与多个关区进行签约。

（4）进行该系统操作必须使用企业法人卡，不能用操作员卡。

（5）关区列表显示的是主管海关，不是口岸海关。如客户须在上海口岸进行通关无纸化申报，须与"上海海关"签约。

（6）当与该关区签约后，关区列表中将不再显示该关区，只列出没有签约的关区。

（7）在完成签约后须等待 1~2 个工作日的海关审批。事后客户须查看三方协议"查询"一栏，此栏中显示有"具体生效日期"及协议状态为"签约海关审批"，则为签约成功。

（8）协议解约后，企业也可进入该系统菜单项下查询是否解约成功，解约是不需要海关审批的。

例 793. 什么是代理报关电子委托？

答：电子委托协议作为报关单随附单据中唯一的格式化数据，是海关通关无纸化改革的重要一环。经营单位、申报单位持操作员卡登录浏览器版系统后，可实现双方代理报关委托签约。无纸化代理报关委托可由经营单位向申报单位发起申请，也可由申报单位向经营单位发起申请。

例 794. 什么是报关单随附单证电子数据传输？

答：通过实施通关无纸化，企业可以将纸面的随附单据数据，如发票、合同、提运单及各类监管证件等纸质单证转换成 PDF 格式的电子数据，随附电子报关单数据一起向海关进行申报，并接收电子的审核、放行回执，企业不用再提交纸面单证。

因为现阶段全国海关各关区报关单录入客户端尚未统一，上海关区使用 EDI 系统，而深圳、黄埔等其他关区使用中国电子口岸 QP 系统。但各系统间的使用方法、操作流程等区别不大。

例 795. 我公司一直都是让货代代理报关的，实行无纸化通关后，在网上签订无纸化通关协议后，关于代理报关委托书要怎么操作？纸质的还能用吗，还是要在网上申请电子代理报关委托书？

答：企业签约申请由海关审核通过后，在办理进出口货物通关手续时可以采取"通关无纸化"方式进行通关。如果委托报关，报关企业和经营企业需在中国电子口岸代理报关委托书系统建立委托关系。委托书可以长期有效，一份委托书可以对应多份委托协议。一份委托协议对应一份报关单。签订委托协议后，即可采取电子委托。

例 796. 通关无纸化改革后，企业在上传发票后是否可以在 QP 系统里点"批量申报"选项，然后再选择多条要申报的报关单数据进行批量申报？

答：通关无纸化报关单可以进行批量申报，但批量申报对本地网络速度要求较高。

二、系统操作基本常识

例 797. 报关单随附单据上传时需注意哪些？

答：随附单证格式要求：

（1）上传格式需为 PDF 文档。

（2）每类电子随附单据只能为 1 个 PDF 文件，每个文件为 1 个报文，每个报文不能超过 4M，每页不能超过 200k。

（3）电子随附单据报文和报关单报文会同时发送给 H2010 系统，但 H2010 系统接收到电子随附单据报文比报关单报文通常会晚一些，如果超过 30 分钟，报关单会被退单，企业需重新申报报关单，但电子随附单据不需重新申报。

三、系统操作常见问题

例 798. 报关行发起委托申请的时候，系统提示："请先对报关企业进行登记。"这是什么意思?

答:这说明报关行没有做企业信息登记,请在QP系统"企业登记"功能里面做报关企业信息登记。申报单位在开展通关无纸化业务前,需要在该系统中向报关协会申请企业登记,否则后续业务无法开展。

> **小贴士** 企业在登记过程中,如果登记信息被退单,可以进行编辑后重新申报;登记信息审批后,有正常的信息变更,也可以进行编辑后再次申报;申报单位登记信息在报关协会审批时,会设定"审批期限",在超出审批期限前,企业应再次向报关协会申报操作。如果申报单位未进行信息登记,或登记信息超期未重新申报的,在系统中无法申请委托、无法确认委托、无法被其他经营单位进行查询,请特别留意。

例799. 代理报关委托协议发起后,可以修改委托申报内容吗?

答:根据海关通关无纸化现行操作规定,代理报关委托协议发起后委托申报内容不能修改,只能重新发起。

例800. 我公司在青岛海关进行报关单申报时,海关电子审单退单显示:"海运出口报关单全面实施通关无纸化作业,不得以出口无纸通关方式申报。"请问这是什么原因?

答:青岛关区已开始实施海运出口通关作业无纸化改革,报关企业在申报无纸报关单的时候,应在报关单录入界面"报关单类型"项目选择"M通关无纸化",如果选择原先的"W无纸报关"方式申报,会造成上述原因退单。

第七章　客服工作手记

电子口岸客服人员十几年如一日，他们以 7×24 小时的承诺，服务于全国 80 多万家进出口企业和数以亿计的境内外个人，成为优化海关服务、畅通海关内外沟通的重要渠道。

小电话，牵动万人心；小电话，连着中国梦；小电话，可以大作为。作为客服人，他们以"敢于担当、勇于创造、热情服务、甘于奉献、团结协作"的风采，在平凡的岗位上书写着不平凡的故事，他们以实际行动秉承着"服务型海关"为人民服务的理念，他们是一座搭建在电子口岸与企业之间的桥梁，他们拨亮了电子口岸和海关对外服务的窗口，塑造了电子口岸和海关良好的社会形象。

下面就让我们一起走进他们的世界，去聆听他们的心声！

（1）系统光盘万万不可随意丢弃

作为客服人员，我认为在日常工作中要认真学习专业知识，并且虚心向老员工请教热线电话中不太熟悉的业务问题，这会让自己进步得更快。记得刚开始学着接热线电话，接到用户咨询电子口岸系统安装盘无法安装，我慢慢理顺自己的思路，想着学到的专业知识，先询问用户这张系统安装盘是否在其他电脑上已安装过，用户不耐烦地说："早买的了，不记得了，那台电脑早已不用了，你们赶紧给我处理。"我耐心地告诉用户一张光盘附带一组注册码，可重复安装三次，超过三次的，用户需致电 95198，将安装记录清空后才可再次安装。用户听完我的解答后，急忙说："谢谢，谢谢。"企业要切记在购买后一定要好好保存客户端光盘，一旦遗失，在某些情况下就会带来不便。

——北京数据分中心　刘勇

（2）用排除法，自助解决常见问题

在多年的客服工作中，每天面对各种各样的问题，我深深地体会到在接听热线电话，解答用户疑问的过程中，不仅服务用语需要标准规范，同时在面对用户的问题时还需要多想些处理问题的办法，相类似问题还可以归纳起来。例如：有的用户问"插上IC卡页面没有反应怎么办"，我就采取排除的方法。先问用户IC卡是否在两年有效期内；如果卡没有问题，再问用户是否登录中国电子口岸网站做的相关业务，用户说没错；然后问用户电脑本身是否已安装电子口岸系统安装盘，告诉用户只有安装了才能做相关业务。有的用户问"读卡器底层库打开失败怎么办"，我还是先确保用户在IC卡没有问题的情况下，问用户读卡器型号，读卡器灯亮的状态，如果都没问题，才会让用户清理浏览器缓存试一下。其实，在实际工作中，电子口岸的常见问题也就是这样几类了。在遇到问题时，用户可以使用排除法逐一判断，若不符合上述几类问题再致电咨询，以节约时间。

——北京数据分中心　白玥

（3）规范录入是业务正常开展的前提

作为一名客服热线工作人员，每当企业打来电话，诉说自己遇到的困难时，我总能切身地感受到用户那种急迫的心情。为了引导用户清楚地表达问题，我会严格按照领导要求，遵守客服管理规定，使用准确、简明、易懂的话语向企业提出询问，尽快帮助对方找到问题的根源和解决方法。

2014年3月，某企业电话咨询录入报关单时总是退单的原因。由于该录入员刚刚入职，对业务不熟悉，问题描述得十分不清楚。遇到这种情况，我首先对企业焦急的情绪进行了安抚，逐步指导企业查看退单回执，通过回执的查看，确认退单原因为"录入报关单进口许可证相关信息时提示：自动进口许可证不可用或填制不规范（无自动进口许可证的表头相关数据）"，并由此判断出此问题为企业录入不规范所致。通过对企业报关单录入内容的逐项检查，发现报关单的随附单证编号都包含"－"字符，例如"13－19－WA6025"。因商务部签发的许可证电子数据编号不包含"－"字符，所以导致退单。正确的填制方法应为"1319WA6025"。须录入系统的各项一般都有明确的填制规范，用户平时也要注意学习和整理，这样才能高效、准确地完成关务工作。

——石家庄数据分中心　吴媛媛

（4）及时验证，确保工作正常使用

2014年4月23日，我跟往常一样，在为企业办理业务的同时接听服务热线，电话铃响起，我微笑着接起电话。"我的报关卡现在报不了关了，上个月才做的延期……"电话那头的语速很快，显然这位报关人员很焦急，因此没有清楚地表述遇到的情况。我先安抚她的情绪道："您先别着急，请慢慢讲。"我有条不紊地向她提出以下问题："报不了关弹出的提示框是什么"，她答道："弹出的窗口为'该报关人员没有注册'"；然后我询问报关人员该企业的海关证和她的报关人员卡是否在有效期内。排除了以上两种情况之后，我凭借以往的经验判断很有可能是海关系统升级导致的，我建议该报关人员到我们数据中心重新制卡，经过重新制卡，申报权限、打印卡后，该报关人员卡得以正常报关使用，为企业争取了宝贵的时间。报关人员IC卡进行延期等操作后，用户要及时确认IC卡可以正常使用，以免出现需要使用时才发现IC卡不能用的情况。

——呼和浩特数据分中心　萨茹拉

（5）专机专用，避免系统遭侵害

数据分中心技术工作与客服工作分工不是很明晰，你中有我，我中有你。企业在通关过程中遇到问题，有时会直接将电话打给技术人员，所以作为数据分中心的一名技术工作人员，我每天不仅要与技术设备打交道，有些时候还要面对企业报关人员的询问。因此，我不仅要保障通关硬件设备正常运行，还要学会将通关过程中出现的技术问题，转换为简单平实的语言与企业沟通，获得企业的支持与理解。

某天早高峰，我的手机铃声骤响，费力地从兜里掏出手机，举起来一看，是一个联网企业打来的。在电话中他提到企业QP改进版无法登录，影响了公司正常通关，很是着急。我在电话里对他进行操作指导，先试一下其他的网站能不能打开，在得到肯定的答复后，我判断网络应该没问题。根据我的经验判断会不会是什么软件限制了QP网络的访问。在很多

情况下，我们都先发现防火墙和杀毒软件对系统正常运行产生了不良影响，所以我们建议大家尽量专机专用，不要安装过多的其他软件。

到了单位，我通过登录企业电脑发现他安装了一款防火墙，不知什么原因很多应用程序被列入禁止访问网络列表中，导致他不能登录 QP 改进版。我耐心与企业报关人员解释后，他说昨天安装了一款电影播放软件，别的什么也没装。我下载了这款软件，安装过程中发现在一个不起眼的地方捆绑安装了一款防火墙，也就是所谓的流氓软件。我将这种情况反馈给企业报关人员后，他们解决了这个问题。

——满洲里数据分中心　牛起海

(6) 充分利用网上资源，努力提高自身业务水平

"您好，大连分中心，很高兴为您服务。""我用新办的操作员卡登录系统后，出口退税、进口付汇等都是灰色的，有个95199卡注册是可选的，我进去注册的时候输入 IC 卡卡号和密码，提示我错误。""您好，不是在这里注册的，请您登录中国电子口岸首页→'在线购卡'→'新系统注册'→'确定'，输入相关信息就可以注册使用了。"

这个问题已经是今天第四个电话了。这种频发问题，虽然给企业解决了，但是企业仍然是占用了时间拨打热线后才知道了答案。所以我就想，在现有条件下可不可以避免企业遇到的这个问题，使企业不用占用时间拨打热线电话咨询，就能知道注册流程。想了一会儿，我就联系了负责各部门协调工作的同事，向制卡部门提了一个需求，制作一个 IC 卡注册流程，在企业领卡时就让企业明白注册的操作。

其实很多业务流程在网上都有，只要仔细找一找就能找到，作为关务人员，我觉得充分利用网上的资源不时学习业务知识是非常重要的，多看相关的资料，整理出一份适合自己的工作笔记，对自身的提高大有裨益。

——大连数据分中心　王一鸣

(7) 专业知识和服务经验是客服工作的关键

前段时间，上海某报关有限公司工作人员亲自到上海电子口岸呼叫中心，向热线人员反映持续两天因 VPN 无法正常使用，导致该公司报关作业

受到影响,要求热线解释具体原因。

我首先向客户了解了具体情况,并对客户进行了安抚。根据客户提供的时间段,查看热线电话受理记录,了解热线是否有接待过该家企业,以及查看这两个时间段是否有系统故障记录。经查实发现,当天客户未致电热线,也无系统故障记录。该企业发现 VPN 不能正常使用后,直接采用人工预录单证方式解决。次日,平台确有短时故障,造成收发异常,最终由网络人员对 VPN 接入端进行调整后恢复。我将查询结果告诉客户,并如实告知客户曾发生故障的时间段以及故障恢复时间。根据客户遇到的问题,建议客户为了避免有时因 VPN 使用出现问题而影响报关作业,请自备其他网络设备以备应急使用。最终圆满地解决了这一问题。

作为专业报关公司,应切实做好系统保障工作,UPS 不间断电源等硬件,在条件允许的情况下应尽力配备,只有这样才能为客户提供更加优质、高效的服务。

——上海数据分中心　严颖

(8) 多用、多思考是提高系统操作水平的不二决定

某天早上 8∶30 电话准时响起,一位用户用焦急的口吻说无法完成通关无纸化签约。在和他确认使用的是在有效期内的法人卡后,我了解到他在签约的平台上找不到上海关区。这时我意识到该企业应该已经签过上海关区了,在向用户表达了这一判断后,他表示不能理解,用户认为自己肯定没有签过上海关区,这时我耐心指导用户:"请您打开中国电子口岸的首页,左侧有一个安全技术服务用户登录,请您点击进入,进入后请您点开右边快速入口下方的'通关无纸化网上签约',输入密码后进入签约系统,查看一下'三方协议查询',一般您签过的关区都在这里面,您可以看一下是否已经和上海海关签过约了。"通过一番引导,用户顺利查询到自己已经签约了上海海关,并且已经审批通过。用户表示,心里的一块大石头落地了,非常感谢我。随着电子口岸系统的不断完善,功能也更加强大和人性化,很多情况下,用户只要多使用几次系统,就能熟练使用,大家一定不要对系统有畏惧心理,多用、多思考,就一定可以提高系统的操作水平。

——上海数据分中心　蒋景娴

（9）变更海关 10 位代码一定要做好充分准备

"喂！是电子口岸吗，我的报关单在电子口岸怎么没有数据呢？"，一天，一位语气急促的客户打进热线。"别着急，您慢慢说"，我先稳了一下她的情绪，然后耐心地询问具体情况。经过进一步了解，她几天前申报的报关单状态已显示为"已发往数据中心"，但是在电子口岸执法系统的出口退税模块却查不到该票报关单的信息。根据客服的经验，判断这通常是由于企业信息变更引起的，于是我又继续询问了对方企业信息变更的情况，果然，她在来电的前一天对企业海关 10 位代码进行了变更，而无法找到信息的报关单都是变更之前申报的。我跟她耐心解释道：因为现在已变更为新的海关 10 位代码，所以用原来的 10 位代码报关数据就查询不到了。针对这样的情况，可以去制卡中心办理双号并存，也就是两个 10 位代码能同时使用，这样，报关单数据就都能查到了。并且提醒她，并不是一直能使用两个海关 10 位代码，原代码的使用期限是以海关给予的期限为准的。客户的一声谢谢结束了通话也结束了她的烦恼。变更海关 10 位代码是一项非常重要的工作，因为海关 10 位代码是很多业务数据的关键单证号，在变更海关十位代码前，一定要向数据分中心和海关充分了解变更可能带来的影响，并针对影响做好相应的应对措施，以免对企业正常业务造成影响。

——宁波数据分中心　朱彪

（10）顺畅的沟通是解决问题的前提

自从离开了学校总感觉睡眠不足，每天都得用强意志力起床、上班，特别是周一的早上。某个周一早上，我睡眼惺忪地打开热线系统，签入，没一秒电话就响起，我马上进入工作状态问道："您好，电子口岸，请问有什么可以帮助您？""您好，是电子口岸吗？为什么我上周四到你们那边办理新入网，到现在还查不到记录呢？"电话那边抱怨地说道。

"您好，×小姐，请问您企业的组织机构代码是多少呢？"我问道，"请稍等，我帮您查询当前的审批进度。"我迅速地打开系统界面，进行查询。由于目前厦门关区内的企业办理电子口岸入网，通过电子口岸入网进行网上联合审批，因此，我可以看到目前这家企业已经到了国税局待审批的状态。

我切回热线接听状态，对企业解释道："您好，很抱歉让您久等了。请您登录'福建省电子口岸企业入网办理进度查询系统'，输入您企业的组织机构代码……"我还没说完，就被企业打断了，听到她大声地抱怨："我就是这么操作的，怎么就查不到呢，你们怎么效率那么低呢？你换个懂的人来跟我说！"我还是很有耐性地说："您组织机构代码最后一个数字中间的横杠是不需要输入的，您是不是多输了这个横杠呢？"对方的话音忽然中断了一会儿，然后用户的话语中带了点不好意思的语气道："对哦，那我再试试。"

"好的，请您再尝试一次，请问您还有其他问题吗？"

"没有了，谢谢啊。"用户按照我的指导顺利地查到了状态，并对我表示感谢。

在工作中，我们经常会遇到用户和我们沟通不畅的情况，一味地抱怨我们并不能解决用户的实际问题。我相信只要您将问题准确、清晰地告诉我们，尽力配合我们进行调试，我相信，您的问题一定会得到专业、快速地解决。

——厦门数据分中心　刘晓莉

（11）复制、粘贴数据时，要小心回车符

作为数据分中心的一名客户服务部热线专员，我是感到自豪的！因为我每天抬起头，都能看到前方墙上挂的"省级青年文明号"的牌匾，每当我看到"青年文明号"这几个闪光的大字，都会不由自主地对自己说："努力工作，服务好企业！"这种荣誉感伴随着我，使得工作不再乏味，每天都会用真诚的服务，接听每一个电话，解决客户的每一个问题。

今天我接到一个威海客户的电话，电话一接通，她不说具体遇到了什么问题，先是抱怨了一通系统不好用，说对其造成了各种影响。这种电话我基本每天都能接到，我也非常理解客户急迫的心情，客户也需要一个宣泄的路径，于是我一面安抚她，一面询问具体问题。慢慢地，她的情绪平复下来，开始描述问题。原来她是一家电子账册系统用户，今天她申报归并关系变更时，系统退单提示"归并前报文第一条，本包第二条数据长度不足无法处理，发现未知数据标识"。客户多次申报，还是同样问题，于是拨打了我们的热线电话，态度就有些着急。这种问题的产生是因为客户录入某些字段的内容为复制内容，也就是说是从别的文档或者程序中复制的，造成字段中有回车，但是回车字段在界面上很难看出来。于是我耐心指导客户，一个字段一个字段地仔细检查，终于发现归并前数据中的"规格型号"字段后多了个回车。客户删除该回车后，数据顺利申报成功。

数据长度不足是许多账册企业都会遇到的问题，产生问题的原因也非常简单，要解决这一问题，除了对系统进行优化外，还需要用户在复制时小心回车符，出现问题时，对照提示进行检查。

——青岛数据分中心　姜绍真

（12）重新安装系统是解决系统类问题的杀手锏

电话响起，"您好，这里是广州数据分中心，请问有什么可以帮您？"这是我们一贯的开头语。

"我的 QP 系统出现问题了，页面可以正常登录，但是在选菜单时就出现一串错误提示，怎么办？"急促的话语，焦急的声音通过电话让我感受到对方的心情。

作为一名客服热线座席人员，及时地帮助企业解决技术故障问题，尽量减少企业遇到故障后所承受的负担，这是我们的职责所在。

由于这位用户不是专业的技术人员，为了方便企业，尽快解决问题，我们开通了 QQ 远程协助服务。我首先咨询企业能否登录 QQ 接受远程协助，在得到对方的答允之后，开始进行协助操作。经过排查，当点击到"加贸权限管理"时，QP 系统出现报错提示"业务系统程序没有安装或连接无效。缺少配置文件 WgtSys/config/Wgt.config"。我脑海中马上浮现出该类问题的解决方法，只需将 C：\ Document and Setting \ Administrator \ Local Setting \ apps \ 2.0，除"data"以外的其他文件夹删除，然后再重新登录即可。故障处理完毕后，对方非常舒心，称赞我们的做法既让对电脑不熟悉的操作员不再通过电话沟通难以操作，又能及时排除故障。

重新安装系统是解决许多系统类问题的杀手锏，在很多情况下，用户也可以尝试使用这一方法，也许就有奇效呢！

——广州数据分中心　余明昕

(13) 电子口岸浏览器系统要安装数据库

热线是我们服务企业的平台，声音是我们与企业沟通的媒介。用心去倾听急躁抑或无条理的诉求，在最短时间内了解问题所在并解决，是我们不可避免的挑战。

我们经常接到企业反映，电子口岸系统打印不了报关单，怎么办啊？我一般会很快反应"您是在电子口岸什么子系统打印什么报关单"。企业的回答往往莫衷一是，只知道一味地埋怨"你们电子口岸老是有问题"。面对这种情况，我只有一点点地引导："您是从哪个界面登录的，进去后点击哪个模块，打印报关单来做什么业务等。"终于我了解企业是登录电子口岸执法系统进口付汇子系统打印进口付汇报关单证明联，系统上可以查询到单据但数据显示乱码且无法打印。初步判断是系统设置的问题或者是由于程序不完整导致的。我先指引企业打开 IE 浏览器→"工具"→"Internet 选项"→"常规（清除历史记录）"→"安全"→"自定义级别"→"修改设置为启用选项"，用户按照我的指引操作后重新登录系统查询打印，发现仍打印不了。我进一步询问企业是否安装系统，其回复有购买系统数据库光盘但并没有安装，随后我耐心协助企业成功安装系统，企业再次进入系统查询时，数据显示完整而且付汇证明联可以正常打印出来。

虽然不安装系统数据库，用户也可以进入系统，但是有很多功能就不能正常使用，所以大家一定不能图省事而不安装数据库。

——深圳数据分中心　张海玲

(14) 做好激活码管理也是十分重要的

在日常受理企业上门办理客户端维护的业务中，最头疼的问题是企业用户有一个以上终端但不知道需要维护的是哪一个终端，即无法提供激活码流水号，而这类企业中报关行居多。

上周受理一家报关行因更换电脑前来办理系统维护，维护资料相对齐全，唯独未能提供激活码流水号原件或者号码，使得无法继续办理维护。企业人员来得急，得知办不了维护就更加焦灼："那怎么办啊？我们公司一天几百份单要出，少一台都不行的！随便一个不行吗？"此时我告知该用户如果提供错误的话,他们的客户端就不能使用。

　　看我如此较真,企业人员也不敢怠慢,按照我的要求联系公司人员逐一查找公司所有正常使用的客户端唯一编号,最后我使用该用户提供给我的几个客户端编号通过排除法得出该用户此次需要维护的激活码流水号,顺利地为该用户办理了维护。最后,我建议该用户做好激活码管理工作,厘清公司内使用的激活码与电脑的对应关系,以便下次可以顺利办理维护,企业人员满意而归。

——深圳数据分中心　陈嘉怡

(15) Window 7 系统可能会导致口岸系统不能正常使用

　　电子口岸客服工作经常会遇到一些系统应用上的问题,这些问题有时候比较复杂,有时又相对简单,关键是要在平时注意收集内容,只有存贮的知识越多,在解答问题时才能一语命中,找到关键所在。

　　今年 4 月的一天,我刚刚上班,就有企业办事人员急急忙忙跑到咨询窗口问:"为什么我们的电脑不能使用电子口岸了,现在全部业务都停顿了,货物都堵在关口。"企业办事人员情绪非常激动,我首先做好企业办事人员的安抚工作,耐心询问他做了哪些操作,他支支吾吾说不上来,只顾一个劲地埋怨。我突然想到前两天微软公司宣布从 2014 年 4 月 8 日开始 XP 操作系统停止更新,越来越多的企业用户对电脑操作系统进行了升级,我想这家企业是否也更换了操作系统。果不其然,企业办事人员说,"我们也了解到 XP 系统不再更新,所以升级了 Windows7 的操作系统"。根据已经掌握的知识,由于 Windows7 操作系统只支持 4.0 版本以上的数据库光盘,而且还必须配备 EP900 型号以上的读卡器。也就是说,企业必须安装最新版本的数据库光盘并配备相应的读卡器,才能使用 Windows7 系统。经向企业耐心说明情况后,企业表示理解,并接受了我的建议,购买最新版本的数据库光盘和读卡器。问题圆满解决。

　　为了保证系统的稳定性,在对 Windows 系统进行升级时,请您最好先咨询一下数据分中心,以免出现问题。

——深圳数据分中心　周佳

(16) USB 扩展器导致 ZKEY 不能正常使用

"您好,电子口岸……""你好,我的电脑用不了,无法登录,海关要求我们公司今天回复,是最后一天了,之前还可以用的,现在怎么登录不了呢?找了海关,海关又叫我们找你们处理……"用户还没等我说完欢迎词,就烦躁地在电话那头说起来了(是我比较害怕的那种大妈级用户)。据经验判断,用户应该是在使用拱北海关关企通系统时遇到了问题,而这类问题通常是因为没有安装登录控件或者用户选择错误的登录方式导致的。

我首先稳定了一下用户的情绪,确认用户是在 WINDOWS XP 系统下使用 IE6 浏览器登录拱北海关关企通系统,且为有电子口岸卡用户(关企通系统有三种登录方式:①有电子口岸卡用户、②无电子口岸卡用户、③海关事务协调【AA 和 A 类企业专用】)。据用户描述,在选择有电子口岸卡用户,插入 IKEY 卡,输入密码点击登录后提示"电脑还没有安装电子口岸 IC/IKEY 卡登录控件"。该控件在网页的底部提供下载,我指引用户成功安装该登录控件后,她说:"还是一样的提示,装那个控件后,还是不行。"用户说完后,我建议用户打开设备管理器,检查 IKEY 卡是否正确识别。由于用户对电脑基础操作不熟悉,我一步一步指导用户进入设备管理器画面,确认了 IEKY 卡无法正常识别。用户使用的新型的 IKEY 卡,一般情况下是免驱动程序。经过用户的配合排查,问题是由于用户使用 USB 扩展器连接 IKEY 卡造成的,在建议用户直接将 IKEY 卡插到电脑主板的 USB 接口后,用户便可以正常登录系统了,并对海关发布的信息进行了回复。用户在挂电话前,不停地说谢谢。

想不到,引发问题的竟然是这个不起眼的 USB 扩展器,以后再遇到相似的问题,大家可要先试试这个解决方法啊!

——拱北数据分中心　钟学智

(17) 电子口岸,不光是海关一家的事

作为客服服务人员,我们的工作琐碎、繁杂,注意细节能更好地提升我们的服务质量。比如接听服务热线时亲切地送上一句"您好,电子口岸很高兴为您服务";耐心地聆听对方的咨询,有条不紊地回答问题;千方

百计地为用户着想，提醒用户相关的手续、流程。

前两天我接到了汕头用户反映在使用 IC 卡正常登录电子口岸子系统时，"进出口收付汇"这两个模块呈现灰色状态，无法进行正常业务的操作。根据以往的经验判断，这类问题通常是由于以下几点原因造成的：(1) 用户在使用 IC 卡登录系统时没有更改初始密码；(2) 外汇的权限到期；(3) 用户 IC 卡没有登录激活上网卡（95199）。

在认真聆听用户提出的问题之后，我立马引导用户检查在使用 IC 卡登录系统时，IC 卡有没有进行更改初始密码（8 个 8）的操作。确认用户更改密码后，再询问用户有没有进行 IC 卡捆绑上网卡（95199）的激活操作。进一步确定用户已做过此项操作后，接下来就应该询问外汇的权限是否到期，如果到期，需到当地的外管局进行延期。由于这是个综合性问题，整个问题的讲解过程耗时不短。因此，我尽量试着用简单通俗的语言跟用户说明情况，希望用最快的速度为用户解决问题。在我讲解种种情况时，用户也很认真地配合我，顺利解决了存在的问题。

其实电子口岸的许多业务都需要其他部委和单位的协同，比如外管局、国税局和银行，只有所有的环节都通畅了，相关业务才能正常开展。

——汕头数据分中心　陈楚娟

（18）根据业务状态，查找问题原因

热线电话就像一座桥梁，通过电波把我们的真诚服务带给企业，我们和企业虽然见不到面，但是我们说话的声音是"面带微笑"还是"冷酷无情"，这些企业都能感受得到。在电话里，对于企业提出的问题，我们都详细回答，百问不厌。对于企业碰到的个别难题，主动联系有关部门，为企业排忧解难。

今年 1 月份，有家刚注册的潮阳新企业，来电子口岸办理新入网手续，办理完毕，卡拿回去后，发现用操作员卡登录，无法领核销单。企业报关人员立刻打电话来咨询，通话中，听得出这位报关人员很着急，我先告诉他，操作员卡拿回去后，首先要修改密码，注册上网卡，他说，这些都操作了。然后我让他用法人卡进去查看里面的子系统，看看外汇栏显示的内容。他查看后说，都是申报未审批。问题就出在这里了。我立刻拨通了审批电子口岸的外管局电话，跟外管办事人员说明了这个情况，外汇局的办事人员立马给这家企业网上三级审批通过。过了一阵，潮阳企业那位报关人员打电话来说，可以领核销单了，从电话那头听到他那开心满意的声音，我也是从心底感到开心。

其实这个问题通过数据状态很容易就可以判断，大家也可以举一反三，充分利用业务状态，找出问题原因。

——汕头数据分中心　陈妹仔

（19）登录出错，要先检查网络情况

有一次下班的时候，我走出办公室门口刚要锁门，隐约听到有电话声响，我马上回头去接了电话，是一个客户打过来说他们进不了电子口岸预录入客户端，系统提示"激活检查不通过，系统无法登录，无法解析主机名称"等一串错误。我初步判断，应该是网络问题。我首先确认客户使用的是互联网还是电子口岸专网，客户说是互联网，我再跟客户确认现在是否能上网，客户打开网页试了一下说上不了，然后他很着急地说他们公司有几票舱单要急着申报，问我应该怎么办。我让客户先不要着急，接着向他了解一下公司的网络情况，耐心指导他在电脑上简单地做一下网络测试，后来发现他们公司的网关 ping 不通。这个问题可能是由于路由器故障导致上不了网，我让客户把路由器重启一遍，他重启之后路由器恢复正常，然后也能上网了，此时客户可以正常进入客户端使用了。出现登录报错时，大家可以先检查网络情况，比如可不可以上网，把防火墙、杀毒软件关闭一下试试，也许你自己就能解决问题了。

——湛江数据分中心　严志云

（20）让人迷惑的 12360 和 12306

又到了我值夜班的时间，凌晨两点电话响起："您好，12360！""噢，12306啊，你好我要订张火车票……"凌晨三点电话响起："您好，12360！""你好，我要退票……"

又是一年春运时，身在异乡的人们，为了能回家与家人团聚，都早早开始预订火车票。订票人的急切心情，我是十分理解的。但是，我不是铁路部门服务热线 12306。我耐心地告诉订票者千万不要拨打成 12360 全国海关通关服务热线。

郑重说明：12360 全国海关服务热线电话不订车票、船票、飞机票！

——热线座席　赵倩

（21）学会换位思考

我们的工作会遇到形形色色的咨询者，作为 12360 全国海关服务热线值班人员来说，能在第一时间帮助他们解决问题，那是最重要的。但是，在工作中难免碰到一些麻烦，所以我们要学会解决问题的技巧。

近日接到许多电话，感想颇多，来电人在咨询问题时一般都比较着急，像行邮类问题，第一句话问的肯定是：给我查一个包裹，这是包裹单号：××××××，我们只能耐心地向咨询人解释并告知邮包的查询办法。虽然这并非 12360 的工作范围，但是我们很能理解咨询人的心情。如果平时自己在国内邮寄东西，等待收件，20 天没有消息，我们也会相当着急。因此，作为 12360 全国海关服务热线人员，在工作中多一份将心比心，多一些换位思考，让咨询者觉得你是站在他的角度考虑问题，能够在第一时间帮助他们解决问题。这样在接听电话时就能事半功倍，同时也能得到他们的认可和理解。

——热线座席　刘鹏

（22）年三十儿的紧急包裹

春节放假前的最后一天我接到一个电话，是一位女士咨询为癌症患者邮寄药品的问题，听得出来这位女士十分焦急。由于春节是我国的传统节日，是国人最重视的节日，放假时间也最长，这个时候很多企业都会提前放假，让员工早早地回家过年。所以，她不知道在七天长假中海关是否有人值班，这次邮寄的药品又属于十分紧急的物品，也不清楚是否能够在放假前收到包裹。了解此情况后我，马上联系了邮包进境地海关联络员并告知其此事，还与海关快件中心取得联系。我了解到 2 月 1 日和 2 月 4 日上午海关快件中心正常办公，用户可以在这两天找承办方向海关办理邮件通关手续。我将了解到的情况告知这位女士后，她表示十分放心和感谢。虽然不知道这位女士有没有及时收到包裹，但我相信自己所做的答复对她顺利拿到包裹会有所帮助。

——热线座席 孙蕊

（23）为客户高效便捷通关保驾护航

2014年3月末，我随数据中心调研组赴深圳、汕头、厦门三市就通关无纸化的相关问题进行了调研。通过此次调研，我了解了很多现场的具体业务情况，增加了感性认识。例如之前我们有时不太明白客户为什么不能提前申报数据，非要在下班时间申报，通过现场调研才明白是业务模式决定的，因此在今后的工作中，我们就会对这类非工作时间报故障的情况多一分理解。在此次调研过程中，各地数据分中心和企业对我们的系统或服务都提出了很多宝贵的意见，这些意见对于优化我们的系统、改进我们的工作方法都是非常有益的。通过此次调研和现场走访，让我更加感受到自己肩上的重担，在今后的工作中，我们将继续为客户们提供更加热心的服务、最为有效的问题解决方法，为客户高效便捷通关保驾护航。

——技术支持 路震宇

（24）全面周到的服务，尽在12360海关服务热线

随着对12360全国海关统一服务热线宣传力度的加大，我们在接电话的过程中明显感受到来电咨询的用户已经不仅仅咨询海关业务方面的问题，但只要拨打我们12360全国海关统一服务热线，我们一定会尽最大努力给予帮助。比如，我们经常接到旅客在××口岸入境时，行李物品在海关查验后，不小心将行李落在海关现场的电话。我们体谅失主着急的心情，也会在第一时间联系该口岸旅检办公室进行核实，然后反馈给失主。每当听到失主由衷的感激，都让我感受着这份工作给我带来的不一样的意义，那种满足感是其他工作无法给予的，我想这种动力会一直推动我，不断将自己的工作和服务做好。

——12360 韩禹

（25）坚持原则，热情服务

早上上班不久，我就接到一个企业要求我们帮忙查询他的出港船舶编

号以及船次信息的电话，能听得出他非常着急。我虽然也替他着急，但由于我们工作性质的特殊性，我不能向他提供任何相关信息。因为我们接触到的所有企业信息及数据都是有法律效力的执法数据，在这方面，我们仅能做的是信息核对，前提是企业应先把需要核实的信息提供给我们，我们进行对比后，告诉他信息是否正确。因此，接到该电话，我首先对不能为他提供这项服务表示抱歉，然后如实地告知他我们的工作范围及权限。企业听后仍表示极度不满，对此我也很理解，这时就需要我更耐心地为他解释，让他知道为避免造成企业的经济损失，保证企业数据信息安全是多么重要，最终我的坚持及负责任的态度得到了他的认可。

我们的工作并不被所有人理解，但为企业提供优质满意的服务并不能放弃原则，如何能更好地平衡两者间的关系，是值得我们每一个客服人思考的问题！

——95198　王博

TOP50——咨询频率最高问题 50 例

例 2. 我该如何办理中国电子口岸的入网手续?

例 11. 我公司的企业 IC 卡遗失了,该如何办理挂失手续?

例 105. 企业要查询报关单退税联数据状态,具体的操作方法是什么?

例 185. 我公司申报一般报关单时,系统提示"申报失败,状态不对"或"非审结"的状态,数据中心端状态为"审结",该怎么办?

例 216. 我公司的报关单在海关删单后,通关单是否可以再次使用?

例 222. 我公司报关单被退单,系统提示"0178,统计逻辑检查不能通过",该怎么办?

例 233. 我公司报关单被退单,系统提示"报关员超期",该怎么办?

例 236. 我公司在申报报关单时,系统提示"报关员超范围报关",该怎么办?

例 260. 使用服务器版快件申报系统,需要注意哪些问题?

例 267. 我公司想增加快件管理权限,需要哪些手续?

例 273. 我公司在用浏览器版时,当点击"打印"按钮后,浏览器不动,也打印不了,该怎么办?

例 300. 我公司的邮箱 ID 注册网址无法登录,该怎么办?

例 334. 我公司的项目备案已经申报,但其数据项录入错误,该怎么办?

例 346. 企业单据在海关审批通过,但单据持续停留在"退单"状态,是什么原因?该怎么办?

例 349. 我公司在下载减免税备案数据时,系统提示"无此票备案数据",该如何处理?

例 359. 企业打印有附页的单据时,附页的页码会从"1"开始编号,是什么原因？

例 363. 如何进入公自用物品申报界面？

例 368. 用户申报"非居民长期旅客物品申请表"后被海关系统退单，系统提示"商品编码不存在"，该如何处理？

例 371. 新企管系统都有哪些功能？

例 385. 电子账册预报核与正式报核，分别都报些什么？

例 388. 在本核销周期内，进行预报核后，还能进行分批报送吗？

例 414. 如何变更手册中的企业名称？

例 418. 我公司做电子账册变更时，被海关退单，提示"海关已经收到账册变更预录入数据，无法接收初审数据"，应如何处理？

例 464. 我公司进行合同备案时，可否将商品编码前 4 位一致的数据，备案成一项经营范围数据？

例 473. 我公司操作物料备案/归并关系备案/BOM 表备案申报后，为何一直处于"数据申报成功"状态？

例 484. 调用备案资料库的操作流程是什么？

例 521. 我公司进行通关手册备案或变更时，发送数据后企业端显示"成功入海关库"，企业与海关确认已经审批通过了，应如何处理？

例 562. 加工贸易内销征税业务，必须基于什么进行操作？

例 569. 我公司进行内销征税联系单录入时，手册中商品有法定单位，但是录入内销征税联系单时调不出法定单位，是什么原因？

例 572. 我公司进行电子手册边角料内销录入清单时，边角料没有在手册中备案，该如何调用？

例 585. 我公司申报内销征税联系单时，退单提示"同一料件项号中原产国重复"，该怎么办？

例 592. 深加工结转的报关步骤是什么？

例 596. 一份结转进口报关单可以对应多份结转出口报关单吗？

例 612. 出口加工区货物深加工结转预录入的操作方法是什么？

例 616. 结转申报表申报的数据流转是怎样的过程？

例 628. 我公司的报关单被退单，原因是"……结转申报表超期"，但是申报表中没有有效期，该怎么办？

例 640. 新企管系统都有哪些功能？

例 671. 保税仓中的"归并"是什么意思？

例 672. 保税仓中的"拆分报关单"是什么意思？

例 691. 我公司进行仓库备案时被退单，系统提示"无此加工企业"，该怎么办？

例 705. 预录入号录错如何操作？

例 715. 我公司进行清单申报后，状态长时间提示"等待审批"或"转人工审核，等待审批"，该怎么办？

例 724. 海关已做删单处理，我公司系统清单状态仍然为"清单审核通过"，该怎么办？

例 730. 一辆车可以捆绑多少清单，有什么条件？

例 733. 我公司重新安装公路口岸脱机版后，原有的数据是否会丢失？

例 778. 京津冀海关区域通关一体化改革后可以任意选择申报海关吗？

例 781. 京津冀海关区域通关一体化改革后涉及修改撤销的报关单，企业应向哪个海关递交申请？

例 786. 经营单位开展异地加工贸易，须提供哪些材料？

例 789. 通关作业无纸化适用哪些企业？

例 792. 通关作业无纸化企业网上签约环节的注意事项是什么？

问题索引

第一章 电子口岸入网常见问题 ············ 1

第一节 用户办理入网问题 ············ 1

一、新用户办理入网问题 ············ 1

例1. 我是一家新企业,想办理电子口岸入网,可以找谁咨询? ············ 1

例2. 我该如何办理中国电子口岸的入网手续? ············ 2

例3. 不同类型企业在入网审批备案时所须携带的证件有何区别? ············ 4

例4. 我是一家新入网企业,已经向审批部门申报我公司信息,但审批部门查询不到相关信息,从而无法审批,怎么办? ············ 5

例5. 我公司的税务证只有地税证,没有国税证,该如何办理电子口岸卡? ············ 6

例6. 电子口岸业务权限审批是如何进行的? ············ 6

二、信息变更相关问题 ············ 6

例7. 我们办理完入网后,想变更企业基本信息,如企业名称、性质、地址、注册资本、法人代表、海关注册号等,该如何办理? ············ 6

例8. 我公司原来在青岛地区办理入网,现在由于企业迁址,需要在上海办理入网,该怎么办? ············ 6

例9. 我公司更改了新的海关编码,但用旧的海关编码办理的业务还没有完成,同时还需要用新的海关编码办理业务,该如何处理? ············ 7

第二节 IC卡与读卡器问题 ……………………………………………… 7

一、电子口岸企业IC卡 …………………………………………… 7

例10. 一张企业IC卡/IKEY（U盘式IC卡）的有效期是多长时间？到期后该怎么办？ ………………………………… 7

例11. 我公司的企业IC卡遗失了，该如何办理挂失手续？ …… 8

例12. 我想冻结操作员卡该如何处理？ ……………………………… 8

例13. 我想要注销企业IC卡，该如何操作？ ……………………… 9

例14. 我的企业IC卡被锁了，该怎么办？ ……………………… 10

例15. 我公司已在电子口岸执法系统中变更了单位名称，但是用操作员卡进入系统后，左边仍显示旧的企业名称，该怎么办？ ………………………………………… 10

例16. 一个企业可以有几张法人卡？可以有多张操作员卡吗？ …………………………………………………………… 10

例17. 制作企业IC卡时，出现如图1-5所示的"错误代码：-22411"、"错误信息：此IC卡用户已存在"怎么办？（不涉及用户操作） ………………………………… 10

二、更多IC卡类别 ………………………………………………… 10

例18. 各类IC卡的使用对象及相关权限分别是什么？ ………… 10

例19. 我们是一家银行，该如何办理管理员卡和操作员卡？ … 11

例20. 我们是一家银行，想变更管理员卡和操作员卡，该如何办理？ …………………………………………………… 12

三、报关员IC卡 …………………………………………………… 12

例21. 报关员IC卡的办理流程是怎样的？ ……………………… 12

例22. 报关员IC卡损坏（换卡）或遗失（补卡）应如何处理？ ………………………………………………………… 12

例23. 如何利用企业法人卡和报关员IC卡查询报关员信息？ … 13

四、电子口岸读卡器 ……………………………………………… 13

例24. 电子口岸各型号读卡器指示灯如何显示？ ……………… 13

例25. EP600读卡器驱动程序的安装方法是什么？ …………… 13

例26. 我安装完EP600读卡器驱动后，如何检查安装是否成

功？ …………………………………………………………… 14

例27. 如何检查 Smart Card 服务？ …………………………… 16

例28. 我们在安装 EP600 完毕后，需要卸载 EP600 驱动 pcse_0，但是无法卸载，该怎么办？ ……………………… 20

例29. 如果把 EP801 驱动安装完成后，读卡器设备管理器里面有 USB Token Holder，但没有 USB Token Device，显示为带有黄色叹号的 Smart Card，该怎么办？ ………… 20

例30. 如何检查 EP801 读卡器驱动程序安装成功与否？如果没安装成功怎么办？ ……………………………………… 25

例31. 读卡器控件安装失败怎么办？ …………………………… 27

例32. 如果我安装完 EP600、EP801 控件和驱动后，把读卡器插入 USB 接口不提示"找到新硬件"，该怎么办？ ………………………………………………………… 27

例33. 我们使用 Windows XP 系统安装 EP801 控件及驱动后，插入 EP801 读卡器时系统提示需要 Smart Card Reader Installation Disk#1 上的 "eps2k1.sys" 或者 "usbic2k.sys" 文件，该怎么办？ ……………………………………… 27

例34. 更换读卡器控件程序，是否会影响原有卡片的使用？ … 27

第三节 计算机配置和软件安装 …………………………………… 28

一、硬件配置要求 ………………………………………………… 28

例35. 我们是一家刚办完电子口岸入网手续的企业，该如何开始办理电子口岸业务？ …………………………… 28

例36. 对运行电子口岸系统计算机的配置要求如何？ ……… 28

二、安全数据库问题 ……………………………………………… 28

例37. 企业如何获得电子口岸客户端程序安装盘？ ………… 28

例38. 我公司购买了安装光盘，但是序列号丢失了，该怎么办？ …………………………………………………… 29

例39. ESA 安全数据库安装次数有无什么限制？ ……………… 29

例40. ESA 安全数据库对电脑系统有什么要求？ ……………… 29

例41. ESA 安全数据库的有效期是多久？如何办理延期？ … 29

例 42. 我公司在注册时,系统提示"错误代码-1330012", 该怎么办? ………………………………………………… 29

例 43. 我公司在注册时,系统提示"错误代码-1330041", 该怎么办? ………………………………………………… 30

例 44. 我公司在注册时,系统提示"错误代码-1330084", 该怎么办? ………………………………………………… 30

例 45. 我公司在注册时,系统提示"错误代码-20054", 该怎么办? ………………………………………………… 30

例 46. 我公司在注册时,系统提示"错误代码-1330066", 该怎么办? ………………………………………………… 30

例 47. 我公司在注册时,系统提示"错误代码-1330085", 该怎么办? ………………………………………………… 30

例 48. 我公司在注册时,系统提示"错误代码-1",该怎么办? ………………………………………………………… 30

三、客户端安装问题 ……………………………………………… 31

例 49. 电子口岸客户端软件及 ESA 安全数据库的安装方法是什么? ………………………………………………… 31

例 50. 电子口岸浏览器版程序只能装在 C 盘吗? …………… 31

例 51. 如果安装浏览器版控件程序失败,该怎么办? ……… 31

例 52. 客户端软件冲突的表现形式和处理方式是什么? …… 31

例 53. 我公司在安装过程中,系统提示"USEDLL 失败",该怎么办? ……………………………………………… 32

例 54. 我公司在安装过程中,系统提示"请重新插入 IC 卡重试",该怎么办? …………………………………… 32

例 55. 我公司在安装新版 3.1.1 光盘过程中注册注册码时,系统提示"请插入 IC 卡后重试",是什么原因? 该如何处理? …………………………………………………… 33

第四节 身份验证常见问题 ………………………………… 33

一、输入密码时异常提示 ………………………………… 33

例 56. 如果登录中国电子口岸网站输入口令时提示"您的密码

为默认密码，请立即修改"，如图 1-28 所示，应该如何处理？ 33

例 57. 如果登录中国电子口岸网站输入口令时提示"密码校验失败"，应该如何处理？ 33

例 58. 如果登录中国电子口岸网站输入口令时提示"您的 IC 卡数字证书有效期截止到×××年××月××日，请到海关的 RA 部门办理数字证书更新手续"，应如何处理？ 33

例 59. 如果登录中国电子口岸网站输入口令时提示"不能查到当前用户的证书信息"，如图 1-29 所示，应如何处理？ 34

例 60. 如果登录中国电子口岸网站输入口令时，提示"CA 根证书验证用户出错"，应如何处理？ 35

例 61. 我公司在更换新卡登录后，发现所有业务系统均为灰色，如图 1-30 所示，应该怎么办？ 35

二、设备识别时异常提示 36

例 62. 如果企业使用 EP801/600 读卡器登录时，提示"初始化串口失败"，该怎么办？ 36

例 63. 如果在使用 EP600 读卡器登录中国电子口岸预录入系统时，提示"读卡器底层库打开读卡器失败，错误码=50200"，应该怎么办？ 38

例 64. 如果使用 GC-482 型串口读卡器，在登录中国电子口岸预录入系统和浏览器版系统时，读卡器灯不闪，应该怎么办？ 38

第五节 用户登录错误提示集锦 39

一、网页错误提示 39

例 65. 发生网页错误时，使用"一键修复"可修复哪些错误？ 39

例 66. 在登录中国电子口岸网站输入口令时提示"该页存在潜在的对 ActiveX 控键不安全信息……"，该如何处理？ 39

例67. 我们在登录中国电子口岸网站时提示"解PEM编码失败",应该怎么办? ………………………………………… 39

例68. 如果在登录中国电子口岸网站时提示"未打开卡一"或"文件认证失败,errcode=53120",应该如何处理? …… 40

例69. 我们在登录中国电子口岸浏览器版系统时,提示"网页错误:没有权限",是什么原因造成的? ……………… 40

例70. 我在登录中国电子口岸浏览器版系统时,网页提示"〔pol-3023〕the database does not exist"(数据库不存在),应该怎么办? ……………………………………… 40

例71. 我在登录中国电子口岸浏览器版系统打印数据时,提示"需要安装打印控件",该如何安装? ……………… 40

二、预录入系统登录错误提示 ………………………………… 41

例72. 如果用EUS进行系统更新时,提示"*.dll 文件 CRC 校验失败",应该怎么办? ………………………………… 41

例73. 如果我在使用EUSSTART更新时,提示"检查版本失败,返回函数值:-2001";或在登录系统时,提示"与服务器连接中断",该如何处理? ………………… 41

例74. 我公司有两个海关编码,但是登录QP 4.0系统的时候没有选择海关10位编码的提示,该如何处理? ……… 41

例75. 我们在登录QP系统时,插入电子口岸IC卡,输入正确密码后,点击回车,弹出一个对话框,显示"错误编号:-10025",应该如何处理? ………………………… 41

例76. 我在登录QP系统时,系统报错"-10058",应该如何处理? ……………………………………………………… 41

例77. 如果企业登录QP系统时,系统报错:"-10002";或用EUS进行系统更新时,"系统报错:-2001",应该怎么办? ……………………………………………………… 42

例78. 我在登录QP系统时,系统报错"-10005",该怎么办? ……………………………………………………………… 42

例79. 我在登录中国电子口岸预录入系统时,发现子系统图标

为灰色，点击后提示"无权进入"，该怎么办？ ……… 42

例 80. 我们在登录中国电子口岸预录入改进版系统时，系统报错"认证发生异常！无法获取 IC 卡签名信息，[卡策略模块] 找不到配置文件：错误码＝53840"，该怎么办？ ……………………………………………… 42

例 81. 我们在登录中国电子口岸预录入改进版系统时，系统报错"认证发生异常！无法获取 IC 卡签名信息，[读卡器底层库] 复位读卡器失败：错误码＝50070"，该怎么办？ …………………………………………………… 42

例 82. 如果登录中国电子口岸预录入改进版系统后，点击里面的任何子系统，系统都提示"创建 session 失败"，该怎么办？ ………………………………………………… 42

第六节　QP 产品激活管理 ………………………………………… 43

一、QP 系统激活问题 ……………………………………………… 43

例 83. 我公司的电脑已经安装 QP4.0 系统并且激活，在安装 QP 改进版系统时是否需要再次激活？ ………………… 43

例 84. QP 系统激活码是否有有效期限？ ………………………… 43

例 85. QP 客户端系统激活之后，如果更换电脑硬件或者主机，如何再激活客户端？ ……………………………… 43

二、激活时报错情况处理 ………………………………………… 43

例 86. 我公司安装 QP 改进版系统后，输入激活码激活系统，系统提示"激活码错误：服务器响应信息：激活码无效"，是因为什么？ ……………………………………… 43

例 87. 我公司进行 QP 系统激活时，系统提示"初始化 IKEY 失败，错误代码＝50200"，应该怎么办？ …………… 44

例 88. 如果在激活时提示"客户端与激活码绑定的企业不一致"，是什么原因？ …………………………………… 44

例 89. 我公司 QP 客户端系统激活后，如果电脑硬件或者电脑主机未作更换，只是把网络稍作调整，登录时系统提示"没有激活"，应该怎么办？ ……………………… 44

第二章　联网核查系统常见问题 ……………………… 45
第一节　出口收汇 …………………………………… 45
一、系统操作常见问题 ……………………………… 46
例90. 什么样的企业可以进入出口收汇系统里打印进口付汇报关单？ ………………………………………… 46
例91. 出口收汇报关单中"工缴费"字段为空，该怎么办？ …… 46
例92. 出口收汇系统的权限有效期是多长时间？ ……………… 46
二、系统操作异常问题 ……………………………… 46
例93. 为何我登录中国电子口岸网站后二级页面的出口收汇系统处于灰色状态？ ………………………………… 46
例94. 我公司的出口收汇系统权限到期，但已做过变更申请，外管局三级审批也已经通过，但"出口收汇"仍显示为灰色，该如何解决？ ……………………………… 47
例95. 我公司在出口收汇系统中操作时，系统突然提示"没有权限"，该怎么办？ ………………………………… 47
例96. 我公司是A类企业，但在点击"收汇证明联打印"时系统提示"非外汇A类企业无权访问"，是什么原因？该如何处理？ ……………………………………… 48
第二节　出口退税 …………………………………… 48
一、出口退税常用知识解析 ………………………… 49
例97. 国税局给企业办理退税时，是根据"成交总价"还是"统计美元价"？ …………………………………… 49
例98. 结关信息是否影响企业做出口退税？ …………………… 49
例99. 在出口退税系统中，电子口岸系统显示的税则编码一共是多少位？ ………………………………………… 49
例100. 在出口退税系统中，报关单退税联共有几种数据状态？ …………………………………………………… 49
例101. 报关单退税联的几种数据状态各有什么含义？ ……… 49
例102. 企业在数据报送后又联系海关更改过报关单，国税局

应该以哪个数据给企业退税？ …………………… 50

二、系统操作基本常识 …………………………………… 50

例 103. 在出口退税系统中，企业更改过海关 10 位代码，结关信息里还能查到旧的海关代码下的结关信息吗？ … 50

例 104. 在出口退税系统中，企业更改过海关 10 位代码，如果存在两个海关 10 位代码并存的情况，怎样得到结关信息？ ……………………………………………… 51

例 105. 企业要查询报关单退税联数据状态，具体的操作方法是什么 …………………………………………… 51

例 106. 出口退税系统操作报关单电子数据的报送方法有几种，分别是什么？ ………………………………… 51

例 107. 出口退税报关单电子数据向国税局报送时，报关单表体的"商品名称"栏显示为空，能否报送？ ……… 51

例 108. 出口退税系统新增的报关单数据下载功能有什么用途？ ……………………………………………………… 51

例 109. 出口退税报关单数据下载的前提是什么？ ………… 52

例 110. 已下载到本地的出口报关单电子数据可否打开查看？ ……………………………………………………… 52

例 111. 企业端报送报关单是否有时效要求？ ……………… 52

例 112. 已经报送的数据，海关修改后再次传送到数据中心后，我还需要再次报送该数据吗？ ……………… 52

三、系统操作异常情况处理 ……………………………… 52

例 113. 我登录浏览器版程序主界面时，没有"出口退税"模块，但是"出口收汇"、"进口付汇"等模块是正常的，该怎么办？ …………………………………… 52

例 114. 我公司向国税局进行出口退税数据报送时，查找不到所需报关单数据，应如何处理？ ……………… 53

例 115. 我在电子口岸无法下载报关单怎么办？ …………… 53

例 116. 我在数据报送前发现报关单数据有误，如何处理？ … 53

例 117. 报关单改单后，海关重新签发出口退税证明联，我在出口退税状态查询里查询到的报关单状态是"修改后的报关单已向国税总局发送",而不是"国税总局已接受",该状态是什么原因? ……… 53

例118. 我在进行退税时发现,国税局收到的价格与电子口岸查询到的成交总价不同,该怎么办? ……… 53

例119. 我登录中国电子口岸执法系统后发现"出口退税"系统显示为灰色,该怎么办? ……… 54

例120. 我公司进行结关信息查询时,无法找到相关数据,是什么原因? ……… 54

例121. 我公司办理退税时,国税局称没有查到企业已报送的报关单数据,该怎么办? ……… 54

例122. 我在点击"出口退税"后,系统提示"没有企业海关代码",该怎么办? ……… 55

例123. 我公司在出口退税系统中发现左侧"操作员"姓名和"单位名称"为空,该怎么办? ……… 55

例124. 我公司的报关单已报送,但又做改单,电子口岸退税报关单数据为旧数据,是什么原因?该如何处理? …… 55

例125. 我公司已向国税局报送的报关单数据,能否在电子口岸系统中进行删除或撤销操作? ……… 55

例126. 我公司在使用选择报送功能时出现查询失败,该如何解决? ……… 55

第三节 进口付汇 ……… 56
一、进口付汇业务常识解析 ……… 56
例127. 可以对外付汇的贸易方式有哪些? ……… 56
例128. 哪些监管方式海关不予以签发进口付汇证明联? …… 57
二、系统操作基本常识 ……… 58
例129. 我公司的组织机构代码发生变更后,是否能查到以前的报关单数据? ……… 58
三、系统操作异常情况处理 ……… 59
例130. 正常的进口报关单中应该有"环保证号"项内容,但

我公司在进行进口付汇结关信息打印时，电子数据中"环保证号"一栏为空，为什么？ 59

例 131. 进口付汇一栏呈灰色，不可点击，该怎么办？ 59

第四节 进口增值税 59

一、进口增值税常用知识解析 60

例 132. 抵扣单位的纳税人识别号在经营单位、申报单位确认后是否可以修改？ 60

例 133. 企业为什么要下载税单？是否可以直接打印税单？ ... 60

例 134. 企业下载税单的前提是什么？ 60

例 135. 进口增值税的税单，有几种方式可以去国税局抵扣？ 60

例 136. 税单确认中有三项：A. 经营单位抵扣，B. 经营单位指定抵扣单位抵扣，C. 抵扣单位确认。如果是一家自抵企业需要做哪些步骤？如果是一家他抵企业需要做哪些步骤？ 60

例 137. 电子口岸收到的税单数据，什么时间向国税局传输？ 61

例 138. 哪些关区的企业，需要通过电子口岸的进口增值税系统进行确认后，再去国税抵扣？ 61

例 139. 我公司想查询进口增值税数据，需向数据中心客服人员提供什么数据？ 61

例 140. 查询列表中的稽核结果状态是否影响企业做确认？ ... 61

二、系统操作常见问题 61

例 141. 清单下载时，输入的条件是什么？ 61

例 142. 清单可以重复下载吗？其路径在哪里？ 61

例 143. 我在税单确认中通过第一项（经营单位抵扣）可以找到数据，但是我想在第二项（经营单位指定抵扣单位抵扣）中确认，该怎么办？ 62

例 144. 抵扣单位的纳税人识别号在经营单位确认后是否可以修改？ 62

三、异常状态及报错处理 ··· 62
 例145. 我登录中国电子口岸执法系统,二级界面中的"进
   口增值税"为灰色,该怎么办? ······························ 62
 例146. 我做增值税抵扣确认的时候,查询不到税单,该怎
   么办? ·· 62
 例147. 纸质税单上的纳税人识别号是旧的,该怎么办? ······· 62
 例148. 当地国税局不要求做税单确认的企业去税务部门抵
   扣,没有某票税单,该怎么办? ······························ 62
 例149. 当地国税局不要求做税单确认的企业去税务部门抵
   扣,没有某票税单,是由于什么原因造成的? ············· 63

第三章 通关项目常见问题 ··· 64
第一节 报关申报(报关单、转关单) ························· 64
一、报关相关业务常用知识解析 ······································ 65
 例150. 清单是什么?归并的原则是什么?不同类型的清单
   报关单申报流程有什么区别? ································· 65
 例151. 转关运输提前报关单的回执是哪些部门给出的? ······ 65
 例152. 转关运输提前报关单的回执有哪几种? ················· 65
 例153. 转关运输提前报关单在海关的审批流程是什么? ······ 65
 例154. 报关单号常规的编号规则是什么? ························ 66
 例155. 报关单如何分类? ·· 66
 例156. 报关单条形码是如何打印的? ······························ 66
 例157. 报关所需的单证有哪些? ···································· 67
 例158. 报关企业可分几类? ·· 67
 例159. "报关"可以分为几类? ···································· 67
 例160. 什么是数据中心统一编号和暂存号? ····················· 68
 例161. 报关单的成交单价、成交总价、成交数量小数点后
   分别保留多少位? ·· 68
 例162. 什么是退关货物?货物退关后该怎么处理? ············ 68
 例163. 清单是否可以重复下载? ···································· 69

例 164. 什么是结关信息? ………………………………… 69
例 165. 报关单中某些项号前自动带有＊号标记表示什么意思? ………………………………………………… 69
例 166. 一般企业货物报关程序是什么? ………………… 69
例 167. 报关范围是什么? ………………………………… 69
例 168. 什么时候需要申请转关提前报关? ……………… 69
例 169. 报关单"审结"和"进出口审结/查验/放行通知"有什么区别? ……………………………………… 70
例 170. 报关单上的出口日期代表什么日期? …………… 70
例 171. 报关单结关后撤销重报的通关单状态是什么? 通关单是否可用? …………………………………… 70
例 172. 什么是货物结关? 它与海关放行有什么关系? … 70
例 173. 报关单中的商品名称、备注分别能填入多少个字符? ……………………………………………… 71
例 174. QP 系统报关单的经营单位/收发货单位/申报单位最多可以录入多少个字符? ……………………… 71
例 175. QP 系统打印出来的报关单各联的名称和用途是什么? …………………………………………… 71
例 176. 报关单各种单据状态代表什么意思? …………… 71
例 177. 关于报关单中许可证号等监管证件的录入规范是什么? …………………………………………… 71
例 178. 录入报关单时需要规范申报的商品，自动弹出规范录入窗口，该如何填写? ……………………… 72
例 179. QP 系统报关申报中的转关运输申报单集装箱信息栏目的填写规范是怎样的? …………………… 72

二、系统操作常见问题 …………………………………… 72

例 180. 我公司在申报进口转关提前报关单时，报关单状态一直停留在"成功入海关库"，但是我们联系申报地海关审核时，海关查不到数据，该怎么办? ……… 72
例 181. 我公司申报报关单时，系统提示"经营单位和申报

单位不一致"或"申报失败：申报单位与经营单位不同"，如图 3-1 所示，该怎么办？ …………… 72

例 182. 我公司申报报关单时，系统提示"申报失败：报关员注册企业与报关单申报单位不一致"，如图 3-2 所示，该怎么办？ …………………………… 73

例 183. 我公司申报报关单时，系统提示"申报失败：状态不对"，该怎么办？ …………………………… 73

例 184. 我公司申报报关单后，系统提示"申报失败：超范围报关"该怎么办？ …………………………… 74

例 185. 我公司申报一般报关单时，系统提示"申报失败，状态不对"或"非审结"的状态，数据中心端状态为"审结"，该怎么办？ …………………………… 74

例 186. 我公司在申报报关单时，系统状态长时间停留在"上载申报发往数据中心"或"已发往海关"，该怎么办？ …………………………… 74

例 187. 我公司在申报报关单时，报关单状态为"报关单挂起"，该如何处理？ …………………………… 74

例 188. QP 系统报关单录入时，集装箱号的录入顺序与打印出的核对单上集装箱号码顺序不一致，是什么原因？ …… 74

例 189. 我公司在申报报关单时，报关单暂存失败，系统提示"无法识别报关单类型"，该怎么办？ …………… 75

例 190. 我公司在申报报关单时，报关单"海关审单批注及放行日期"栏打印出来是方格，无文字内容，该怎么办？ …………………………… 75

例 191. 我公司在 QP 系统录入事后交单模式的报关单时，"报关单类型"栏目应如何选填？ …………… 75

例 192. 我公司在报关单申报后无法查询到已审结的报关单数据，该怎么办？ …………………………… 75

例 193. 我公司在申报报关单时，系统提示"没有申报权限，请办理现场授权"，该怎么办？ …………… 75

例 194. 我公司在商检网站查询到通关单状态一直处于"已发送电子口岸"的状态，但不能成功申报报关单，该怎么办？ …… 76

例 195. 货物结关了，但是没有看到舱单信息，该怎么办？ … 76

例 196. 企业申请的通关单有 5 项商品，但实际报关出口时，其中的第三项因故暂不出口，需要报关单与通关单的项数和次序保持一致吗？ …… 76

例 197. 我公司在 QP 系统进行报关单打印时，打印不了条形码，该如何解决？ …… 76

例 198. 企业在本地成功上载报关单后，异地被授权企业为何无法下载该报关单？ …… 76

例 199. 对于规范申报录入商品的报关单，打印后的纸质单证规格型号栏无法显示完整数据，该怎么办？ …… 76

例 200. 关于报关单打印的相关注意事项是什么？ …… 77

例 201. 我公司在录入报关单条码时，系统提示"预号非法"，该怎么办？ …… 77

例 202. 我公司在报关单申报时，系统提示"录入企业非法，未经授权操作"，是什么原因？ …… 77

例 203. 我公司在申报报关单时，系统提示"需要确认是否有符合协定原产地证书证"，该怎么办？ …… 77

例 204. 我公司通过第三方软件申报报关清单，无法正常发送到数据中心，该怎么办？ …… 77

例 205. 我公司在清单成功申报后，为何在报关申报系统"单据查询"界面中查询不到该清单所生成的报关单？ …… 78

例 206. 我公司将商品信息录入手册时有法定单位，但是录报关单时调不出法定单位，该怎么办？ …… 78

例 207. 我公司在录入报关单的经营单位海关 10 位编码后，不返填企业名称，该如何处理？ …… 78

例 208. 我公司报关单在客户端查询为"入海关库成功"状态，

但是在海关查询机上查询为"未申报"状态，这是怎么回事？ ………………………………………………………… 78

例209. 我公司在报关单申报成功后，企业端状态长时间停留在"成功入海关库"，该如何处理？ ………… 78

例210. 我公司在申报报关单时，系统提示"协定代码商品缺少第1、2项，商品属于优惠贸易商品协定商品范畴，请确认是否有符合协定原产地证书证"，该怎么办？ ……………………………………………………… 79

三、数据调用、回执异常情况处理 …………………… 79

例211. 我公司在录入转关提前报关单时，在录入境内运输工具编号后调出来的还是旧名称，该怎么办？ ……… 79

例212. 我公司在申报报关单时，为什么有的报关单收不到海关的审结回执，在预录入系统中无法打印报关单？ ……………………………………………………………… 79

例213. 我公司在报关单申报后，收到回执，退单原因是"欠费停机"，该怎么办？ ………………………………… 79

例214. 我公司在转关运输提前报关时，回执提示"报关单退单"，应该如何处理？ ……………………………… 79

四、删改单操作涉及问题 ………………………………… 80

例215. 如何进行报关单的改单？结关之后能改单吗？ …… 80

例216. 我公司的报关单在海关删单后，通关单是否可以再次使用？ ……………………………………………… 80

例217. 我公司的企业10位编码变更后，以前用旧编码申报的报关单不能正常结关，应该如何处理？ ………… 80

五、退单的错误提示代码集锦 …………………………… 80

例218. 我公司报关单被退单，系统提示"0068，进口舱单未经确认"，该怎么办？ …………………………… 80

例219. 我公司报关单被退单，系统提示"0069，提运单号在进口舱单中找不到"，该怎么办？ ……………… 81

例220. 我公司报关单被退单，系统提示"0099，经营单位超

问题索引

例 221. 我公司报关单被退单,系统提示"0118,申报单位未备案、无报关权或企业不允许异地报关",该怎么办? 81

例 222. 我公司报关单被退单,系统提示"0178,统计逻辑检查不能通过",该怎么办? 82

例 223. 我公司报关单被退单,系统提示"0037,进出口岸与加工贸易备案手册不符",该怎么办? 82

例 224. 我公司报关单被退单,系统提示"0318,许可证商品未输入许可证号",该怎么办? 82

例 225. 我公司报关单被退单,系统提示"0319,许可证号为非法码",该怎么办? 82

例 226. 我公司报关单被退单,系统提示"0337,手册已暂停执行或银行台账通知单未登记",该怎么办? 83

例 227. 我公司报关单被退单,系统提示"0409,电子账册超报核时间未报核",该怎么办? 83

例 228. 我公司报关单被退单,系统提示"0527,申报数量超过加工贸易手册备案允许数量",该怎么办? 83

例 229. 我公司报关单被退单,系统提示"0608,成交币制代码不合法",该怎么办? 83

例 230. 我公司报关单被退单,系统提示"0598,申报单价为非法数值",该怎么办? 84

例 231. 我公司报关单被退单,系统提示"0617,申报货值超过征免税证明允许额度",该怎么办? 84

例 232. 我公司报关单被退单,系统提示"0758,含已暂停进出口的商品",该怎么办? 84

例 233. 我公司报关单被退单,系统提示"报关员超期",该怎么办? 85

例 234. 我公司报关单被退单,系统提示"无运抵报告",该怎么办? 85

例235. 我公司在申报报关单时,被数据中心退单,退单回执提示"没有申报权限,请办理现场授权",该怎么办? ………… 85

例236. 我公司在申报报关单时,系统提示"报关员超范围报关",该怎么办? ………… 85

例237. 我公司报关单被退单,系统提示"0479,含非法商品编码",该怎么办? ………… 85

例238. 我公司报关单被退单,系统提示"0649,不具备进行征税处理的条件(转关货物未运抵指运地)",该怎么办? ………… 86

例239. 我公司报关单申报后被退单,系统提示"退单或入库失败,与原产地证书相关内容的报关单填制不规范或原产地证书状态有误",该怎么办? ………… 86

例240. 我公司报关单被退单,系统提示"0396,查询不到有效的进口结关报关单",该怎么办? ………… 86

例241. 我公司报关单被退单,系统提示"许可证商品输入许可证号,同一报关单号不允许输入多个许可证号",该怎么办? ………… 87

例242. 我公司在申报报关单时,系统提示"报关员注册企业与报关单申报单位不一致",该怎么办? ………… 87

例243. 我公司的出口报关单申报后被海关退单,系统提示"用途代码非法码",原因是什么,该怎么办? ………… 87

例244. 我公司报关单被退单,系统提示"退单或入库失败,无匹配预配舱单数据"或者"预配舱单电子数据已被核注",该怎么办? ………… 87

第二节 快件管理 ………… 88

一、快件业务常用知识解析 ………… 88

例245. 什么样的企业需要使用快件管理系统? ………… 88

例246. 海关对快件货物的申报时效有哪些要求? ………… 88

例247. 什么是进出境快件? ………… 88

例 248. 快件货物有哪些分类？如何区分 A、B、C 和 D 类报关单？ ………………………………………………………… 89

例 249. 快件 Server 版程序介绍？ ………………………………… 89

例 250. 电子口岸快件系统中的单据都有哪些？ ………………… 89

例 251. 新快件通关系统中快件报关单可以录入多少项商品？ ……………………………………………………………… 89

例 252. 舱单、总运单、分运单和报关单的对应关系？ ………… 89

二、系统安装及授权相关问题 …………………………………… 90

例 253. 我要安装快件（Server2.1）版管理系统，需要做哪些准备工作？ …………………………………………… 90

例 254. Server 版快件系统是否可与报关预录入系统共用服务器？ …………………………………………………………… 90

例 255. 我公司想增加快件管理权限，该如何办手续？ ………… 90

例 256. 企业如何获取快件管理系统的安装光盘/升级工具？ … 90

例 257. 我要安装快件（Server2.1）版管理系统，进行配置时要注意什么？ ……………………………………… 90

例 258. 用户端服务器的 C 盘是 FAT32 格式，无法安装快件系统，该怎么办？ ………………………………………… 91

例 259. Server 版快件系统安装包括哪些内容？ ………………… 91

三、系统操作常见问题 …………………………………………… 91

例 260. 使用服务器版快件申报系统，需要注意哪些问题？ … 91

例 261. 快件系统单据的申报先后顺序是什么？ ………………… 91

例 262. 我们在进行打印操作时，每行均不能完全打印，该怎么办？ …………………………………………………… 91

例 263. 我们在进行打印操作时，页面上显示的验放指令是"数字不是汉字，即未经翻译"，该怎么办？ ………… 91

例 264. 我们在使用脱机版的快件管理程序时，当舱单或报关单数据上载后，重新修改分运单或报关单表体的某些数据并保存后，数据仍然没有修改，该怎么办？ ……………………………………………………………… 92

例265. 我公司在使用Server方式并用加密卡进行加密时，数据不能正常发送，查日志后显示"DeInit Card！GnCardInitFlag：1"等字样，该怎么办？ ………… 92

例266. 我公司需要查询某一票快件的舱单、分运单或报关单的状态，该怎么办？ ………… 92

例267. 我公司想增加快件管理权限，需要哪些手续？ ……… 92

例268. 新版快件管理系统的接入方式有哪些？ ………… 92

例269. 我公司的二级页面"快件管理"变成灰色无法点击，该怎么办？ ………………………………………… 93

例270. 报关委托备案界面的"快件运营人代码"及"经营人代码"分别填什么？ …………………………………… 93

例271. 已申请授权的操作员卡（非报关员IC卡）能否申报快件报关单？ ………………………………………… 93

例272. 我公司在用浏览器方式申报数据时，系统提示"验签名失败"，这是什么原因？该怎么办？ ……… 93

例273. 我公司在用浏览器版时，当点击"打印"按钮后，浏览器不动，也打印不了，该怎么办？ ………… 93

例274. 我公司用脱机版快件进行录入时，输入关区代码不显示关区名称，该怎么办？ ………………………… 94

例275. Server版企业无法正常接收报文回执，应如何处理？ …… 94

四、错误提示代码集锦 …………………………………… 94

例276. 我公司在申报进口舱单或出口报关单后，系统提示"发送未返回"，该怎么办？ ……………………… 94

例277. 我公司在进行数据上载（申报）时，系统提示"此计算机上的安全设置禁止访问其他域上的数据源"，该怎么办？ ……………………………………… 95

例278. 我公司收到的退单回执中提示"无此企业信息"，该怎么办？ ………………………………………… 95

例279. 我公司使用IC卡不能进入测试系统，系统提示"根证书验证失败"，是什么原因？ ……………… 95

例 280. 我公司使用 Watch Key 发送数据时，系统提示"发卡已损坏，请与发卡商联系"，该怎么办？ …………… 95

例 281. 我公司在快件通关系统 Server2.1 版申报单据时，系统提示"数据加签错误：返回码 -1"，该怎么办？ …… 96

例 282. 我公司在用快件通关系统 Server2.1 版申报快件舱单数据时，系统提示"该单已存在，不能重复插入"，该怎么办？ ……………………………………………… 96

例 283. 我公司在快件通关系统 2.1 版申报单据时，系统提示"退单：[计税模块出错] 读取税率参数错误"，该怎么办？ ………………………………………………… 96

例 284. 快件通关系统 2.1 版无法启动，该怎么办？ ………… 96

例 285. 我公司快件系统启动时，系统提示"数据加签错误：返回码：-20"，该怎么办？ …………………………… 96

例 286. 我公司在打开 IBM 资源管理器时，系统提示"无法初始化对象，配置类型不正确请检查用户名和密码"，该怎么办？ …………………………………… 97

例 287. 我公司申报个人物品类报关单被海关预审退单，系统提示"该份报关单没有相应的表体"，是什么原因？ ……………………………………………………… 97

例 288. 我公司使用浏览器版程序快件申报程序，申报 KJ2 报关单之后，查看回执状态是"B-扣留"，该怎么办？ ……………………………………………………… 97

例 289. 海关对快件报关单下布控指令，即设置状态为："查验"，企业收到的回执却是"放行"，该怎么办？ …… 97

第三节 新舱单系统及运输工具动态管理系统 ……………… 97

一、舱单相关业务常用知识解析 ………………………… 98

例 290. 在海运进口舱单申报流程中，运输工具代理人（船代）、港口（码头）、理货三方各需要涉及的申报环节都包括什么内容？ ………………………………… 98

例 291. 什么是"分拨"和"分流"？ ……………………… 98

例 292. 出口货物运抵报告中最多能输入多少个集装箱编号? …… 99

例 293. 什么是"运抵报告"和"理货报告"? …………… 99

例 294. 舱单数据如何修改? ……………………………… 99

二、新舱单系统的使用申请及授权问题 ………………… 99

例 295. 我们是一家新舱单的企业,如何申请权限? …… 99

例 296. 所有做舱单的企业都需要配置邮箱 ID 吗? 其意义是什么? ……………………………………………… 99

例 297. 在新、旧系统录入舱单,是否都需要注册邮箱 ID? … 100

例 298. 我公司已有电子口岸 IC 卡,在使用新舱单系统时还需要重新制卡吗? 如果不用重新制卡还需要进行哪些操作? ……………………………………………… 100

例 299. 邮箱 ID 的生成规则是什么(主要是位数、排序规律)? ……………………………………………… 100

例 300. 我公司的邮箱 ID 注册网址无法登录,该怎么办? … 101

例 301. 如何授权,自动授权成功后如何更改权限? …… 101

例 302. 我公司要录入运抵报告数据,需要授权吗? …… 101

例 303. 我公司安装了邮箱系统,是否一定要绑定一张操作员卡? ……………………………………………… 101

三、系统操作常见问题 …………………………………… 101

例 304. 新舱单系统数据的采集方式是什么? …………… 101

例 305. 运输工具动态系统中录入的数据如果有误,应如何进行修改? ……………………………………… 101

例 306. 新舱单系统的参数字段注意事项有哪些? ……… 102

例 307. 我公司在录入舱单时,A 操作员卡录入的舱单信息,B 操作员卡是否可以查到? ………………………… 102

例 308. 新舱单系统涉及的所有操作类型单据是否可以在该系统查询到回执? ………………………………… 102

例 309. 我公司在新舱单系统中录入的数据出现错误,应如何进行修改? ……………………………………… 102

例 310. 用户端出口货物运抵报告的操作流程? ………… 103

例 311. 运抵报告数据应在何时申报? ……………………… 103

例 312. 新舱单系统涉及的所有操作类型是否可以在该系统查询到回执? ……………………………………… 103

例 313. 新舱单系统中录入后的数据如果有误,如何进行修改? ……………………………………………… 103

例 314. 什么情况下舱单系统登录的界面无法完整打开? …… 103

例 315. 以智能邮箱导入方式申报的数据,能否在舱单综合查询中查到相关信息? ……………………… 104

例 316. 海关系统在哪个环节校对企业申报的"出口货物运抵报告"数据? ……………………………… 104

四、状态异常、错误提示集锦 ……………………… 104

例 317. 我公司在申报舱单后,海关内网长时间收不到数据,该怎么办? ……………………………… 104

例 318. 我公司在申报舱单后,系统提示"报文发送方式代码与舱单申报不一致",该怎么办? ……… 104

例 319. 我公司在新舱单系统生成报文后,在传输平台点击"收发"时,系统提示"文件超过限制大小",该怎么办? …………………………………… 104

例 320. 我公司在进入舱单系统杂项运抵报告时,系统提示"预录入系统安装不完整",无法使用,该怎么办? …… 105

例 321. 我公司在报关单申报之后,系统提示"运抵报告被占用",该报关单如何才能正常申报? ……… 105

例 322. 我公司在作运抵报告暂存时,系统提示"集装箱状态不能为空,请重新输入",该怎么办? ……… 105

例 323. 我公司在舱单申报子系统中选择"杂项"菜单下的出口货物运抵报告时,系统提示"您使用的预录入系统程序不完整,请您更新全部程序后再继续使用或拨打当地海关数据分中心或中国电子口岸数据中心热线",但操作 QP 的其他业务均正常,该怎么办? ……………………………………………… 105

例324. 我公司发送舱单时被退单，系统提示"提运单【××××】重复"，发送删除，系统提示"舱单库中无该单"，这种情况怎么处理？ ………………………… 105

第四节 减免税管理 …………………………………………… 106

一、减免税业务常用知识解析 ………………………………… 106

例325. 进出口征免税证明申请分为哪三类？………………… 106

例326. 项目备案是否可以变更？……………………………… 107

例327. 征免税证明是否可以变更？…………………………… 107

例328. 什么是减免税备案申请？……………………………… 107

例329. 项目备案和征免税证明编号的生成规则是什么？…… 107

二、系统操作常见问题 ………………………………………… 108

例330. 我公司在QP系统开展减免税业务，具体的操作流程是什么？…………………………………………………… 108

例331. 项目备案变更应该注意些什么？……………………… 109

例332. 数据录入时出现黄色或红色录入框，如图3-7所示，该怎么办？…………………………………………………… 110

例333. 在进行减免税后续货物退运时，征免税证明录入了三项，但是我们只想退运一项，录入货物退运时输入征免税证明号调用出三项，其他两项应如何删除？…… 111

例334. 我公司的项目备案已经申报，但其数据项录入错误，该怎么办？…………………………………………………… 111

例335. 企业端减免税项目备案、征免税证明的回执状态流程是什么？…………………………………………………… 112

三、状态异常、错误提示集锦 ………………………………… 112

例336. 我公司进行项目备案或征免税证明申报后，发现"申报地海关"填写错误，该怎么办？………………………… 112

例337. 我公司录入报关单时，在备案号里输入征免税证明号，回车后会自动下载征免税证明数据，但是调出的合同号错误，该怎么办？……………………………… 112

例338. 我公司在进行项目备案和征免税证明的数据申报成功

例 339. 我公司已成功下载项目备案，但在录入有备案无清单的减免税证明时，输入减免税项目统一编号后，无法自动调出减免税项目备案信息，该怎么办？ ………… 112

例 340. 我公司在进行项目备案或征免税证明申报后，海关端状态为"退单"，我们系统长时间停留在"海关审批通过"状态，该怎么办？ …………… 113

例 341. 我公司在"数据查询"中查询出的数据当前状态和在"回执查询"中查询出的回执信息不一致，该怎么办？ …………………………………………… 113

例 342. 我公司在做项目备案变更时，被海关以"变更次数大于允许变更次数"的原因退单，该怎么办？ ……… 113

例 343. 我公司的数据被退单，立项日期也不能修改，该怎么办？ …………………………………………… 113

例 344. 我公司在做报关单退单时，系统提示"商品用汇额度超过项目备案剩余用汇额度"，该情况是由于什么原因造成的？ …………………………………………… 114

例 345. 我公司在做报关单退单时，系统提示"商品用汇额度超过项目备案剩余用汇额度"，该怎么办？ ……… 114

例 346. 企业单据在海关审批通过，但单据持续停留在"退单"状态，是什么原因？该怎么办？ ……… 114

例 347. 我公司在减免税后续管理子系统中申报解除监管，录入征免税证明编号时，系统提示"无数据"，该怎么办？ …………………………………………… 114

例 348. 我公司无法通过 QP 系统调取"进出口货物征免税证明"的有关数据，该怎么办？ ……… 114

例 349. 我公司在下载减免税备案数据时，系统提示"无此票备案数据"，该如何处理？ ……… 115

第五节 公自用物品系统 …………………………………………… 115

一、公自用物品系统业务常用知识解析 ················· 116
例350. 什么是常驻机构？ ·································· 116
例351. 什么是常驻人员？ ·································· 116
例352. 什么是非居民长期旅客？ ·························· 116
例353. 什么是公用物品？ ·································· 116
例354. 什么是自用物品？ ·································· 116
例355. 报关的主体分为哪几种？ ·························· 116
例356. 什么是自理报关企业？ ····························· 117
例357. 什么是代理报关企业？ ····························· 117
例358. 公自用物品子系统的功能和用途是什么？ ········· 117
例359. 企业打印有附页的单据时，附页的页码会从"1"开
始编号，是什么原因？ ······························ 117
例360. 常驻机构备案中"机构代码"栏目如何填写？ ····· 117
二、系统操作常见问题 ······································ 117
例361. 我公司在进行非居民长期旅客物品申请时，退单提
示"查找物品表失败"，该怎么办？ ················ 117
例362. 我公司在进行非居民长期旅客物品申请时，退单提
示"提单号不存在"，怎么办？ ······················ 118
例363. 如何进入公自用物品申报界面？ ··················· 118
例364. 企业申报常驻机构公用物品时被退单，系统提示
"查找物品表失败"，该怎么办？ ··················· 120
例365. 用户申报常驻机构公用物品时被退单，系统提示
"舱单相关信息必填字段有错"，该怎么办？ ········ 120
例366. 用户在公自用物品系统中申报了一票"非居民长期
旅客物品申请"被海关退单，系统提示"提运单号
不存在"，该怎么办？ ······························· 121
例367. 用户申报常驻机构备案后，系统提示"入海关库成
功"，但现场海关无法查询到记录，该怎么办？ ····· 121
例368. 用户申报"非居民长期旅客物品申请表"后被海关系
统退单，系统提示"商品编码不存在"，该如何处

理？ ………………………………………………………… 121

例369. 用户在申报常驻机构车辆时被退单，系统提示"查找物品表失败"，该怎么办？ ……………………… 121

例370. 用户在申报常驻机构车辆时被退单，系统提示"舱单相关信息必填字段有错"，该怎么办？ ………… 121

第六节 新企管系统 …………………………………………… 122

一、新企管系统业务常用知识解析 ……………………… 122

例371. 新企管系统都有哪些功能？ ……………………… 122

例372. 企业端申报的途径有哪些？ ……………………… 123

二、业务办理注意事项 …………………………………… 123

例373. 可申请注册的企业类型有哪些？ ………………… 123

例374. 新企业注册都有哪些流程？ ……………………… 124

例375. 业务办理流程是什么？ …………………………… 124

例376. 当企业还没有组织机构代码时，如何进行申报？ …… 124

三、系统操作常见问题 …………………………………… 124

例377. 我公司在网上办事平台上申请变更注册信息中的投资关系表，点击"申报"后，系统提示"此状态不允许申报，请技术人员协助处理"，该怎么办？ ……… 124

例378. 我公司在进入新企管系统后，在企业注册登记页面内进行企业注销申请操作，输入海关编号后，系统提示"该企业信息已存在，并且其状态不允许进行企业注销申请"，该怎么办？ ………………………… 125

例379. 我公司在进行企业注册变更操作时，数据已经暂存成功，但在查询统计申请单查询界面中找不到暂存的数据。我们又重做企业注册变更操作，想重新暂存申报。点完"暂存"后，系统提示"服务器响应信息当前状态处于变更中不允许修改"，该怎么办？ ………… 125

例380. 我公司在做报关员注册登记后，在做印卡操作的时候，无法查询到报关员卡的信息，在印卡失败里面也没有找到数据，该怎么办？ ……………………… 125

电子口岸疑难解惑800例

例381. 在QP系统企业管理（新）→"企业注册登记"→"企业注册登记申请"中录入企业注册信息时，暂存按钮为灰色无法点击，是什么原因？ ………………… 125

例382. 在QP系统企业管理（新）→"企业注册信息变更申请"，录入企业信息后，暂存提示"无此申报企业数据"，该怎么办？ ………………………………………… 126

例383. 企业反映在QP系统中做变更，系统提示"服务器响应信息当前状态处于变更中，不允许修改"，该怎么处理？ …………………………………………………… 126

第四章 加工贸易项目常见问题 …………………………… 127

第一节 电子账册 ………………………………………… 127

一、电子账册业务常用知识解析 ……………………… 128

例384. 什么是账册报核？ ………………………………… 128
例385. 电子账册预报核与正式报核，分别都报些什么？…… 128
例386. 归并关系数据结构，包括哪几部分？ …………… 128
例387. 电子账册系统中的报关单分批报送是指什么？ … 129
例388. 在本核销周期内，进行预报核后，还能进行分批报送吗？ ……………………………………………… 129
例389. HW账册是什么账册？ …………………………… 129
例390. HW账册的编码规则是什么？ …………………… 129
例391. 什么是单（损）耗表？ …………………………… 129
例392. 什么是加工贸易？ ………………………………… 130
例393. 什么是清单？ ……………………………………… 130
例394. 什么是出口加工区？ ……………………………… 130
例395. 什么是电子账册？ ………………………………… 130
例396. 电子账册的数据结构，包括哪几部分？ ………… 130
例397. 什么是归并？ ……………………………………… 131
例398. 什么是归并关系？ ………………………………… 131
例399. 什么是归并前？ …………………………………… 131

例 400. 什么是归并后？ ………………………………………… 131
例 401. 一家保税仓企业可以申请多本电子账册吗？ ………… 131
例 402. 预报核时，"X 剔除核销"和"W 核销期外"的区别是什么？ …………………………………………………… 131

二、系统操作常见问题 …………………………………… 132

例 403. 账册报核"表头"信息界面里面的"录入日期"是必填项吗？ ………………………………………………… 132
例 404. 电子账册系统如何录入内销征税联系单？内销征税如何报关？ ………………………………………………… 132
例 405. 经营单位在做企业间授权时输入报关公司的海关代码时提示"授权成功"，但是关掉页面后重新进入时却看不到授权信息，应如何处理？ ……………… 133
例 406. 保税仓库 QP 改进版的电子账册，是否需要进行数据库备份？ ……………………………………………………… 133
例 407. 保税仓企业在申请经营范围电子账册前必须做好哪些相关工作？ …………………………………………… 133
例 408. 企业在 QP 改进版系统中做电子账册预报核，报关单的进出口日期为空且无法填写，该如何处理？ ……… 133
例 409. 电子账册的监管方式已经备案能否修改？ …………… 133
例 410. QP 改进版电子账册如何设置拷贝归并后数据到电子账册的功能？ ……………………………………………… 133
例 411. 保税仓企业的电子账册内部编号可以修改吗？ …… 133
例 412. 如何进入 HW 账册录入？ …………………………… 134

三、数据变更相关问题 …………………………………… 134

例 413. 我公司做归并关系变更时，只变更了归并前数据，归并后数据不变，电子账册是否需要变更？ ………… 134
例 414. 如何变更手册中的企业名称？ ………………………… 134
例 415. 电子账册已有进出口记录，是否能变更品名？ …… 134
例 416. 企业做电子账册归并关系变更，没有填写申报地海关，能否进行申报？ ……………………………………… 134

四、状态异常、错误提示集锦 …………………………………… 134

例417. 我公司在使用QP系统时，录入数据后，点击"生成报文"时报错"生成报文前请先选择申报地海关"或"该企业配置了多个host_id，但是此关区没有配，关区代码：0500"，如图4-2所示，应如何处理？ …………………………………………………………… 134

例418. 我公司做电子账册变更时，被海关退单，提示"海关已经收到账册变更预录入数据，无法接收初审数据"，应如何处理？ …………………………………… 135

例419. 我公司做电子账册变更时提示"电子账册：该卡无操作数据权限"（如图4-3所示），应如何处理？ …… 135

例420. 我公司做归并关系变更时被退单，提示"归并前（后）报文第n条数据长度不足，第n+1条发现未知数据标识"，应如何处理？ ……………………… 136

例421. 我公司在进行经营范围变更时，提示"经营范围：该卡无操作数据权限"（如图4-4所示），应该怎么办？ ……………………………………………………… 136

例422. 我公司进行归并关系变更时被退单，提示"归并前货号×××项，无对应归并后×××项，在归并成品中无备案"，应该怎么办？ …………………… 137

例423. 我在做报文发送后被退单，提示"验签失败，请与数据中心联系"，该怎么办？ ……………………… 137

例424. 我公司做电子账册备案时被海关退单，提示"账册已复审通过，无法接收初审数据，请检查内部编号"，应如何处理？ ………………………………… 138

例425. 我公司第一次做预报核，被海关自动退单，原因是"报核日期大于最后一次报核后一天"，应如何处理？ …………………………………………………… 138

例426. 我公司使用QP系统进行电子账册预报核，在操作报关单自动提取时出错，提示"连接服务器失败"，并

出现部分 HTML 信息，应如何处理？ ………… 138

例 427. 我公司进行报核时，在 H2010 系统中提示"入库失败"，原因是报核的报关单号有重复，怎么办？ …… 139

例 428. 企业输入口令提示"服务器端读 IKey 出错，请确认"，该怎么办？ ………… 139

例 429. QP 改进版系统电子账册，商品规格型号灰色无法录入，该怎么办？ ………… 139

例 430. 我公司在做保税仓电子账册变更时，系统提示"商品超经营范围"，该怎么办？ ………… 139

例 431. 保税仓库企业变更电子账册时，系统提示"该卡无操作数据权限"，该怎么办？ ………… 139

例 432. 保税仓库企业之前已经备案过电子账册，现在想要再重新备案一本。但输入经营单位代码时，系统提示"该卡无操作数据权限"，该怎么办？ ………… 139

例 433. 保税仓企业申报经营范围变更被退单，系统提示"加工单位通关期限超期"，该怎么办？ ………… 139

例 434. 我公司收到海关退单回执，系统提示"海关内网退单"，该怎么办？ ………… 140

例 435. 我公司在变更保税仓库电子账册时，系统提示"该卡无操作数据权限"，该怎么办？ ………… 140

例 436. 我公司在账册变更申报之后被系统退单，系统提示"数据长度不足"，该怎么办？ ………… 140

例 437. 出口加工区企业操作电子账册报核时，在"报关单"项中自动提取完报关单信息后无法暂存，系统提示"请输入报关单号"，该怎么办？ ………… 140

例 438. 出口加工区企业操作电子账册预报核时被退单，系统提示"报核开始日期大于上次核销后一天"，是什么原因？ ………… 140

例 439. 我公司在做电子账册备案时被海关退单，系统提示"账册已复审通过，无法接收初审数据，请检查内部编号"，

是什么原因？该怎么办？ ………………………………………… 141

例440. 我公司在做备案经营范围时批准证编号填写错误，现想要变更经营范围中的批准证号，系统提示"批准证号与备案时不符"，该如何处理？ …………… 141

例441. 电子账册企业报关申报时被退单，系统提示"电子账册报核时间未报核"，该怎么办？ ………………… 141

例442. 电子账册新增归并前料件，但该如何将其归并到某一归并后料件中？ ……………………………………… 141

例443. 电子账册首次备案时，被H2K退单，系统显示"加工单位存在停设台账或停账待销联系单"，该怎么办？ …………………………………………………… 142

例444. 经营单位在做企业间授权时输入报关公司的海关代码，系统提示"授权成功"，但是关掉页面后重新进入看不到授权信息，该怎么办？ ………………… 142

例445. 在电子账册中录入同一项商品，在清单中录了两项，但是报关行下载后到报关单中变成一项了，该怎么办？ ……………………………………………… 142

例446. 企业备案审批通过后，电子账册不能自动从归并关系导出数据，该怎么办？ ……………………………… 142

例447. 企业在做经营范围备案时被数据中心退单，系统提示"字符不能任意匹配"，是什么原因？ …………… 142

例448. 企业做电子账册备案（变更）时，没有把归并关系数据拷贝到电子账册，该怎么办？ ……………… 143

例449. 企业在录入归并关系的时候，归并前成品、归并前料件录入界面的下方归并后内容为灰色，无法直接录入，该怎么办？ ……………………………………… 143

例450. 企业在做备案数据下载时，系统提示"没有相应的备案数据，请确认"，该怎么办？ ………………… 143

例451. 在用企业操作员卡下载E账册时，系统提示"企业没有权限下载此手册号备案数据，请插入您想下载手册

号的所属企业 IC 卡下载",该怎么办? ………… 143

例 452. 企业的报核次数不正确,该怎么办? ………… 143

例 453. 企业电子账册预报核已审批通过,但预报核数据需要修改,是否可以重新申报预报核? ………… 143

例 454. 企业进行电子账册报核时,在 H2000 入库失败,系统提示"报核的报关单号有重复",该怎么办? …… 144

例 455. 企业申报电子账册预报核时,无法提取较早月份的报关单数据,是什么原因?该如何处理? ………… 144

例 456. 企业申报后,被数据中心退单,系统提示"无电子账册企业配置信息"或"未在数据中心注册",该怎么办? ………… 144

例 457. 企业进行申报时,系统提示"查询不到与企业相对应的 host_id",是什么原因? ………… 144

例 458. 企业在点击"BOM 生成单损耗"时,系统提示"生成失败,下列×××料件不存在",这是什么原因?该怎么办? ………… 144

例 459. 企业做账册报核后,状态一直为"成功发往海关",但现场海关看不到该数据,应如何处理? ………… 145

例 460. 企业在做账册报核暂存后,再次查询时系统提示"没有查到符合条件的记录",该怎么办? ………… 145

例 461. 电子账册企业申报的电子账册变更,海关还没有审批通过,但是有归并关系要申报,该如何处理? …… 145

例 462. 企业数据被退单,数据中心回执提示"数据正在处理,不允许重复申报",该怎么办? ………… 145

第二节 电子手册 ………… 146

一、备案相关问题 ………… 146

例 463. 什么是电子手册系统通关备案、物料备案与合同备案?三者之间有何关系? ………… 146

例 464. 我公司进行合同备案时,可否将商品编码前 4 位一致的数据,备案成一项经营范围数据? ………… 146

二、系统操作常见问题 …… 147

例465. 电子手册内销征税申请表录入需注意什么？………… 147

例466. 我公司进行清单申报后，为何在清单查询中其状态仍然为"暂存未上载"？…………………………… 147

例467. 我公司对某项数据进行修改后，点击"暂存"按钮，系统已提示"成功保存"，为何该数据仍会恢复到修改前状态？…………………………………… 147

例468. 数据报核界面中的"导入"按钮与"文件导入"按钮有什么区别？……………………………………… 147

例469. 企业成功申报物料备案后，在海关端查看不到该票数据，是什么原因？…………………………… 147

例470. 电子手册，无法进行企业内授权，是什么原因？…… 148

三、状态异常、错误提示集锦 …… 148

例471. 我公司录入数据完毕暂存时，系统弹出提示框"无法连接企业信息数据库"，该怎么办？…………… 148

例472. 我公司进行通关备案录入时，点击"调用归并"按钮，为何提示"通关备案中包含手工输入数据，不许调用归并关系"？………………………………… 148

例473. 我公司操作物料备案/归并关系备案/BOM表备案申报后，为何一直处于"数据申报成功"状态？…… 148

例474. 物料备案、合同备案及通关备案海关审批通过后，为何企业在数据查询中查看不到该备案信息？…… 149

例475. 海关审批物料备案时，提示"审批失败，无法连接企业信息数据库"？………………………………… 149

例476. 我公司进行电子手册清单申报成功后，为何在报关申报系统单据查询界面中查询不到该清单所生成的报关单？………………………………………… 149

例477. 我公司进行清单查询时，已选择查询"全部数据"，为何仍提示"无法查询：无可用的电子手册备案数据"？……………………………………………… 149

例478. 电子手册在海关审批通过后，不能正常授权，点击"保存"时报错"用户签名失败"，该怎么办？ …… 149

例479. 企业BOM表备案申报后，为何在海关端查看不到该票数据？ …………………………………………… 149

例480. 企业归并关系变更申报后，为何在海关端查看不到该票数据？ …………………………………………… 150

例481. 企业进行了物料及归并关系备案，但在通关备案时没有调用归并。该通关备案审批通过后，能否在进行变更时再调用归并？ …………………………… 150

例482. 企业在本地成功上载报关单后，异地被授权企业为何无法下载该报关单？ …………………………… 150

第三节 无纸化手册 ………………………………………… 150

一、系统操作常见问题 …………………………………… 151

例483. 无纸化手册系统的主体操作流程是什么？ ……… 151

例484. 调用备案资料库的操作流程是什么？ …………… 159

例485. 料件/成品表的录入流程是什么？ ……………… 161

例486. 数据报核报关单录入流程是什么？ …………… 162

例487. 通过无纸化手册录入报关单的异地报关流程是什么？ ………………………………………………… 163

例488. 通关手册中的进出口岸可以备案几个？ ………… 164

例489. 为什么海关要求通关手册以加工单位为管理对象？ … 164

例490. 电子化手册如何授权，授权的类别有哪些？ …… 164

例491. 可不可以直接做通关手册备案？ ………………… 164

例492. 做无纸化手册企业间授权的时候，输入手册号点击回车无法调出手册信息，该怎么办？ …………… 164

例493. 在填完无纸化手册备案资料库内容后退出系统，数据会不会消失？ ……………………………………… 164

例494. 备案资料库或通关手册的备案数据已审批通过，如果要对备案资料库或通关手册中的数据作修改或新增料件和成品，应该怎样操作？ ………………… 165

例495. 在填写"通关手册备案"基本信息时,"管理对象"一栏应该怎样填写? ………………………………… 165

例496. 在填写"通关手册备案"成品表信息时,"申报状态"一栏应该怎样填写? ………………………… 165

例497. "备案资料库"和"通关手册"的企业内部编号应该怎样填写? ………………………………………… 165

例498. 怎样在"通关手册备案"中调用"备案资料库"中的"料件表"和"成品表"数据? ………………… 166

例499. 在填写"通关手册备案"基本信息时,"单耗申报环节"一栏应该怎样填写? ……………………… 166

例500. 在填写"通关手册备案"基本信息时,"限制类标识"一栏应该怎样填写? ……………………………… 166

例501. 做"通关手册"和"备案资料库"的录入操作时需注意哪些事项? ……………………………………… 166

例502. 在填写"通关手册备案"基本信息时,"台账银行"一栏应该怎样填写? ……………………………… 167

例503. 通关手册委托代理报关行报关时,需每次都进行授权吗? ………………………………………… 167

例504. 加贸权限管理中的"企业间/内授权"信息能否修改、删除? …………………………………………… 167

例505. 备案资料库备案时如何确认管理对象是经营单位还是加工单位? …………………………………… 167

例506. 企业有多个备案资料库时在备案通关手册时如何选择? ……………………………………………… 167

例507. 使用电子化手册的企业在异地进出口货物时是否需要办理分册? …………………………………… 168

例508. 电子化手册中的"导入"与"导出"功能有何用途? ………………………………………………… 168

例509. 电子化手册通关手册的料件表和成品表中,选中表体某项商品,右键菜单提供"恢复审批数据"的功能,

该功能有何用途? ………………………………………… 168

例510. 电子化通关手册料件表和成品表的表体中,右键菜单有"删除一条记录"和"删除审批记录"的功能,有何作用?如何使用? ……………………… 168

例511. 用报关行的卡录入、申报的备案资料库和通关手册,能否由该报关行直接再授权给其他报关行? ……… 168

二、数据变更的相关问题 ……………………………………… 169

例512. 我公司进行备案资料库变更时,发现"计量单位"这一项之前可以修改,但现在为灰色,且不可修改。应该如何处理? ………………………………… 169

例513. 我公司进行通关手册备案或变更时,原先共备案了20项成品,但登录预录入系统4.0查看后,发现成品第10项之后的数据都看不到了,手册当前状态为"审批通过",应如何处理? ……………………… 169

例514. 我公司在查看备案资料库时,发现查询列表里有两条一样的备案资料库记录,而且我们无法做备案资料库的变更,应如何处理? ……………………… 169

例515. 企业海关注册名称变更后是否影响手册业务?具体的变更流程是什么? ………………………… 169

例516. 变更手册中的海关10位编码如何办理? ………… 170

例517. 当备案资料库审批通过后,想对备案资料库数据进行变更,该怎样操作? ……………………… 170

例518. 备案资料库审批通过后,要修改料件或成品的商品名称,要怎样操作? ………………………… 170

例519. 要变更"通关手册"里的料件或成品的商品编码,应该怎样操作? ………………………………… 170

三、状态异常、错误提示集锦 ………………………………… 171

例520. 我公司进行无纸化手册的通关手册变更或者备案时被退单,提示"电子手册正审核,无法接收初审数据",应如何处理? ……………………………… 171

例 521. 我公司进行通关手册备案或变更时，发送数据后企业端显示"成功入海关库"，企业与海关确认已经审批通过了，应如何处理？ ………………………………… 171

例 522. 我公司进行通关手册变更时，发送后被退单，提示"超出备案资料库"。我们查询到调出的资料库不是本企业的，应如何处理？ ………………………………… 171

例 523. 我公司进行通关手册备案或者变更时，发现状态一直是"成功入海关库，联系海关"，但海关看不到企业信息，应如何处理？ ……………………………………… 171

例 524. 通过手册变更，在暂存时提示错误，内容为"PRE_PTS_EMS_HEAD：0：DECLARE_CODE：数据越界(10)"，应如何处理？ ………………………………… 171

例 525. 我公司进行备案资料库变更时，新增加第 5 项料件，申报后被退单。退单提示"数据已存在，不允许变更"，应如何处理？ …………………………………… 172

例 526. 我公司进行通关手册备案或者变更时，企业端显示状态为"入数据中心库失败，数据中心处理结果，当前接收不符合逻辑"，应如何处理？ ……………… 172

例 527. 企业进行手册变更申报后被退单，系统提示"无此加工企业代码/加工企业未年审"，该怎么办？ …… 172

例 528. 企业在无纸化手册录入过程中将某项料件或成品误修改，处理标识变成"修改"，该如何恢复？ ……… 172

例 529. 企业进行无纸化手册报核时，提取报关单不完整，是什么原因？该如何处理？ ………………………… 172

例 530. 企业调用无纸化手册录入报关单时，法定计量单位无法调出且呈现灰色不可填写，是什么原因？ ……… 173

例 531. 企业在做备案资料库或通关手册的备案操作时，料件表和成品表的"规格型号"字符太长不能保存，该怎么办？ ……………………………………………… 173

例 532. 企业在做备案资料库或通关手册备案申报后，状态为

"成功入海关库",但当地海关收不到企业的备案资料库资料,是什么原因?该怎样解决? ………… 173

例 533. 在"通关手册备案"中,表头"批准文号"一项,填写完后,回车到料件表,做"暂存"时,系统会出现"数据越界(20)"的错误提示,为什么会出现这样的错误?应该怎样填写? ………… 173

例 534. 在通关手册备案查询中查询出已审批的通关手册,查看手册明细时,不小心点击了"暂存"按钮,状态显示此手册为暂存状态,那会不会影响手册通关? ………… 174

例 535. 企业在做通关手册备案申报时,系统自动退单,而且显示一个手册编号,但这个手册编号是一个以 HS 开头的资料库备案的编号,而且它的退单原因是"资料库类型错误,没有填写加工生产能力",遇到这样问题该怎么解决? ………… 174

例 536. 在填写"通关手册备案"基本信息时,"经营单位"自动返填与加工单位一致,暂存数据后,想修改此项,修改不了,应怎样操作? ………… 174

例 537. 在做通关手册报核时,做完基本信息,暂存后,按"导出",出现导出的报关单的明细数据与基本信息的显示的报关单份数不一致,怎么办? ………… 174

例 538. 无纸化手册料件表中的"征税比例"栏目以前可以录入内容,现在是灰色的,无法录入任何数据,是什么原因? ………… 175

例 539. 企业变更无纸化手册商品规格型号,右击"重新归类",系统提示"请先录入商品信息",是什么原因? ………… 175

例 540. 企业插卡登录 QP 改进版系统,无纸化手册模块是灰色,是什么原因? ………… 175

例 541. 新手册备案,海关已经开出台账,但是台账状态一直

停在已发送至电子口岸，银行无法接受台账信息，
该怎么处理？ 175

例542. 新手册备案，海关已经开出台账并且企业已在银行
交台账，但是报关时退单提示"台账未登记"，这是
什么原因？ 175

例543. 新手册备案申报之后被退单，系统提示"某项成品
或者料件未备案不允许变更"，发现此项商品的处理
标识变成"修改"，该如何处理？ 175

例544. 表头单耗申报环节填报"出口前"，成品表中单耗申
报状态为"企业申报"，还可以修改单耗吗？ 176

例545. 无纸化手册报核时，单耗表录入单耗处理标识默认
为"修改"，且不可变更，是什么原因？ 176

例546. 无纸化手册备案或者变更时被退单，系统提示"成
品××超过备案资料库，料件××超过备案资料库，
加工企业代码与批准证不符，加工企业名称与批准
证不符"，该怎么处理？ 176

例547. 录入报关单，系统提示"无权调用该手册"，该怎么
办？ 176

例548. 备案资料库中的商品没有备案规格型号，录入无纸
化手册时调用出的商品规格型号灰色，无法修改，
该如何处理？ 176

例549. 企业进行无纸化手册备案时，规格型号录完后，发
现里面有很多分号，这是怎么回事？ 176

例550. 企业备案进料加工手册，入海关库生成的手册和海
关审批后得到的手册号不一致，是否有问题？ 177

例551. 无纸化手册报核，海关结案后又取消结案，手册再
如何修改？ 177

例552. 通关手册的管理对象成功进行了企业间授权，代理
报关企业在企业内授权时系统仍无法对该手册的数
据进行授权？ 177

例553. 通关手册变更被退单,退单原因"第3项料件退单,超过备案资料库",该怎么办? ……… 177

例554. 备案资料库备案经海关审核通过后,使用管理对象的操作员卡查询时,系统提示"无法获取企业海关十位编码",是什么原因? ……… 177

例555. 备案资料库数据已被海关删除,但在用户端QP系统上仍显示"海关审批通过"的状态,是什么原因? ……… 177

例556. 通关手册报核被退单,系统提示"料件第一项商品实际进口数量为0,成品实际出口数量为0",该怎么办? ……… 178

例557. 通关手册申报变更后被海关电脑审核退单,系统提示"单耗申报状态为已申报或已核定的成品对应的单耗不能修改",该怎么办? ……… 178

例558. 企业申报通关手册备案/变更数据后,主管海关根据企业递交的纸质单证,即在QP系统打印的手册表头数据中"备案进口总额"一栏与海关系统的电子数据不符,人工给予退单,主管海关要求企业咨询电子口岸原因,该如何处理? ……… 178

例559. 备案资料库备案被退单,系统提示"没有批准证编号",而备案资料库编号在企业端显示的却是手册号,该怎么办? ……… 178

例560. 通关手册多次申报变更都被退单,系统提示"入数据中心库失败,审核结果:处理失败,当前申请不符合接收逻辑",该怎么办? ……… 178

第四节 内销征税管理 ……… 179

一、内销征税业务常见问题 ……… 179

例561. 加工贸易内销分为哪几个种类? ……… 179

例562. 加工贸易内销征税业务,必须基于什么进行操作? ……… 179

例563. 加工贸易内销征税联系单的编码规则是什么? ……… 180

例564. 加工贸易内销征税中,申报单与联系单的区别和联系

是什么？ ………………………………………………………… 180

例565. 加工贸易内销征税的统一编号是几位数字，编码规则是什么？ ………………………………………………… 180

例566. 电子账册料件做内销业务，应录入进口清单还是出口清单？ ………………………………………………… 180

例567. 无纸化手册录入内销征税联系单项号级还是料号级？ …………………………………………………… 180

二、系统操作常见问题 ………………………………………… 180

例568. 加工贸易内销征税数据申报后，需要经过哪几个步骤？ ………………………………………………… 180

例569. 我公司进行内销征税联系单录入时，手册中商品有法定单位，但是录入内销征税联系单时调不出法定单位，是什么原因？ …………………………………… 181

例570. 怎样利用内销征税联系单，进行报关单的录入？…… 181

例571. 料号级申报单如何录入？如何生成项号级申报单？ … 181

例572. 我公司进行电子手册边角料内销录入清单时，边角料没有在手册中备案，该如何调用？ ……………… 181

例573. 进行电子账册内销征税申请表录入时有哪些注意要点？ ……………………………………………………… 182

例574. 内销征税系统是否可以操作成品内销的业务？ ……… 183

例575. 电子账册如何录入内销征税联系单？如何报关？ …… 183

例576. 申报内销征税的手册如何完成授权？ ……………… 183

例577. 在一份内销征税联系单内，一个备案序号的原产国与单价不相同的，能否录入多项？ …………………… 183

例578. 内销征税联系单申报后，哪些状态下可以进行修改变更？ ……………………………………………… 183

例579. 系统中的"联系单"号，是何时生成的？ …………… 184

例580. 内销征税联系单是否需要海关人工审核？ …………… 184

例581. 怎样利用内销征税联系单，进行报关单的录入？…… 184

例582. 内销征税系统中"联系单下载"功能是何用途？为什

　　　　　么企业端下载后无法在本地系统查找到数据？ ……… 184

　三、错误提示集锦 …………………………………………… 184

　　例583. 我公司申报内销补税联系单时，退单提示"缓税利息计算错误"，该怎么办？ …………………… 184

　　例584. 我公司申报内销征税联系单时，退单提示"法定单位不正确"，但是联系单上法定单位确实是《税则》规定单位，是什么原因？ ………………………… 184

　　例585. 我公司申报内销征税联系单时，退单提示"同一料件项号中原产国重复"，该怎么办？ ……………… 185

　　例586. 企业做内销申报单申报后，状态长时间处于"申报发往数据中心"，但其他单均无异常，该如何处理？ …… 185

　　例587. 企业的内销征税联系单表头数据申报审批后，"缓税利息利率"栏自动生成"活期"，无法进行修改，是什么原因？ ……………………………………… 185

　　例588. 申报单被退单后，企业将退单商品项作了删除操作，但删除的商品在系统中仍有显示，且处理标识为"删除"，是什么原因？ …………………………… 186

　　例589. 企业在做电子化通关手册申报内销征税申报单时被退单，系统提示"商品法定单位与备案时不符"，该怎么办？ ………………………………………… 186

　　例590. 企业的内销征税申报单一直为入海关库成功，但长时间无海关电子审核回执，是什么原因？该怎么办？ ………………………………………… 187

　　例591. 企业在做内销征税联系单时被退单，系统提示"账册首次进口日期为空"，该怎么办？ ……………… 187

第五节　深加工结转 ……………………………………………… 187

　一、深加工结转业务常见问题 ……………………………… 188

　　例592. 深加工结转的报关步骤是什么？ ………………… 188

　　例593. 深加工结转业务如何分类？其主要区别是什么？ …… 188

　　例594. 结转申报表与企业及手册的对应关系是什么？ ……… 188

— 307 —

例595. 同一个企业两本手册能否做深加工结转？……………… 188
例596. 一份结转进口报关单可以对应多份结转出口报关单吗？…………………………………………………………… 189
例597. 深加工结转申报表和申报表有何区别？……………… 189
例598. "深加工结转申报表"的审批顺序是什么？……………… 189
例599. 办理深加工结转报关手续有何规定？……………… 189
例600. 电子化手册和纸质手册之间能否进行深加工结转业务？…………………………………………………………… 189
例601. 结转申报表、收发货单、报关单中的商品，如何关联？…………………………………………………………… 189
例602. 收发货过程中可以退货吗？……………………………… 190
例603. 如何操作授予深加工结转的"代理预录入"权限？…… 190
二、系统相关表格表体及编号规则 ……………………………… 190
例604. 收发货单表体包括哪两部分内容？它们各自的属性是什么？…………………………………………………… 190
例605. 收发货单编号的规则是什么？…………………………… 191
例606. 申报表电子口岸统一编号及申报表编号，是在什么条件下生成的？………………………………………… 191
例607. 一般保税货物结转申报表的编号规则是什么？……… 191
例608. 出口加工区货物结转申报表的编号规则是什么？…… 191
例609. 外发加工申报表的编号规则是什么？………………… 191
例610. 申报表转入和转出前四位商品编码一致，后四位不一致，可以做结转吗？………………………………… 191
例611. 深加工结转申报表和收发货单能否变更？……………… 192
三、系统录入、申报相关问题 …………………………………… 192
例612. 出口加工区货物深加工结转预录入的操作方法是什么？…………………………………………………………… 192
例613. 收发货单的数据录入及使用规范分别是什么？……… 193
例614. 我公司录入深加工结转报关单时，除需要按报关单系统的录入规范填制相关内容外，还需要录入哪些内

问题索引

容？ ································· 194

例 615. 系统中企业内部编号的录入要求是什么？ ·········· 194

例 616. 结转申报表申报的数据流转是怎样的过程？ ········ 194

例 617. 加工结转收发货单的申报流程是什么？ ············· 194

例 618. 结转申报表的不同状态，对数据的影响有哪些？ ····· 195

例 619. 发货单录错了，但是海关审批通过，该如何操作？ ··· 195

例 620. 结转申报表录入使用什么卡？ ···················· 195

例 621. 结转申报表有效期多长？ ························ 195

例 622. 结转申报表转出方海关审批通过后，转入方限制在多长时间内审批？ ······················· 195

例 623. 企业在录入申报表时，如果涉及的手册/账册是在 CS 系统里录入的，需在本系统中先操作什么？ ············ 196

例 624. 企业做结转备案申报表时，商品明细中无法调出转出手册/账册号，该怎么办？ ···················· 196

例 625. 结转申报表的转出方海关和转入方海关都审核通过的申报表能否进行修改和删除？ ·················· 196

例 626. 企业的收发货单已经录入并且海关审批通过，但是数量录错了，该如何处理？ ······················· 196

四、错误提示集锦 ··································· 196

例 627. 我公司下载发货单时，提示"转出企业的状态不满足下载条件，不能下载"，该怎么办？ ················· 196

例 628. 我公司的报关单被退单，原因是"……结转申报表超期"，但是申报表中没有有效期，该怎么办？ ······ 197

例 629. 我公司的申报表被退单，提示"转出企业有超期未报核手册，手册号×××"，该怎么办？ ··············· 197

例 630. 我公司录入申报表时，转出备案被退单，提示"转出备案第×××项料件与转出备案的商品规格型号不一致"，该怎么办？ ····························· 197

例 631. 当转出企业申请了"结转申报表"备案数据后，转入企业收不到数据，是什么原因？ ···················· 197

— 309 —

例632. 企业申报结转申报表时被退单，系统提示"计量单位不一致，无换算标准"，是什么原因？ ………… 198

例633. 企业做深加工结转申报表时无法暂存，系统提示"转出申报企业名称数据越界"，该如何处理？ …… 198

例634. 企业做收货单被退单，系统提示"收货日期小于申报表审批日期"，该怎么处理？ ………………… 198

例635. 企业做收货单暂存时系统提示"表头数据：错误的日期格式"，"转出企业填写"栏目的发货日期不能自动返填，该如何处理？ ……………………………… 198

例636. 企业下载发货单，系统提示"转出企业的状态不满足下载条件"，不能下载，是什么原因？ ………… 198

例637. 企业在录入完成表头、表体信息后，单击"生成报文"按钮，系统提示"数据加签失败，申报不成功"，原因是什么？ ……………………………………… 199

例638. 转出方已申报结转申报表，状态一直处于"成功入数据中心库"，该如何处理？ ………………… 199

例639. 转出企业做好"发货登记"备案申报，而且"发货登记"已审批通过，此时要修改，应该怎样操作？ …… 199

第六节 保税物流管理系统 …………………………… 199

一、业务常识解析 …………………………………… 200

例640. 保税物流管理系统都有哪些功能？ ……………… 200

例641. 用虚拟法人卡如何授权？（出口加工区保税仓） … 200

例642. 保税物流园区的定义？ …………………………… 200

例643. 企业用操作员卡给出口加工区保税仓库的电子账册授权，系统提示"非企业法人卡不允许授权"，该怎么办？ …………………………………………… 200

例644. 出口加工区保税仓库企业变更电子账册时，系统提示"该卡无操作权限"，该怎么办？ …………… 201

二、各地区保税物流系统常见问题解析 ……………… 201

例645. 录入出区总清单，输入账册序号，系统提示"不能修

改，法定第一数量应大于0"，该怎么办？·········· 201

例646. 保税物流园区系统如何修改已申报的清单的净重？ ··· 201

例647. 保税物流园区企业报障货物进区出区时显示："报关单尚未审结"，不能关联到总清单，该怎么办？ ······ 201

例648. 东莞虎门港保税物流园区，车辆进区刷卡报"数据异常03"，该怎么办？ ································· 202

例649. 海关发送保税仓电子账册的变更手续，回执出现两项入库成功，海关反馈"未能看到公司申报的信息"，该怎么办？ ······································ 202

例650. 中山保税物流园区系统的报关单出问题，该怎么办？ ·· 202

例651. IKEY卡登录珠澳跨境园区系统时，系统提示"初始化IKEY失败"，是什么原因？ ····················· 202

例652. 珠澳跨境园区系统申报电子账册备案申请，生成报文时，系统提示"查询不到企业对应host_id"，是什么原因？ ·· 202

例653. 珠澳跨境园区系统里的报关单出问题，该如何处理？ ·· 202

例654. 珠澳跨境园区系统里的电子账册问题，该如何处理？ ·· 203

例655. 使用物流园区系统申报某类清单，返回回执"申报失败，清单禁止操作"，该怎么办？ ············ 203

例656. 保税物流园区企业申报清单，系统提示"预录入号对应多份报关单"，该如何处理？ ················ 203

例657. 录入清单无法调出正确的料件号，该怎么办？ ········· 203

例658. 二线业务出口入区，报关单放行，但是清单一直是"可录入入出区信息"状态，应该是库存核扣完成，该如何处理？ ·· 203

例659. 园区企业申报清单，系统提示"清单申报失败"，该怎么办？ ·· 203

例 660. 园区企业进行二线业务区外企业报关后，在保税物流园区信息系统中进行清单申报时，系统提示"清单申报失败"，该怎么办？ …………………………… 204

例 661. 企业无法下载相应类型的手册，怎么办？ …………… 204

例 662. 园区企业使用企业操作员卡登录保税物流园区海关监管信息系统后，无法进行清单的申报，但可以进行查询等操作，该如何处理？ …………………… 204

例 663. 企业反映登录前海湾保税港区信息系统报错，系统提示"服务器不能创建对象"，该怎么办？ ……………… 205

例 664. 企业反映在"出入库单管理"中无"归并"功能按钮，如企业需要操作归并业务应如何处理？ ……………… 205

例 665. 出入库单录入无法暂存成功，如何处理？ …………… 205

例 666. 录出入库单时，业务类型选择"公路跨境出区"，运输方式选择"公路运输"，"跨境快速清单号"栏应如何填？ ………………………………… 205

例 667. 什么是 TCS？ ………………………………………… 205

例 668. 出入库单已成功委托，但运输企业端无可承运的单证，无法承运，该如何处理？ …………………………… 205

例 669. 出入库单（出库）被退单，系统提示"电子底账中的企业编码与出入库单中的企业编码不一致"，该如何处理？ ……………………………………………… 206

例 670. 保税港区企业登录 QP 出口加工区子系统申请电子账册备案时，申报地海关录入为"5349（深关前海）"，但是数据申报后申报地海关变成了"5339（深加工区）"，主管海关无法查询到数据审批，该如何处理？ ………… 206

第五章 区域项目用户常见问题 …………………………… 207

第一节 保税监管平台 ………………………………… 207

一、保税监管业务常用知识解析 …………………………… 207

例 671. 保税仓中的"归并"是什么意思？ ………………… 207

例 672. 保税仓中的"拆分报关单"是什么意思? ………… 208
例 673. 保税仓的 15 种出入库方式是什么? ………… 208
例 674. 什么是"大清单"? ………… 208
例 675. 什么是"小清单"? ………… 208
例 676. 什么是集中报关? ………… 208
例 677. 保税仓库电子账册的分类? ………… 208
例 678. 北京保税仓系统中,哪些字段是必填项? ………… 209
例 679. 企业向海关申请删除清单的条件是什么? ………… 209
例 680. 货物信息的简便录入方法是什么? ………… 210
例 681. 条形码无法正常打印,怎么办? ………… 210
例 682. 我公司是否可以修改出库清单的货物单价? ………… 210

二、仓库基本信息备案及操作员备案 ………… 210

例 683. 公共保税仓库是否需要对外商逐一备案? ………… 210
例 684. 保税仓企业操作员卡分为几种?权限分别是什么? … 210
例 685. 同一保税仓企业可否办理多张操作员卡? ………… 211
例 686. 我公司领取操作员卡后,如何才能使卡生效?海关进行组号授权的规则是什么? ………… 211
例 687. 企业如何修改报关单表体中的"附加编号"? ………… 211

三、清单报关单填写规范及保税仓备案 ………… 212

例 688. 申报地海关、进出口岸的填写要求是什么? ………… 212
例 689. 商品货号、规格型号的填写规范是什么? ………… 212
例 690. 报关单与对应的报关清单的经营单位、收货单位、申报单位是否可以不一致? ………… 212
例 691. 我公司进行仓库备案时被退单,系统提示"无此加工企业",该怎么办? ………… 213
例 692. 我公司进行仓库备案时,提示"该企业尚未在数据中心注册",被退单,该怎么办? ………… 213
例 693. 我公司进行仓库变更时,提示"该卡无权操作该仓库数据",该怎么办? ………… 213
例 694. 在北京保税仓系统中,报关单的"备案号"该如何填

写？ ………………………………………………………… 214

例 695. 仓库备案时，表体变更修改的方法是什么？ ………… 214

四、系统操作常见问题 …………………………………………… 214

例 696. 预录入号是否可以修改？ …………………………… 214

例 697. 系统中某字段录入完毕后变为红色，该怎么办？ …… 214

例 698. 我公司在录入清单表头数据后退出系统，该如何继续录入表体数据？ ………………………………………… 214

例 699. 出库清单征免方式的修改方法是什么？ …………… 214

例 700. 我们在进行仓库备案时，修改表体变更的方法是什么？ ……………………………………………………… 215

例 701. 录入入库清单的条件是什么？ ……………………… 215

例 702. 我们在录入进口清单时，如果没有分运单号，该怎么办？ ……………………………………………………… 215

例 703. 集中报关清单发票号如何修改？ …………………… 215

例 704. 保税仓系统中，是否有转关功能？ ………………… 215

例 705. 预录入号录错如何操作？ …………………………… 216

例 706. 企业用户在出库清单为何种状态时才能录入入库清单？ ……………………………………………………… 216

例 707. 退出系统后，应如何继续录入表体数据？ ………… 216

例 708. 我在修改申请中找不到出库清单，该怎么办？ …… 216

例 709. QT 查询时，仓库账册号无法录入，该怎么办？ …… 216

例 710. 企业用户使用 QT 查询工具查询到新件库存总金额报表数据后，导出至 Excel 表格中打印时无法正常打印。该怎么办？ ……………………………………… 217

例 711. 如果在清单审核通过后要对清单进行修改，应使用什么功能？ …………………………………………… 217

例 712. 集中报关无法查找到出库清单，不能进行分组，该怎么办？ ……………………………………………… 217

五、状态异常处理及错误提示代码 ……………………………… 217

例 713. 我公司在进行出库清单时，提示"保存该单失败：商

	品列表第 1 项商品的申报数量（100000000）＞可出库数量100000"，如图 5-1 所示，无法申报，产生原因是什么？该怎么办？ ………………………………… 217
例 714.	我公司进行清单申报后，状态长时间提示"上载申报发往数据中心"，该怎么办？ ……………………… 218
例 715.	我公司进行清单申报后，状态长时间提示"等待审批"或"转人工审核，等待审批"，该怎么办？ …… 219
例 716.	我公司进行清单申报后，被自动审核退单，回执提示"禁止操作"，该怎么办？ …………………………… 219
例 717.	我公司在进口清单初审中已经通过，但在库存查询中没有相应数据，该怎么办？ ………………………… 219
例 718.	为什么我公司在报关单申报时，总是提示"录入错误"？ ……………………………………………………… 219
例 719.	在集中报关的报关单没有申报前，删除了该份报关单，应如何继续操作？ ……………………………………… 219
例 720.	我公司在进行集中报关时，出库清单查询不到，如图 5-2 所示，该怎么办？ ………………………………… 220
例 721.	我公司在集中报关清单申报时，发现表体数据录入有误，但这些数据无法修改，该怎么办？ ………………… 221
例 722.	我公司的工具查询到新件库存总金额报表数据，导出至 Excel 表格中打印，不能正常打印，该怎么办？ … 221
例 723.	我公司在清单审核通过后需要对清单进行修改，应使用什么功能？ ……………………………………… 221
例 724.	海关已做删单处理，我公司系统清单状态仍为"清单审核通过"，该怎么办？ ………………………………… 221
例 725.	企业重装系统后，进行仓库备案查询，系统提示"动态链接库加载失败"，该怎么办？ ……………………… 221
例 726.	企业用户申报的出库清单状态为被退单，回执提示"找不到对应的进口清单"或"申报数量大于可出库数量"，该怎么办？ …………………………………… 222

— 315 —

例727. 企业在报关单"备案号"中填入手册号，系统提示"非法的加工贸易手册号"，该怎么办? ………… 222

第二节 公路口岸 …………………………………………………… 222

一、公路口岸业务常用知识解析 …………………………………… 223

例728. 什么是附重空车? …………………………………………… 223

例729. 解除承运的条件是什么? …………………………………… 223

例730. 一辆车可以捆绑多少清单，有什么条件? ………………… 223

例731. 不纳入自动核放通道验放的车辆包括哪些情况? ………… 224

二、系统版本与登录问题 …………………………………………… 224

例732. 公路口岸脱机版为记事本模式，我公司无法正常录入，该怎么办? ………………………………………… 224

例733. 我公司重新安装公路口岸脱机版后，原有的数据是否会丢失? …………………………………………… 224

例734. 如何删除公路口岸脱机版的数据? ………………………… 224

三、异地企业使用系统问题 ………………………………………… 224

例735. 我们是异地关区的企业，如何签订公路口岸承运申报传输服务费的扣款合同书? ……………………… 224

例736. 我们是异地关区的企业，应该如何缴纳数据传输服务费? ……………………………………………… 225

例737. 我们是异地企业，在做公路口岸车辆承运业务时，已与深圳的招商银行新洲支行签订协议，招商银行在录入我们企业资料时系统出错，提示"RA库中无该企业"，无法备案，该怎么办? ……………… 225

四、数据录入与申报问题 …………………………………………… 225

例738. 我公司在业务统计功能中，无法选择本年年份或月份，如图5-4所示，该怎么办? ………………… 225

例739. 公路口岸清单中的总重量有小数点，我们应该如何填写? ……………………………………………… 225

例740. 转关车承运中的牵引托架的编号和规格、重量的填写方法是什么? ………………………………… 225

— 316 —

例741. 我们是一家企业，如果用一车拖两个20尺的货柜，其中一个柜有货物，另一个柜是空柜，在做转关车过境申报时，空柜要不要也录入集装箱号? ………… 226

例742. 我公司在录入清单时，未录入统一载货清单号或录入了错误的统一载货清单号，该怎么办? ………… 227

例743. 我公司在录入进出口清单时，如果遇到备案商品的序号和商品名称、规格是一致的，只是原产国不同，是否可以同时录入备案序号相同的商品? ………… 227

例744. 一份清单暂存号申报后生成两份内容相同号码不同的清单，该怎么办? ………… 227

例745. 加工贸易手册正在变更过程中，我公司是否可以通过电子口岸申报清单? ………… 227

例746. 我公司在公路口岸申报的进出口清单，具体什么时候可以核扣手册（账册）数量? ………… 227

例747. 公路口岸的审结/过境回执在系统中保留多少天? … 227

五、承运相关问题 ………… 229

例748. 公路口岸清单申报及车辆承运晚上什么时间无审核回执? ………… 229

例749. 我公司进行申报出口清单时，车辆在境外，是否可以用该车辆进行承运操作? ………… 229

例750. 我公司在进行新备案时，车辆无法操作承运，分中心查询到该车辆的备案信息中组织机构代码栏为空，该怎么办? ………… 229

例751. 我公司的清单已审核，但在货运委托里查不到该票清单，该怎么办? ………… 229

六、错误提示代码集锦 ………… 229

例752. 我公司报关单在公路口岸无法承运，在热线查询的单据状态为"错误〈承运标识1，但状态表中不存在记录〉"，该怎么办? ………… 229

例753. 我公司在公路口岸下载手册时，系统提示："您的企

业编号与手册中的企业编号不一致,没有权限下载",如图5-9所示,该怎么办? ………………… 230

例754. 我公司在下载公路口岸手册时,系统提示"程序出错,请拨打数据中心客服热线010-95198",该怎么办? ………………………………………………… 231

例755. 我公司已在公路口岸下载手册,并在脱机版中录入清单,申报后被退单,系统提示"没有备案手册",该怎么办? …………………………………………… 231

例756. 我公司在清单暂存时,系统提示"系统无法确定该清单类别属于料件还是成品,操作失败",该怎么办? ……………………………………………………… 231

例757. 我公司在申报清单时,系统提示"错误,手册B530××××××××不能做清单集中申报,请使用报关单在主管海关进行逐单申报",该怎么办? ……… 231

例758. 我们是江门的企业,在做转关车申报时,输入江门车场的代码后,系统提示"无此代码",该怎么办? … 232

例759. 我公司在做清单申报或承运申报时,系统提示"已经欠费,限制申报",在银行缴纳现金后,仍无法正常申报,该怎么办? ………………………………… 232

例760. 我公司在做转关车承运时,系统提示"转关单号码重复",该怎么办? …………………………………… 232

例761. 我公司在操作承运申报业务时,系统提示"错误状态:已承运,但不存在捆绑关系",该怎么办? …… 232

例762. 我公司在公路口岸脱机录入中输入手册号时,系统提示:"无此号码!"如图5-12所示,该怎么办? …… 233

例763. 我公司在操作清单承运申报时,系统提示"一次只能绑定进口或出口一种单据",无法成功申报,该怎么办? …………………………………………………… 233

例764. 我公司在运输承运捆绑时,系统提示"报关清单预录入点只能代理清单申报,不能代理承运申报",该怎

例765. 我公司的报关单被海关查车后,操作车辆已经解除承运,海关回执为"不同意解除",该怎么办? …… 234

例766. 我公司的清单被退单,退单提示"该电子口岸清单重号或写库不成功",该怎么办? …… 234

例767. 我公司的清单被退单,退单提示"商品编码不符,必须修改"。该怎么办? …… 234

例768. 我公司的清单被退单,退单提示"商品编码与备案时不同",该怎么办? …… 234

第六章　热点解答 …… 235
第一节　京津冀海关区域通关一体化改革 …… 235
一、京津冀海关区域通关一体化相关政策解读 …… 236

例769. 京津冀海关区域通关一体化推广的基本原则是什么? …… 236

例770. 京津冀海关区域通关一体化改革对企业进出口物流有哪些促进作用? …… 236

例771. 京津冀海关区域通关一体化改革后企业通关会有哪些便利? …… 236

例772. 京津冀海关区域通关一体化改革当中的统一申报平台是指什么? …… 237

例773. 京津冀海关区域通关一体化改革共包括几种通关方式? …… 237

例774. 京津冀海关区域通关一体化与口岸清关模式相比有哪些优势? …… 237

例775. 京津冀海关区域通关一体化与传统转关模式相比优势有哪些? …… 237

例776. 京津冀海关区域通关一体化与"属地申报、属地验放"模式相比有哪些优势? …… 238

二、区域通关一体化业务操作相关问题 ………………………… 238
  例777. 京津冀海关区域通关一体化改革的适用企业范围是什么？ ………………………………………………………… 238
  例778. 京津冀海关区域通关一体化改革后可以任意选择申报海关吗？ ………………………………………………… 238
  例779. 京津冀海关区域通关一体化改革后，对于需要人工干预采取特殊申报操作的报关单电子数据，应如何向海关提出申请？ …………………………………………… 238
  例780. 京津冀海关区域通关一体化改革后在通关过程中报关单被退单、挂起，如何与海关联系？ ……………… 238
  例781. 京津冀海关区域通关一体化改革后涉及修改撤销的报关单，企业应向哪个海关递交申请？ ………………… 239
  例782. 京津冀海关区域通关一体化后企业与海关进行通关作业无纸化签约是否只与一个海关签约就可以了？ …… 239
  例783. 京津冀海关区域通关一体化改革后，舱单修改、删除向哪个关区申请？ …………………………………… 239
  例784. 不适合口岸查验的货物，如何办理查验手续？ ……… 239
三、异地加工贸易相关问题解析 ………………………………… 239
  例785. 什么是京津冀异地加工贸易？ ………………………… 239
  例786. 经营单位开展异地加工贸易，须提供哪些材料？ …… 239
  例787. 经营单位能否委托D类管理的加工企业开展异地加工贸易？ ……………………………………………… 240
第二节 通关无纸化 ………………………………………………… 240
  一、业务常用知识解析 …………………………………………… 240
  例788. 通关无纸化适用哪些关区？ …………………………… 240
  例789. 通关作业无纸化适用哪些企业？ ……………………… 241
  例790. 企业参与通关作业无纸化的基本流程是什么？ ……… 241
  例791. 什么是通关作业无纸化三方协议签约？ ……………… 241
  例792. 通关作业无纸化企业网上签约环节的注意事项是什么？ ……………………………………………………… 242

例793. 什么是代理报关电子委托? ………………… 243

例794. 什么是报关单随附单证电子数据传输? ………… 243

例795. 我公司一直都是让货代代理报关的，实行无纸化通关后，在网上签订无纸化通关协议后，关于代理报关委托书要怎么操作？纸质的还能用吗，还是要在网上申请电子代理报关委托书? ………………… 244

例796. 通关无纸化改革后，企业在上传发票后是否可以在QP系统里点"批量申报"选项，然后再选择多条要申报的报关单数据进行批量申报? ………………… 244

二、系统操作基本常识 …………………………… 244

例797. 报关单随附单据上传时需注意哪些? …………… 244

三、系统操作常见问题 …………………………… 244

例798. 报关行发起委托申请的时候，系统提示："请先对报关企业进行登记。"这是什么意思? ………………… 244

例799. 代理报关委托协议发起后，可以修改委托申报内容吗? ………………………………………… 245

例800. 我公司在青岛海关进行报关单申报时，海关电子审单退单显示："海运出口报关单全面实施通关无纸化作业，不得以出口无纸通关方式申报。"请问这是什么原因? ………………………………………… 245

附 录

中国电子口岸数据中心各分中心客服热线

序号	分中心	客服热线电话	备注
1	北京	010-85736363	
2	天津	022-84201926	
3	太原	0351-7119002/7119003	
4	石家庄	0311-87869400/87869401	
5	呼和浩特	0471-6982951/6982807	
6	满洲里	0470-2299090	
7	大连	0411-95198	
8	沈阳	024-22721753	
9	长春	0431-84601888	
10	哈尔滨	0451-82381717	
11	上海	021-962116	
12	南京	025-9688888	
13	杭州	0571-95198	
14	宁波	0574-89099000	
15	合肥	0551-3549342/3549343	
16	福州	0591-87082323	
17	厦门	0592-5653395	
18	南昌	0791-86307435/86307434	
19	青岛	0532-82955188	
20	郑州	0371-65599515	

续表

序号	分中心	客服热线电话	备注
21	武汉	027-82768383	
22	长沙	0731-84781358（含制卡）	
23	广州	020-83939000	
24	深圳	0755-88295198	
25	拱北	0756-8125566（珠海） 0760-88666561（中山）	
26	汕头	0754-88179853（含制卡）	13889955604 （联网企业热线）
27	黄埔	020-82130013	
28	江门	010-95198	
29	湛江	0759-3251071	
30	南宁	0771-5368304/5368324	
31	海口	0898-66285058	
32	重庆	023-67709530	
33	成都	028-85390333	
34	贵阳	0851-5786091	
35	昆明	0871-3016523	
36	拉萨	0891-95198	
37	西安	029-83196201	
38	兰州	0931-7705234	
39	西宁	0971-8866400	
40	银川	0951-5679148	
41	乌鲁木齐	0991-3627333	

书目介绍

乐贸系列

书名	作者	定价	书号	出版时间

📖 外贸操作实务子系列

书名	作者	定价	书号	出版时间
1. 外贸全流程攻略——进出口经理跟单手记	温伟雄	33.00 元	978-7-5175-0015-5	2014 年 5 月第 1 版
2. 出口营销实战（第三版）	黄泰山	45.00 元	978-7-80165-932-3	2013 年 1 月第 3 版
3. 外贸实务疑难解惑 220 例	张浩清	38.00 元	978-7-80165-853-1	2012 年 1 月第 1 版
4. 外贸高手客户成交技巧	毅冰	35.00 元	978-7-80165-841-8	2012 年 1 月第 1 版
5. 外贸纠纷处理实务——案例与技巧	熊志坚	35.00 元	978-7-80165-789-3	2011 年 1 月第 1 版
6. 报检七日通	徐荣才 朱瑾瑜	22.00 元	978-7-80165-715-2	2010 年 8 月第 1 版
7. 实用外贸技巧助你轻松拿订单	王陶（波锅涅）	25.00 元	978-7-80165-724-4	2010 年 4 月第 1 版
8. 外贸业务经理人手册（第 2 版）	陈文培	39.00 元	978-7-80165-671-1	2010 年 1 月第 1 版
9. 外贸会计实务精要	疏影	28.00 元	978-7-80165-633-9	2009 年 5 月第 1 版
10. 外贸实用工具手册	本书编委会	32.00 元	978-7-80165-558-5	2009 年 1 月第 1 版
11. 外贸实务经验分享 33 例	沱沱网中文站	28.00 元	978-7-80165-560-8	2009 年 1 月第 1 版
12. 外贸实务案例精华 80 篇	刘德标 吴珊红	29.80 元	978-7-80165-561-5	2009 年 1 月第 1 版
13. 快乐外贸七讲	朱芷萱	22.00 元	978-7-80165-373-4	2009 年 1 月第 1 版
14. 外贸七日通（最新修订版）	黄海涛（深海鱿鱼）	22.00 元	978-7-80165-397-0	2008 年 8 月第 3 版
15. 金牌外贸业务员找客户——17 种方法·案例·评析	陈念祥 张思羽	35.00 元	978-7-80165-543-1	2008 年 8 月第 2 版
16. 出口营销策略（《出口营销实战》升级版）	黄泰山 冯斌	35.00 元	978-7-80165-459-5	2008 年 5 月第 1 版

📖 出口风险管理子系列

书名	作者	定价	书号	出版时间
1. 轻松应对出口法律风险	韩宝庆	39.80 元	978-7-80165-822-7	2011 年 9 月第 1 版
2. 出口风险管理实务（第二版）	冯斌	48.00 元	978-7-80165-725-1	2010 年 4 月第 2 版
3. 50 种出口风险防范	王新华 陈丹凤	35.00 元	978-7-80165-647-6	2009 年 8 月第 1 版

📖 外贸单证操作子系列

书名	作者	定价	书号	出版时间
1. 跟单信用证一本通	何源	35.00 元	978-7-80165-849-4	2012 年 1 月第 1 版

书名	作者	定价	书号	出版时间
2. 信用证审单有问有答 280 例	李一平 徐珺	37.00 元	978-7-80165-761-9	2010 年 8 月第 1 版
3. 外贸单证经理的成长日记	曹顺祥	38.00 元	978-7-80165-716-9	2010 年 3 月第 1 版
4. 外贸单证解惑 280 例	龚玉和 齐朝阳	38.00 元	978-7-80165-638-4	2009 年 7 月第 1 版
5. 信用证 6 小时教程	黄海涛（深海鱿鱼）	25.00 元	978-7-80165-624-7	2009 年 4 月第 2 版
6. 跟单高手教你做跟单	汪 德	32.00 元	978-7-80165-623-0	2009 年 4 月第 1 版

📖 福步外贸高手子系列

书名	作者	定价	书号	出版时间
1. 巧用外贸邮件拿订单	刘裕	45.00 元	978-7-80165-966-8	2013 年 8 月第 1 版
2. 小小开发信 订单滚滚来——外贸开发信写作技巧及实用案例分析	薄如骢	26.00 元	978-7-80165-551-6	2008 年 8 月第 1 版
3. 外贸技巧与邮件实战	刘 云	28.00 元	978-7-80165-536-3	2008 年 7 月第 1 版

📖 国际物流操作子系列

书名	作者	定价	书号	出版时间
1. 货代高手教你做货代——优秀货代笔记(第二版)	何银星	33.00 元	978-7-5175-0003-2	2014 年 2 月第 2 版
2. 国际物流操作风险防范——技巧·案例分析	孙家庆	32.00 元	978-7-80165-577-6	2009 年 4 月第 1 版

📖 通关实务子系列

书名	作者	定价	书号	出版时间
1. 外贸企业轻松应对海关估价	熊 斌 赖 芸 王卫宁	35.00 元	978-7-80165-895-1	2012 年 9 月第 1 版
2. 报关实务一本通(第 2 版)	苏州工业园区海关	35.00 元	978-7-80165-889-0	2012 年 8 月第 2 版
3. 如何通过原产地证尽享关税优惠	南京出入境检验检疫局	50.00 元	978-7-80165-614-8	2009 年 4 月第 3 版
4. 海关进出口商品归类基础与训练	温朝柱	36.00 元	978-7-80165-496-0	2009 年 1 月第 1 版
5. 最新报关单填制实用辅导	盛新阳 彭飞	38.00 元	978-7-80165-497-7	2008 年 10 月第 1 版

📖 彻底搞懂子系列

书名	作者	定价	书号	出版时间
1. 彻底搞懂信用证(第二版)	王腾 曹红波	35.00 元	978-7-80165-840-1	2011 年 11 月第 2 版
2. 彻底搞懂中国自由贸易区优惠	刘德标 祖月	34.00 元	978-7-80165-762-3	2010 年 8 月第 1 版
3. 彻底搞懂贸易术语	陈 岩	33.00 元	978-7-80165-719-0	2010 年 2 月第 1 版
4. 彻底搞懂海运航线	唐丽敏	25.00 元	978-7-80165-644-5	2009 年 7 月第 1 版

书名	作者	定价	书号	出版时间
5. 彻底搞懂提单	张敏 赵通	29.80元	978-7-80165-602-5	2009年6月第1版
6. 彻底搞懂关税	孙金彦	29.00元	978-7-80165-618-6	2009年6月第1版

外贸英语实战子系列

书名	作者	定价	书号	出版时间
1. 十天搞定外贸函电	毅冰	38.00元	978-7-80165-898-2	2012年10月第1版
2. 外贸高手的口语秘籍	李凤	35.00元	978-7-80165-838-8	2012年2月第1版
3. 外贸英语函电实战	梁金水	25.00元	978-7-80165-705-3	2010年1月第1版
4. 外贸英语口语一本通	刘新法	29.00元	978-7-80165-537-0	2008年8月第1版

外贸谈判子系列

书名	作者	定价	书号	出版时间
1. 外贸英语谈判实战	王慧 吴旻 张海军 蒋晓杰 仲颖	32.00元	978-7-80165-767-1	2010年9月第1版
2. 外贸谈判策略与技巧	赵立民	26.00元	978-7-80165-645-2	2009年7月第1版

国际商务往来子系列

书名	作者	定价	书号	出版时间
国际商务礼仪大讲堂	李嘉珊	26.00元	978-7-80165-640-7	2009年12月第1版

贸易展会子系列

书名	作者	定价	书号	出版时间
外贸参展全攻略——如何有效参加B2B贸易商展(第二版)	钟景松	33.00元	978-7-80165-779-4	2010年10月第2版

区域市场开发子系列

书名	作者	定价	书号	出版时间
中东市场开发实战	刘军 沈一强	28.00元	978-7-80165-650-6	2009年9月第1版

国际结算子系列

书名	作者	定价	书号	出版时间
1. 国际结算函电实务	周红军 阎之大	40.00元	978-7-80165-732-9	2010年5月第1版
2. 出口商如何保障安全收汇——L/C、D/P、D/A、O/A精讲	庄乐梅	85.00元	978-7-80165-491-5	2008年5月第1版

国际贸易金融工具子系列

书名	作者	定价	书号	出版时间
1. 出口信用保险——操作流程与案例	中国出口信用保险公司	35.00元	978-7-80165-522-6	2008年5月第1版
2. 福费廷	周红军	26.00元	978-7-80165-451-9	2008年1月第1版

加工贸易操作子系列

书名	作者	定价	书号	出版时间
1. 加工贸易实务操作与技巧	熊斌	35.00元	978-7-80165-809-8	2011年4月第1版

书名	作者	定价	书号	出版时间
2. 加工贸易达人速成 ——操作案例与技巧	陈秋霞	28.00 元	978-7-80165-891-3	2012 年 7 月第 1 版
3. 加工贸易企业关务作业统筹	熊 斌	29.80 元	978-7-80165-423-6	2009 年 3 月第 1 版

乐税子系列

书名	作者	定价	书号	出版时间
1. 外贸会计账务处理实务 ——经验、技巧分享	徐玉树	38.00 元	978-7-80165-958-3	2013 年 8 月第 1 版
2. 生产企业免抵退税实务 ——经验、技巧分享(第二版)	徐玉树	42.00 元	978-7-80165-936-1	2013 年 2 月第 1 版
3. 外贸企业出口退(免)税常 见错误解析 100 例	周朝勇	49.80 元	978-7-80165-933-0	2013 年 2 月第 1 版
4. 生产企业出口退(免)税常 见错误解析 115 例	周朝勇	49.80 元	978-7-80165-901-9	2013 年 1 月第 1 版
5. 外汇核销指南	陈文培等	22.00 元	978-7-80165-824-1	2011 年 8 月第 1 版
6. 外贸企业出口退税操作手册	中国出口 退税咨询网	42.00 元	978-7-80165-818-0	2011 年 5 月第 1 版
7. 生产企业免抵退税从入门 到精通	中国出口退 税咨询网	98.00 元	978-7-80165-695-7	2010 年 1 月第 1 版
8. 出口涉税会计实务精要 (《外贸会计实务精要》 第 2 版)	龙博客 工作室	32.00 元	978-7-80165-660-5	2009 年 9 月第 2 版

毅冰谈外贸子系列

书名	作者	定价	书号	出版时间
毅冰私房英语书 ——七天秀出外贸口语	毅 冰	35.00 元	978-7-80165-965-1	2013 年 9 月第 1 版

外贸企业管理子系列

书名	作者	定价	书号	出版时间
小企业做大外贸的四项修炼	胡伟锋	26.00 元	978-7-80165-673-5	2010 年 1 月第 1 版

国际贸易金融子系列

书名	作者	定价	书号	出版时间
1. 国际贸易金融服务全程通 (第二版)	郭党怀 张丽君 张贝	43.00 元	978-7-80165-864-7	2012 年 1 月第 2 版
2. 国际结算与贸易融资实务	李华根	42.00 元	978-7-80165-847-0	2011 年 12 月第 1 版

中小企业财会实务操作系列丛书

书名	作者	定价	书号	出版时间
1. 小企业会计疑难解惑 300 例	刘华 刘方周	39.80 元	978-7-80165-845-6	2012 年 1 月第 1 版
2. 做顶尖成本会计应知应会 150 问	张 胜	38.00 元	978-7-80165-819-7	2011 年 8 月第 1 版
3. 会计实务操作一本通	吴虹雁	35.00 元	978-7-80165-751-0	2010 年 8 月第 1 版

"关务通" 品牌图书

书名	作者	定价	书号	出版时间

关务通·电子口岸系列

书名	作者	定价	书号	出版时间
1.《电子口岸实用功能(第二版)》	"关务通·电子口岸系列"编委会	46.00 元	978-7-5175-0040-7	2014 年 11 月第 2 版
2.《电子口岸实务操作与技巧——通关篇(第二版)》	"关务通·电子口岸系列"编委会	48.00 元	978-7-5175-0037-7	2014 年 11 月第 2 版
3.《电子口岸实务操作与技巧——加贸篇(第二版)》	"关务通·电子口岸系列"编委会	48.00 元	978-7-5175-0035-3	2014 年 11 月第 2 版
4.《电子口岸疑难解惑 800 例》	"关务通·电子口岸系列"编委会	48.00 元	978-7-5175-0039-1	2014 年 11 月第 1 版

关务通·加贸系列

书名	作者	定价	书号	出版时间
1.《<中华人民共和国海关审定内销保税货物完税价格办法>实用指南》	"关务通·加贸系列"编委会	80.00 元	978-7-5175-0012-4	2014 年 6 月第 1 版
2.《加工贸易及保税监管政策实务》	"关务通·加贸系列"编委会	70.00 元	978-7-5175-0013-1	2014 年 6 月第 1 版
3.《加工贸易典型案例启示录》	"关务通·加贸系列"编委会	60.00 元	978-7-5175-0014-8	2014 年 6 月第 1 版
4.《加工贸易实务操作与技巧》	"关务通·加贸系列"编委会	60.00 元	978-7-80165-927-9	2013 年 3 月第 1 版
5.《海关特殊监管区域和保税监管场所实务操作与技巧》	"关务通·加贸系列"编委会	60.00 元	978-7-80165-926-2	2013 年 3 月第 1 版
6.《加工贸易疑难解惑 280 例》	"关务通·加贸系列"编委会	60.00 元	978-7-80165-928-6	2013 年 3 月第 1 版

关务通·原产地系列

书名	作者	定价	书号	出版时间
1.《原产地实务操作与技巧》	"关务通·原产地系列"编委会	70.00 元	978-7-80165-981-1	2013 年 10 月第 1 版
2.《原产地疑难解惑 470 例》	"关务通·原产地系列"编委会	70.00 元	978-7-80165-983-5	2013 年 10 月第 1 版
3.《如何从原产地淘金》	"关务通·原产地系列"编委会	90.00 元	978-7-80165-982-8	2013 年 10 月第 1 版

关务通·监管通关系列

1. 《便捷通关一本通》　　　"关务通·监管通关系列"　60.00 元　978-7-80165-984-2　2013 年 10 月第 1 版
　　　　　　　　　　　　　编委会
2. 《快速通关自查手册》　　"关务通·监管通关系列"　60.00 元　978-7-80165-979-8　2013 年 10 月第 1 版
　　　　　　　　　　　　　编委会
3. 《进出境物品通关攻略》　"关务通·监管通关系列"　60.00 元　978-7-80165-978-1　2013 年 10 月第 1 版
　　　　　　　　　　　　　编委会
4. 《通关典型案例启示录》　"关务通·监管通关系列"　60.00 元　978-7-80165-980-4　2013 年 10 月第 1 版
　　　　　　　　　　　　　编委会
5. 《监管通关政策实用指导手册》　"关务通·监管通关系列"　78.00 元　978-7-80165-907-1　2012 年 10 月第 1 版
　　　　　　　　　　　　　　　　编委会
6. 《通关实务操作与技巧
　　——货物、运输工具篇》　"关务通·监管通关系列"　48.00 元　978-7-80165-909-5　2012 年 10 月第 1 版
　　　　　　　　　　　　　编委会
7. 《通关实务操作与技巧
　　——进出境物品篇》　　"关务通·监管通关系列"　26.00 元　978-7-80165-905-7　2012 年 10 月第 1 版
　　　　　　　　　　　　　编委会
8. 《通关疑难解惑 720 例》　"关务通·监管通关系列"　48.00 元　978-7-80165-903-3　2012 年 10 月第 1 版
　　　　　　　　　　　　　编委会

关务通·稽查系列

《小王在海关稽查的日子
　——企业如何配合海关稽查》　"关务通·稽查系列"　70.00 元　978-7-80165-925-5　2013 年 3 月第 1 版
　　　　　　　　　　　　　　　编委会

关务通·双语系列

《国际海关新视野》　　上海海关　　60.00 元　978-7-80165-918-7　2012 年 12 月第 1 版

关务通·教材系列

《电子口岸实务精讲》　"关务通·电子口岸系列"　48.00 元　　　　　　　　　2014 年 8 月第 1 版
　　　　　　　　　　　编委会

以上图书均可在中国海关出版社网上书店（www.hgcbs.com.cn）、当当网、卓越网、京东网及各地新华书店等处购买。若有其他购书意向，请与本社发行部联系，联系电话：(010)65195616/5127/4221/4238/4246/4247。

若想了解更多书讯，可关注中国海关出版社官方微信平台，微信号:hgbook。